国家自然科学基金项目（71203024）
教育部人文社会科学研究规划基金项目（12YJA790010）
区域经济重点学科系列丛书
东北大学秦皇岛分校教材专著出版基金 资助

# 中国农业信息服务系统建设

王艳霞　张　梦　李　慧　著

经济科学出版社

#### 图书在版编目（CIP）数据

中国农业信息服务系统建设／王艳霞，张梦，李慧著．—北京：经济科学出版社，2013.6

（区域经济重点学科系列丛书）

ISBN 978－7－5141－3156－7

Ⅰ.①中… Ⅱ.①王…②张…③李… Ⅲ.①农业经济－信息管理－研究－中国 Ⅳ.①F322

中国版本图书馆 CIP 数据核字（2013）第 056064 号

责任编辑：段 钢
责任校对：王苗苗
版式设计：齐 杰
责任印制：邱 天

#### 中国农业信息服务系统建设

王艳霞 张 梦 李 慧 著

经济科学出版社出版、发行 新华书店经销

社址：北京市海淀区阜成路甲 28 号 邮编：100142

总编部电话：88191217 发行部电话：88191537

网址：www.esp.com.cn

电子邮件：esp@esp.com.cn

北京万友印刷有限公司印装

710×1000 16 开 13 印张 270000 字

2013 年 6 月第 1 版 2013 年 6 月第 1 次印刷

ISBN 978－7－5141－3156－7 定价：38.00 元

（图书出现印装问题，本社负责调换。电话：88191502）

（版权所有 翻印必究）

## 区域经济重点学科系列丛书
QuYu JingJi ZhongDian XueKe XiLie CongShu

主编：陈 凯

编委：（以姓氏笔画为序）

王艳霞　史红亮　田静毅　刘玉川　初钊鹏

张　伟　张丽峰　张志宇　张晓飞　李　刚

周立斌　庞卫宏　郑　畅　贾卫萍　曹　勇

# 区域经济重点学科系列丛书简介

改革开放以来，我国打开了对外封闭的大门，大踏步地走向与世界经济、社会、文化融合之路，逐步树立了文明大国的良好形象。随着经济快速发展及对外贸易、文化交往和学术交流的不断深入，我国城乡、各区域，以及国际一体化逐步提高。同时，城乡和各区域间差异也在逐渐增加，各种国际贸易摩擦、异域文化思想冲突和不同学术观点争辩的现象日益增多。如何正确把握当今世界各种成分、多元文化和不同学术流派相互竞争、互相汲取融合的境遇，缩小城乡和区域间差异，促进其一体化进程，成为我们亟待解决的问题。为此区域经济系列丛书精心设计，从三方面努力完成这一重大课题。

## 一、区域经济理论融合创新

区域经济理论创新不是寻找一种新理论取代旧理论，而是以一种包容性更大的理论方法体系将旧理论方法兼容升级。陈凯撰写的《中国区域经济理论》和《城乡资源整合论》将现有区域经济管理科学放在包容性更大的新理论体系中，该理论体系将中国传统经济管理理论、马克思主义管理理论和现代西方经济管理理论融会贯通。在新创立的区域经济管理科学原理中，正确地显示经济社会协调发展规律，准确地衡量所有的要素、结构和发展模式的性质与数量差异及其变动原因，适时地将原理体现在实际操作方式上。采取旧理论系统梳理——新理论体系创立——原理实证条理化的研究方案。以《易传》的理论方法为框架，融合各种原理和方法。宏观经济分析从模式到结构再到要素，微观经济分析从要素到结构再到模式。研究定位以道统阴阳平衡机制为主线，演绎和实证相结合，在现代经济学基础上，推导演化区域生产、消费、贸易、分配、货币、财政、金融、投资、股票、证券、期货、保险、价格、利率、汇率、税率、企业治理、制度与政策等均衡法则。

## 二、区域经济实证研究

任何理论都是在人类经济社会发展推动下自身矛盾思变创新中产生和形成的。区域经济理论发展的前提是区域经济实践。区域经济实证分析既是区域经济理论发展的基础，也是区域经济实践的指导。

"珠三角"、"长三角"和"京津冀"区域是中国最具发展潜力的都市圈，但

"京津冀"区域经济发展绩效和理论研究明显落后，而且京津两大核心城市与周边地区在发展上相互脱节，彼此间的空间联系松散，一体化更显不足。刘玉川的《京津冀区域经济一体化研究》填补了"京津冀"区域经济一体化研究的某些缺憾。

我国是钢铁生产和消费大国，1978~2008年间我国粗钢产量年均增长率9.7%。中国钢铁产量的迅速增长伴随着极高的能源消耗。2005~2008年，钢铁业能源消费量分别为3.69、4.24、4.78、5.15亿吨标煤，分别占据当年工业能源消费量的24.6%、25.8%、25.1%、26.1%。研究钢铁行业能源效率问题对我国整体能源效率的提高具有现实意义。史红亮和陈凯的《中国钢铁业能源效率研究》是对能效研究领域的深化和补充。通过各种软件包（如 Eviews, Deap 和 Frontier 等）的使用，各种具体分解模型、超越对数生产函数模型和向量误差修正模型的应用及检验，得出了一些有意义的结论。

区域品牌的深入研究对我国地区老字号品牌的复兴和地区经济产业集群化发展有重要的现实意义。现有的国内外区域品牌研究主要从国家、城市、区域和产业集群四个层次展开。研究的内容主要集中于区域品牌结构、区域品牌模型、区域品牌管理战略和沟通策略。张晓飞的《区域品牌营销管理——基于中华老字号品牌的研究》将区域品牌的研究角度转向目标市场和消费者，结合中国现状，重点关注中华老字号品牌的产业化复兴和老字号品牌的网络传播机制，特别聚焦于老字号区域品牌的网络传播以及老字号品牌的保护与开发。把中华老字号品牌面临的现实问题与网络传播理论密切结合，在研究中综合利用数据挖掘、网络实验和问卷调查等方法，得出能解决"老"问题的"新"理论。

在此丛书系列中，每本书都进行了不同程度的实证分析，可圈可点，相信读者看后会有耳目一新之感。

### 三、区域经济发展新动向

低碳经济是区域经济发展新方向。区域低碳经济研究是系列丛书的重点内容。

2009年我国政府承诺减少碳排放目标，到2020年单位GDP二氧化碳排放量比2005年减少40%~45%，考虑到我国目前的经济发展水平，减排应是在保证经济增长前提下的减排，而不是绝对量的减少，因此，这个目标的实现依赖于经济增长和碳排放两个方面，而在具体执行过程中，各个地区、各个产业是具体的载体，碳生产率把经济增长和碳排放很好地结合在一起，加强对碳生产率的研究，对于我国2020年碳排放目标的实现与分解，对于各地区经济增长方式的根本转变、产业结构的优化升级以及"两型"社会的构建具有重要的现实意义。张丽峰的《气候变化背景下碳生产率研究》以经济增长理论、资源与环境经济学、能源经济学、计量经济学和区域经济学的学科理论为基础，从单要素和全要素两个方面，从理论上运用统计指标方法、参数和非参数方法对碳生产率进行了测度，从区域和产业方面进行了实证分析和比较，最后提出了减排对策。该书的研究思路、方法和结论不仅为具体的决策部门（国家发改委等）提供了决策的思路、方法和依据，同时也为其他类似问题的研究提供了借鉴和参考。

李刚的《区域低碳经济评价理论、方法及应用》，一是对区域低碳经济进行了分析，并在此基础上构建了区域低碳经济评价指标体系；二是就低碳经济评价方法进行了研究，构建了基于 Gi 主观赋权的低碳经济综合评价模型、基于熵权法的客观赋权的低碳经济综合评价模型、基于循环修正思路的低碳综合评价模型；三是根据上述模型以秦皇岛市为例进行低碳经济的实证研究，并根据评价结果给出相应的政策和建议。

陈凯的《能源环境政策理论基础》从区域整体角度研究了低碳经济发展问题。指出能源与环境是区域经济可持续发展和社会安全和谐的前提。能源与环境政策则是其正常运行的基本保证。该书系统地介绍了能源环境安全与可持续和谐发展的条件及运行操作要领。详细分解了能源环境政策理论基础中的替代和外部性内在化等基本原理、模型和评价指标体系。

区域经济重点学科系列丛书传承发展中国传统学术，吸收消化马克思主义区域经济理论和现代西方区域经济理论，在融会贯通三大理论体系的基础上，注重区域经济实证研究，突出区域经济发展新方向，建立中国大国区域经济理论。虽然距完整的中国大国区域经济理论体系相差甚远，但我们已经起步，纵有千难万险，我们披荆斩棘，在所不辞。恳请广大读者对丛书多提宝贵意见，我们会虚心接受并不断修改完善。

区域经济重点学科系列丛书主编

陈凯

2011. 8. 15

# 前 言

　　农业信息服务是农业信息化的重要组成部分。自1994年12月国家提出旨在建设农业综合管理与信息服务系统的"金农工程"以来，各地投资几十亿元，建成了县级以上农业信息服务网络，但是网络信息的"进村入户"——向农业生产领域的延伸受到阻滞，严重影响了经济效益的发挥。在国家投资有限、农民收入较低的现实情况下，农业信息服务系统建设必须通过科学管理和制度创新，走一条与我国国情相符合的道路。因此，从理论与实践的结合上，探索如何构建一个结构完整、动力充足、产出高效的农业信息服务系统就显得十分必要。

　　本书以经济学基本原理为基础，以系统工程的科学管理思想作引导，运用定性与定量相结合的分析方法，首先按照信息系统运行的"源—流—用"基本原理，构造出农业信息生产子系统、传播子系统和施效子系统；接着探讨了农业信息服务系统的动力机制和运行模式，通过比较分析得出："政府主导、联合推动"是适合我国现实的系统建设基本模式，笔者还设计出一套评价指标体系，构造了系统综合评价模型，结合河北省农业信息服务实践，验证了指标体系和评价模型的有效性。本研究对促进农业信息服务系统建设，具有非常重要的现实意义和理论价值。

　　第一部分：背景分析，包括第1章、第2章和第3章，主要探讨了理论和实践发展。第1章"导论"，对选题依据、研究意义、研究对象、研究目的、研究思路、基本框架、研究内容、研究方法和可能的创新点进行了简要概述。第2章"基本概念与本研究的理论基础"，辨析了与本研究相关的几个基本概念，重点介绍了新经济增长理论、信息经济学理论和信息管理理论为本研究提供的重要思想启迪。第3章"农业信息服务系统现状与问题分析"，首先综述了我国学术界对农业信息化和农业信息服务研究的理论贡献，然后简述了国际上主要国家农业信息服务系统建设经验，最后分析了我国农业信息服务系统管理中存在的主要问题，为找准研究的切入点提供了现实依据。

　　第二部分：系统结构分析，包括第4章、第5章、第6章，是本书的核心部分。第4章"农业信息生产子系统"，设计了农业信息产品生产过程模型，应用河北省农业信息资源规划实践材料，深入分析了农业信息资源规划、信息源、采集与加工、数据标准化和数据库共享问题，提出了针对性的管理措施。第5章

"农业信息传播子系统"，结合我国农业信息传播的特点，对不同传播的形式进行了比较评价，应用传播理论的"五W模型"构造出农业信息传播子系统模型，分析了传播子系统中要素的存在状态和传播机制，总结了突破"最后一公里"的几种经验模式并分析了各自的利益机制和适用环境。第6章"农业信息施效子系统"，定义了农业信息施效，构造了农业信息施效子系统，分析了农业信息施效的主要影响因素与作用机制，以"四个效率"为中心，提出了促进信息施效的五组控制要素，分析了"网络入户"信息施效的条件、因素和作用机制，提出了促进网络信息施效的措施。

第三部分：系统控制与管理，即第7章"农业信息服务系统的动力机制与运行模式"，农业信息的公共品特性是系统建设与管理中以国家为主导的理论依据，政府主导、联合多主体共同推进的模式对于加快系统建设的步伐，提高系统运行效率是十分必要的。

第四部分：系统评价，即第8章"农业信息服务系统综合评价"。本章设计出一套农业信息服务系统评价指标体系，应用层次分析法和多级模糊评价方法，构造出农业信息服务系统评价模型。根据计算出的指标权重，明确了不同指标相对总目标的重要程度，据此可以确定对系统重点管理和监控的对象；多级模糊评价结果不仅能测定某区域评价系统的水平，还可用于对不同区域的比较，有利于区域之间相互促进；运用专家调查资料对河北省农业信息服务系统进行了实际测评价，分析验证了指标体系和评价模型的有效性。

第五部分即第9章"研究结论"，在综合考虑全书所作的理论分析与实证研究的基础上，总结了主要研究论点，对加强农业信息服务系统管理提出了政策建议。

**作者**
2013年3月

# 目 录

**第1章 导 论** ········· 1
1.1 研究意义 ········· 1
1.2 研究对象 ········· 3
1.3 研究目的 ········· 4
1.4 研究方法 ········· 4
1.5 研究思路、基本框架与主要内容 ········· 5
1.6 本书的创新点 ········· 7
1.7 本章小结 ········· 7

**第2章 基本概念与研究的理论基础** ········· 9
2.1 信息、农业信息与农业信息服务系统 ········· 9
　　2.1.1 信息的概念和信息的一般特性 ········· 9
　　2.1.2 农业信息的概念、特点、内容和功能 ········· 12
　　2.1.3 农业信息服务系统的概念 ········· 15
2.2 农业信息服务系统、农业信息化与农业现代化 ········· 16
　　2.2.1 农业信息服务系统与农业信息化的关系 ········· 16
　　2.2.2 农业信息化与农业现代化的关系 ········· 17
2.3 研究的理论基础 ········· 19
　　2.3.1 新经济增长理论 ········· 19
　　2.3.2 信息经济学理论 ········· 23
　　2.3.3 信息管理理论 ········· 26
2.4 本章小结 ········· 30

**第3章 农业信息服务系统管理现状与问题分析** ········· 31
3.1 研究现状 ········· 31
　　3.1.1 21世纪之前有关农业信息化的理论研究 ········· 31

3.1.2　从2000年至今有关农业信息化的理论研究 …………… 32
　　　3.1.3　有关农业信息服务的理论研究 ………………………… 34
　3.2　国外农业信息服务系统发展概况 ……………………………… 36
　　　3.2.1　美国农业信息服务系统 ………………………………… 37
　　　3.2.2　法国农业信息服务系统 ………………………………… 39
　　　3.2.3　日本农业信息服务系统 ………………………………… 41
　　　3.2.4　韩国农业信息服务系统 ………………………………… 43
　　　3.2.5　印度农业信息服务系统 ………………………………… 44
　　　3.2.6　国外农业信息服务系统的共同特点与启示 …………… 45
　3.3　我国农业信息服务系统管理现状与问题分析 ………………… 46
　　　3.3.1　我国农业信息服务系统的建设历程 …………………… 46
　　　3.3.2　我国农业信息服务系统建设现状 ……………………… 47
　　　3.3.3　农业信息服务系统建设中的问题与原因分析 ………… 50
　3.4　本章小结 ………………………………………………………… 52

## 第4章　农业信息生产子系统 …………………………………………… 53
　4.1　农业信息生产的含义与系统目标 ……………………………… 53
　　　4.1.1　农业信息生产的含义 …………………………………… 53
　　　4.1.2　农业信息生产的特点 …………………………………… 54
　　　4.1.3　农业信息生产的指导原则 ……………………………… 55
　　　4.1.4　农业信息生产子系统的主要任务 ……………………… 56
　　　4.1.5　农业信息生产子系统的目标 …………………………… 56
　4.2　农业信息生产子系统的运行过程 ……………………………… 57
　4.3　农业信息生产子系统的要素分析 ……………………………… 58
　　　4.3.1　农业信息生产主体 ……………………………………… 58
　　　4.3.2　农业信息资源规划 ……………………………………… 58
　　　4.3.3　农业信息源 ……………………………………………… 59
　　　4.3.4　信息采集和处理技术手段 ……………………………… 59
　　　4.3.5　农业信息采集指标和标准 ……………………………… 60
　　　4.3.6　农业信息加工和存储 …………………………………… 60
　4.4　农业信息生产子系统的开发现状与管理 ……………………… 60
　　　4.4.1　国家对农业的科技支持有待加强 ……………………… 60
　　　4.4.2　农业信息管理人员急需增加 …………………………… 61
　　　4.4.3　农业信息资源规划是信息生产的先导 ………………… 62
　　　4.4.4　农业信息源的培养和分类建设 ………………………… 63

4.4.5　根据农民需求组织信息生产…………………………………… 64
　　4.4.6　提高采集与加工技术水平，确保信息产品质量………………… 68
　　4.4.7　数据标准化与数据库共建共享…………………………………… 69
4.5　本章小结……………………………………………………………………… 71

# 第5章　农业信息传播子系统……………………………………………………… 73
5.1　农业信息传播的形式和系统目标……………………………………………… 73
　　5.1.1　农业信息传播的含义………………………………………………… 73
　　5.1.2　农业信息传播的作用………………………………………………… 74
　　5.1.3　农业信息传播的特点………………………………………………… 75
　　5.1.4　农业信息传播形式…………………………………………………… 76
　　5.1.5　农业信息传播子系统的目标………………………………………… 79
5.2　农业信息传播与农业技术推广的区别与联系………………………………… 80
　　5.2.1　农业技术推广的背景………………………………………………… 80
　　5.2.2　农业技术推广的信息传递机制……………………………………… 80
　　5.2.3　农业信息传播与农业技术推广的区别……………………………… 81
　　5.2.4　农业信息传播与农业技术推广的联系……………………………… 81
5.3　农业信息传播系统的要素分析………………………………………………… 82
　　5.3.1　信息传播系统的五要素模型………………………………………… 82
　　5.3.2　传播子系统的五要素及其作用机制………………………………… 82
5.4　推进农业信息传播的实证分析………………………………………………… 87
　　5.4.1　"最后一公里"问题的含义…………………………………………… 87
　　5.4.2　解决"最后一公里"问题的案例分析………………………………… 88
　　5.4.3　几种成功模式的经验总结…………………………………………… 93
5.5　本章小结……………………………………………………………………… 94

# 第6章　农业信息施效子系统……………………………………………………… 96
6.1　农业信息施效的含义…………………………………………………………… 96
　　6.1.1　农业信息施效的概念………………………………………………… 96
　　6.1.2　农业信息施效的特性………………………………………………… 97
　　6.1.3　农业信息施效与农业信息效果的区别……………………………… 97
6.2　农业信息施效子系统的运行过程、构成因素与作用机制…………………… 98
　　6.2.1　农业信息施效子系统的运行过程…………………………………… 98
　　6.2.2　农业信息施效子系统的要素与作用机制…………………………… 99
6.3　网络入户的信息施效…………………………………………………………… 103

6.3.1 网络入户的条件分析 …………………………………… 103
6.3.2 网络入户信息施效的影响因素 …………………………… 104
6.3.3 网络入户信息施效的作用机制 …………………………… 107
6.3.4 网络入户的分析结论 …………………………………… 108
6.4 本章小结 ………………………………………………………… 109

# 第7章 系统的动力机制与运行模式 …………………………………… 110
## 7.1 农业信息服务系统建设动力的来源 …………………………… 110
### 7.1.1 农业信息服务系统动力机制的含义 …………………… 110
### 7.1.2 农业信息服务系统的动力供给主体 …………………… 110
### 7.1.3 农业信息服务系统的动力来源 ………………………… 111
### 7.1.4 系统目标的统领作用是形成合力的基础 ……………… 113
## 7.2 农业信息服务系统的运行模式 ………………………………… 113
### 7.2.1 政府推进模式 …………………………………………… 113
### 7.2.2 市场推进模式 …………………………………………… 114
### 7.2.3 政府与市场相结合的混合动力模式 …………………… 115
### 7.2.4 不同模式分析与比较 …………………………………… 116
## 7.3 政府主导多主体联合推动模式 ………………………………… 117
### 7.3.1 政府主导的理论基础 …………………………………… 117
### 7.3.2 农业信息服务的市场化发展趋势 ……………………… 119
### 7.3.3 社会公益帮助是系统建设的重要补充力量 …………… 122
## 7.4 政府的干预边界与战略选择 …………………………………… 123
### 7.4.1 政府干预边界 …………………………………………… 123
### 7.4.2 政府主导的战略重点 …………………………………… 124
## 7.5 政府主导、联合推进模式的案例 ……………………………… 125
## 7.6 本章小结 ………………………………………………………… 127

# 第8章 农业信息服务系统综合评价 …………………………………… 128
## 8.1 评价指标体系的构建 …………………………………………… 128
### 8.1.1 指标体系设计的原则 …………………………………… 128
### 8.1.2 评价的目的 ……………………………………………… 129
### 8.1.3 指标筛选 ………………………………………………… 130
### 8.1.4 农业信息服务系统综合评价指标体系 ………………… 131
## 8.2 农业信息服务系统评价模型 …………………………………… 136
### 8.2.1 评价模型的选择 ………………………………………… 136

- 8.2.2 用 AHP 确定综合评价指标权重的建模过程 …………… 136
- 8.2.3 用 FCE 确定指标等级隶属度的建模过程 …………… 139
- 8.3 用 AHP 确定评价指标体系的指标权重 …………… 143
  - 8.3.1 一级权重计算 …………… 143
  - 8.3.2 二级权重计算 …………… 144
  - 8.3.3 三级权重计算 …………… 146
  - 8.3.4 层次总排序一致性检验 …………… 156
  - 8.3.5 结果输出 …………… 157
  - 8.3.6 对排序结果的分析 …………… 157
- 8.4 应用综合评价模型的实证分析 …………… 163
  - 8.4.1 实证资料来源 …………… 163
  - 8.4.2 计算说明 …………… 164
  - 8.4.3 对规则层子集进行单级模糊评价 …………… 164
  - 8.4.4 对子目标层各子集进行二级模糊评价 …………… 172
  - 8.4.5 计算总目标的综合评价隶属度向量 …………… 174
  - 8.4.6 综合评价值的计算 …………… 175
  - 8.4.7 综合评价结果分析 …………… 175
- 8.5 本章小结 …………… 176

## 第9章 研究结论与政策建议 …………… 177
- 9.1 研究结论 …………… 177
  - 9.1.1 农业信息服务系统管理必须以系统科学理论为指导 …………… 177
  - 9.1.2 领导重视是系统建设的重要前提条件 …………… 177
  - 9.1.3 建设农业信息服务系统是国家对农业的造血性支持 …………… 177
  - 9.1.4 农业信息资源规划在信息产品生产中具有非常重要的作用 …… 178
  - 9.1.5 重点加强县级农业信息服务建设力量，提高辅助决策
    支持水平 …………… 178
  - 9.1.6 解决"最后一公里"问题需要制度创新 …………… 179
  - 9.1.7 网络信息"使用不经济"是"最后一公里"问题存在的
    经济学原因 …………… 179
  - 9.1.8 扩大信息应用规模是信息成本管理的重点 …………… 179
  - 9.1.9 政府应严格遵守干预边界 …………… 180
- 9.2 政策建议 …………… 180
  - 9.2.1 加大政府投资力度，分类分批建设 …………… 180
  - 9.2.2 理顺行政隶属关系，解决跨部门资源协调问题 …………… 180

9.2.3 搞好项目发展规划，保证落实 …………………………………… 181
9.2.4 重视农业信息加工，提高农业信息产品质量 ………………… 181
9.2.5 普及县、乡农业信息服务大厅 ……………………………… 182
9.2.6 网络延伸应该作为国家重大研究课题 ……………………… 182
9.2.7 加强宣传与培训，提高农民的信息素质 …………………… 182
9.2.8 设计有效的激励机制，调动信息服务者的积极性 ………… 183
9.3 不足之处及需要进一步研究的问题 ……………………………… 183

**参考文献** ………………………………………………………………… 184

# 第1章

# 导 论

## 1.1 研究意义

20世纪90年代开始，我国农业进入了新的历史发展阶段，调整农业生产结构，增加农民收入开始成为农业经济发展的新任务。生产规模化、经营专业化、技术现代化和管理信息化已成为农业生产的必然趋势，特别是面对国际国内市场的激烈竞争，农业生产迫切需要信息技术的支撑，农业信息化已成为农业现代化的重要内涵。因此，加速建设农业信息服务系统，已成为实现新时期农业持续发展的必然选择。

当前我国农业经济新发展面临"两大困境"。第一个困境是经济的快速增长继续对农业产出的巨大需求与有限农业资源过度消耗的矛盾，表现为"资源与环境困境"；第二个困境是滞后的农业生产结构与不断变化的市场需求结构严重错位形成的矛盾，表现为农业增产不增收，形成农民的"收入困境"。如果不及时解决这两大矛盾，尽快摆脱"两大困境"，就会造成我国农业产业的停顿与萎缩，必然与国民经济的快速增长极不协调，由此产生的负面影响将直接危及社会经济的安全运行和健康发展，后果十分严重。

世界第三次技术革命的浪潮把我们带入了崭新的信息经济社会，信息已成为现代经济增长的决定性要素，也为摆脱"两大困境"带来了新的光明和希望。世界著名经济学家舒尔茨说过："历史证明，我们能够通过知识的进步来增加资源。"信息是科学技术知识的载体，信息不仅可以减少和替代物质资源的消耗，改变农业生产方式，增强农业资源的合理利用和有效产出，使人类经济活动与环境和谐共存，而且具有引导、沟通和科学预测的特殊功能，能减轻和消除市场运行的不确定性，把农业生产经营建立在智力支持基础之上，有效地增加农民收入。

信号传递是信息运动的外在形式，知识交流是信息存在的实质内容。农业信息服务系统不仅利用现代信息技术进行高效率的信号传递，而且要实现信息生产者与农业生产经营者的知识交流。它是促进农业信息形成、运动、实现其功能的组织基础，也是农业信息产品、现代信息技术、组织机构要素的重要集成。农业信息服务系统把信息的生产、传播和施效组成一个要素齐全、结构合理、运行高效的动态综合体。它利用互联网、远程通信等现代信息技术把原本处于孤立、分割状态的农业知识生产领域与农业物质生产领域联系起来，在农业经济活动的生产者与消费者之间、在国内外市场之间、在农业科研与农业生产之间形成有秩序的信息流，为新时期农业经济发展提供知识基础。信息技术不仅能激活知识，通过信息施效还能释放出一种直接作用于生产经营过程的新能量，农业信息作为农业经济发展的新要素，必然为农业现代化、新农村建设、构建和谐社会创造出新的生机和活力。

世界上发达国家在信息技术领域已经捷足先登，把信息化作为提高国家竞争力的一项基本国策，利用信息资源争夺农产品市场的竞争已经开始。据联合国粮农组织（FAO）2006年统计资料显示，已经有53个国家和地区建立了具有一定功能的农业信息服务系统。发达国家已经把信息作为重要的农业经济发展新要素，为本国农业生产获取巨大利益。如果我国各级政府不能对信息鸿沟所引发的严峻挑战做出正确反映，我国农业的战略地位势必受到严重威胁。

党和国家已经预见到了建设农业信息服务系统的战略意义，十分重视新时期农业经济发展中遇到的各种问题。在1994年12月"国家经济信息化联席会议"第三次会议上提出了"建立农业综合管理和服务信息系统"的"金农工程"。2006年3月14日全国人大第十届四次会议批准的国家《"十一五"规划纲要》，提出"整合涉农信息资源，加强农村经济信息应用系统建设。推进农业服务组织和机制创新，鼓励和引导农民发展各类专业合作经济组织，提高农业的组织化程度"。2006年党中央1号文件明确规定："积极推进农业信息化建设，充分利用和整合涉农信息资源，强化面向农村的广播电视电信等信息服务。"2013年年初农业部发布了《全国农村经营管理信息化发展规划（2013～2020年）》，以加强对各地农村经营管理信息化的科学指导。设计了四大重点工程：一是以推进农经政务管理信息化为重点，强化政府财政支持，打造部、省、市、县、乡镇五级农经电子政务平台；二是构建部、省、市、县、乡镇五级农经管理监督服务系统，包括农村集体"三资"监管信息系统、农民负担监督管理信息系统两大子系统；三是建设和完善土地承包经营权登记、土地流转信息资源库和信息系统、建立农村土地承包纠纷调解仲裁信息库、信息管理系统和信息监控、预警制度；四是支持和鼓励有条件的地方构建部、省、县三级农经生产经营服务系统，包括农民专业合作社信息服务系统、农业产业化龙头企业信息服务系统和农业社会化服务组织信息服务系统三大子系统。

国家对于农业信息服务工作的部署越来越具体明确,经过近几年的努力,农业信息资源数据库数量明显增长,涉农信息网站日益增加,农业信息服务在县、乡、村级的传递模式不断创新,并在实践中积累了十分宝贵的经验。但是在农业信息服务系统建设与管理中存在的问题也十分突出,农业信息产品供给不足、不能满足农民需求,网络信息向农户延伸受到阻滞,农业信息的应用效果不明显,管理制度不健全,缺乏对农业信息服务系统进行客观评价的科学方法,农业信息服务系统的建设和管理急需具有重要指导作用的理论支撑。

基于以上认识,本书运用经济学原理和系统论的科学思维方式,力图从理论与实践的结合上对我国农业信息服务系统开展深入细致的分析研究,针对系统建设实践中的一些关键问题,提出探索性的政策建议,并且形成一套对农业信息服务系统进行科学分析与评价的理论体系。

## 1.2 研究对象

本书以中国农业信息服务系统为研究对象。主要研究系统的结构层次、系统要素、动力机制,最后提出了对系统的综合评价方法和指标体系。具体来说,农业信息的生产、传播、施效是构成农业信息流运动的三个基本阶段,将其作为三个子系统加以分析,形成了研究我国农业信息服务系统的基本结构。书中考察了三个子系统的内部结构、子系统内部要素之间的作用机制以及系统与环境之间的各种联系,用经济学观点分析了系统要素的状态和相互作用中的利益机制,结合成功案例进行了经验总结;系统的动力机制和运行模式部分研究了系统建设所需要的资金、人才、技术设备的来源;系统评价部分则通过构建一套评价指标体系,选用系统评价技术模型对系统的主要特征和发展水平进行了测定和衡量,为管理的准确定位提供了理论工具(见图1.1)。

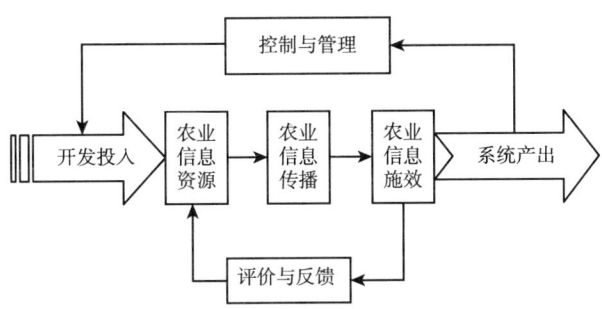

**图1.1 农业信息服务系统研究的基本模型**

## 1.3 研究目的

通过研究发现农业信息流运动的经济规律，探索农业信息系统中农业信息供给与用户需求之间的结合形式，分析农业信息服务网络延伸中的问题和原因，从拓展农业信息要素的价值空间出发，解决应用信息要素有效增加农民收入的根本问题，促进农业信息"源"、"流"、"用"（Source，Current，Use，简称S-C-U）之间的高效循环，形成有秩序的农业信息流系统。同时十分重视系统建设所需投入的来源，在比较分析的基础上，论证了"政府主导、多主体联合推进"的运行模式，通过制度创新激发市场经济条件下各类参与主体的积极性和创造性。农业信息服务系统综合评价指标体系和评价模型，对评价国家或某区域农业信息服务系统的综合发展水平提供了科学测评工具，为在管理中及时发现问题、有重点地选择调控措施提供了科学依据。应用这套科学管理方法力图促进我国农业信息服务系统结构更合理、动力更充足、运行更稳定、产出更高效，使它成为有效增加农民收入、实现农业现代化的重要支撑力量。

## 1.4 研究方法

第一，系统科学理论是指导本书的基本方法。农业信息运动本身完全符合信息运动"源—流—用"的运行秩序，符合信息系统的一般运动规律。系统科学理论的重要特点是把事物看做一个内部有着一定结构层次又与外部有着重要联系的系统，系统具有明确的目标和预定的功能，组成系统的各要素之间总是存在着相互支持或相互制约的逻辑关系，系统的功能可以通过不断改善达到整体性能最优。据此，笔者按照农业信息产品运动的基本轨迹，以信息的"源—流—用"为分析顺序，构造了农业信息生产、传播、施效三个子系统模型，并以此为基本构架对农业信息服务系统的构成要素、层次结构、运行机制、系统与环境的输入输出关系、系统动力和管理制度进行了全面、系统的分析论证。

第二，利用价值工程的分析方法，在信息施效子系统的研究中，从功能、成本、价值三者关系出发，分析了"网络入户"的基本经济条件和影响因素，按照价值工程理论提高产品价值的途径，在保证农业信息用户功能需求的基础上，提出了解决网络向农户延伸问题的多种方案，为解决农业信息网络延伸的"最后一公里"问题指出了正确的方向。

第三，采用实证和规范分析相结合的方法，第4章、第5章、第6章和第8

章主要是实证分析，利用农业信息服务系统建设中的先进典型资料，对河北省地市级、县级农业信息服务单位全面调查资料以及河北省农业信息用户问卷调查资料，从农业信息服务供给和需求两个方面进行了大量的实证分析；第8章根据农业信息化专家对指标体系设计的意见和建议、相关指标的重要程度对比数据和对河北省农业信息服务各项指标评价资料，力图使理论分析所依据的事实充分可靠，使研究结论具有实际应用价值。第7章和第9章则以规范分析为主，在农业信息服务系统的动力机制与运行模式研究和研究结论与政策建议中包含笔者的价值判断。

## 1.5 研究思路、基本框架与主要内容

本书的基本思路：问题界定、系统结构、综合评价、系统与环境的关系、结论与对策。

本书的基本框架如图1.2所示。

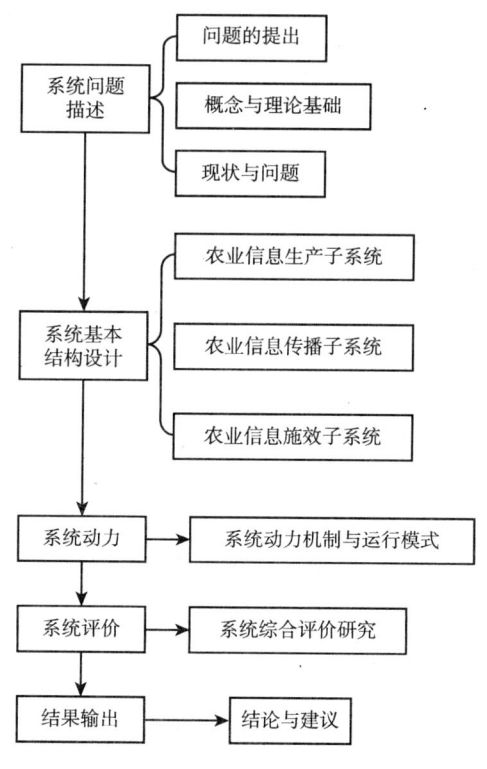

**图1.2 本书的基本框架**

主要研究内容：

第1章"导论"。说明了本书的意义，对研究对象、目的、性质、基本框架、方法、创新点进行了简要概述。

第2章"基本概念与研究的理论基础"。首先界定了与农业信息服务系统直接相关的几个基本概念，然后重点介绍了新经济增长理论、信息经济学理论和信息管理理论，它们是支持本书的三大理论基础，并为本书提供重要的思想来源和方法支持。

第3章"农业信息服务系统建设现状与问题分析"。首先简述了主要发达国家农业信息服务系统的发展现状和经验，然后从理论和实践两个方面回顾了我国农业信息服务系统管理的成绩和不足，分析了我国农业信息服务系统建设与发展面临的主要问题，基于为解决这些问题提供管理学依据，确定了研究重点。

第4章"农业信息生产子系统"。设计了农业信息产品生产过程模型，结合河北省农业信息资源规划实践，重点研究了农业信息资源规划、信息源、采集与加工、数据标准化和数据库共享等问题，提出了针对性措施。

第5章"农业信息传播子系统"。结合我国农业信息传播的特点，对信息传播的不同形式进行了比较评价，应用传播的"五W模型"构造了农业信息传播子系统，分析了我国农业信息传播系统中要素的存在状态和传播机制，总结了突破"最后一公里"难题的几种经验模式，并对几种模式的利益机制和适用环境进行了对比分析。

第6章"农业信息施效子系统"。定义了农业信息施效的含义，构造了农业信息施效子系统，分析了农业信息施效的主要影响因素与作用机制，以"四个效率"为中心，提出了促进信息施效的五组控制要素。还分析了"网络入户"信息施效的条件、因素和作用机制，提出了促进网络信息施效的措施。

第7章"农业信息服务系统的动力机制与运行模式"。农业信息的公共品特性决定了国家在系统建设中的主导地位，更好地运用市场经济机制进行管理创新，是加快系统建设，提高管理效率的有效措施。实践中已经出现了政府利用市场机制与电信运营商、农资销售商、农村协会和农业产业化企业等共同建设、利益互补的成功模式。

第8章"农业信息服务系统综合评价"。设计了一套农业信息服务系统的评价指标体系，在总目标下包括5个一级指标、17个二级指标、59个三级指标。根据指标体系的特点和评价要求，运用层次分析法和多级模糊综合评价方法设计了农业信息服务系统综合评价模型。首先应用层次分析法得出各层指标的单层次排序权重，然后计算出各层指标相对总目标的组合权重，根据组合权重值排序就十分清楚不同指标对总目标的重要程度，从而可以确定对系统重点管理和监控的对象，再经过多级模糊评价就能反映出系统的状态和水平；还可以进行不同区域的对比，有利于区域之间相互学习和促进。

第9章"研究结论与政策建议"。在总结回顾全部理论分析与实践例证的基础上，得出了农业信息服务系统管理的重点问题，并提出政策建议，最后，客观地指出了本书的不足。

## 1.6 本书的创新点

（1）按照信息运动的"S-C-U"规范，创新性地设计了农业信息生产、传播和施效三个子系统模型，并分析了每个子系统的内部结构、要素状态与作用机制，形成了农业信息服务系统的层次结构模型。根据系统结构决定功能的基本原理，对于分析造成系统外部功能缺陷、产出效果不理想的深层次原因，从系统结构上提供了支持性解释。

（2）应用农村信息交流活动与农村人际交往的伴随性原理，提出了网络信息只要进入各种农村人际交流活动半径就可以得到有效传播的观点。因此，广泛利用农村的各种交流活动机会，有利于找到更多的农业信息有效传播方式。把农村主要的人际交流活动种类、不同人际交流活动中信息的辐射半径和可供选择的传播地点设计成"农业信息人际传播图"。为农业信息的网络传播方式与人际传播方式形成替代性接力，促进信息"进村入户"，提供了新思路。

（3）提出了农业信息施效的概念，指农业信息到达用户层之后，以农业信息用户为主体对信息接收—接受（理解）—转化—结合—创造的过程，比信息效果具有更丰富的内涵，突破了农业信息应用只研究结果不研究过程的一般模式。

（4）按照价值工程的现代管理理论，设计了农业信息施效系统作用机制图，把影响系统价值的不同因素按照隶属关系归结到成本和功能两个区域之内。应用价值分析理论论证了农业信息使用成本这一新的成本管理内容，弥补了当前只关注降低信息的获得成本，对降低信息使用成本研究不足的理论缺陷。

（5）设计了一套农业信息服务系统综合评价指标体系，从而建立了系统综合评价的测评尺度和测评标准，为系统评价奠定了基础。

## 1.7 本章小结

农业信息要素能促进农业生产方式的转变，解决困扰新时期农业经济发展的"资源困境"和"收入困境"两大问题，发达国家已经应用信息资源提高农产品国际市场竞争力，我国也很重视农业信息服务工作，但是我国农业信息服务系统建设尚处于起步阶段，急需科学的管理理论作指导，这就是本书选题的背景和意义。采用应用定性与定量相结合方法研究，从系统工程的角度研究农业信息服务系统的结构、要素、系统动力和运行模式，并对系统进行综合评价，其直接目的是促进系统建设和功能完善。在本章还对研究思路、文章框架、主要内容进行了简单概括，介绍了研究中使用的方法和创新点，本书具有明显的探索性、创新性特点。

# 第 2 章

# 基本概念与研究的理论基础

## 2.1 信息、农业信息与农业信息服务系统

### 2.1.1 信息的概念和信息的一般特性

信息是现代社会中使用最广泛、最频繁的词汇之一，不仅在社会生活中经常使用，而且在研究自然界的生命和非生命现象时也广泛采用，尤其是随着通信技术的发展，信息已经成为人们生活中须臾不可缺少的必备要素。那么什么是信息呢？在我国"信息"一词的出现，至今已经有1000多年的历史了。据新《辞源》考证，"信息"最早出现在南唐诗人李中的《暮春怀故人》诗中："梦断美人沉信息，目穿长路倚楼台"。其中"信息"指音信、消息。英文中的"信息"（Information）源于拉丁文"Information"，是指一种陈述或一种解释、理解等。

信息的含义随着历史发展不断演变。当信息作为一门科学来独立研究时，产生了信息的科学定义。

#### 2.1.1.1 信息的科学定义

具有现代科学技术意义的信息概念是在20世纪40年代以后出现的，与现代通信技术的出现有直接关系。目前人们从不同的领域对信息进行专门研究，致使信息的概念具有多学科交叉性，尤其是现代信息技术日新月异，信息科学不断取得重大成果，信息的科学含义也在不断丰富和发展。在信息科学领域里，以下信息定义是具有权威性和代表性的：

（1）申农（C. E. Shannon）的信息定义。

信息论的创始人、美国数学家申农认为："信息是用来消除随机不确定性的东西"。意即取得了信息就能够消除不确定性，提高对事物的认识程度，有利于

做出正确的决策和行动。申农在 1948 年一篇题为《通信的数学原理》的文章中，以概率论为工具描述了信息消除不确定性是一个熵减的过程。熵是一个热力学概念，简单地说，熵是表示"秩序"的数值，熵增表示秩序更加混乱，熵减则表示事物有序化程度的提高，即更加有秩序。

申农用概率的形式给出了信息的定义和信息量测定的经典公式。假设有随机事件的集合 $x_1, x_2, \cdots, x_n$，它们出现的概率分别是 $p_1, p_2, \cdots, p_n$，满足以下条件：

$$\sum_{i=1}^{n} p_i = 1 \qquad 0 \leq p_i \leq 1 \quad i = 1, 2, \cdots, n$$

假设用 $H_S(p_1, \cdots, p_n)$ 来表示事件选择中含有不确定性的度量，即我们认为不定性测度 $H_S$ 必然是概率分布 $(p_1, p_2, \cdots, p_n)$ 的函数。

$$H_S(p_1, \cdots, p_n) = -K \sum_{i=1}^{n} p_i \log p_i \qquad K \text{ 为正数}$$

申农的信息定义十分强调信息的熵减功能。

（2）维纳（N. Wiener）的信息定义。

控制论的奠基人、美国经济学家维纳（N. Wiener）把信息看做人与环境相互斗争、相互适应的过程中进行的信息交换。他在 1950 年出版的《控制论与社会》一书中写道，"信息就是我们在适应外部世界，并把这种适应反作用于外部世界的过程中，同外部世界进行交换的内容和名称"，此定义说明信息是我们对外部世界实施控制的基础。意即信息是人们与外部世界打交道的过程中，通过总结和认识，形成的可以控制和作用外部世界的经验和方法。维纳还说过："信息就是信息，既非物质，也非能量。"他把信息与物质、能量视为并列的地位，清楚地划分了信息与物质、能量的界限，揭示了信息的本质。

（3）哈特莱（R. V. L. Hartley）的信息定义。

美国学者哈特莱（R. V. L. Hartley）1928 年发表的《信息传输》文章中，把信息看做通信符号。

（4）钟义信的信息定义。

我国信息科学专家钟义信教授提出了"全信息"概念。他认为，根据对信息所附加约束条件的多少，可以形成信息定义的概念体系，从而把所有的信息定义都能包括进来。没有约束条件的信息是本体论意义上的信息，如果引入"人"这一认识主体作为约束条件，信息定义就变成了认识论意义上的信息。本体论意义的信息是指该事物运动的状态和状态变化方式的自我显示；认识论意义上的信息是指主体所感知的关于该事物的运动状态及其变化方式，包括状态、运动变化形式、内在含义和效用价值。钟教授把同时考虑事物运动状态及其变化的外在形式、内在含义和效用价值的信息叫做全信息。而仅仅计其形式因素的信息叫做语法信息,把计及其含义因素的信息部分称为语义信息,把计及其中效用因素的信息部分叫做语用信息,同时计及语法信息、语义信息和语用信息的叫做全信息。

据此信息概念就可以把有关研究信息的科学分为三个不同学科,与通信有关的信息及控制科学研究的是"信息运动的外在形式",即"语法信息";与知识管理有关的情报检索、数据挖掘技术等研究信息内容的内在含义,即"语义信息";经济学则研究信息存在与信息流运动有关的成本与收益,分析信息活动的经济问题,研究的是"语用信息"。

除此之外,还有人认为信息是客观世界存在的一切事物通过物质载体所发出的消息、情报、指令、数据、信号中所包含的一切可传达和交换的知识内容,与人的认识活动无关。

### 2.1.1.2 信息的一般特性

(1) 存在状态的无形性。信息与物质、能量在外在形态上具有重大不同,它是看不见、摸不到的,它没有固定的表现形态;信息必须要借助一定的物质载体来表现;信息传播需要能量的消耗。

(2) 信息价值的共享性。信息价值不仅不会因传播而减少,反而可以在传播中得以扩展,使用的人越多,信息价值就越能得以充分体现。这种特性对人类社会的经济发展起着积极的推动作用,表现为信息的网络效应。

(3) 信息资源的无限性。信息作为人类可认识、可利用的资源,它是事物运动状态和存在形式的一般描述。物质运动的无限性和人们认识世界能力的不断增强,使信息资源具有取之不尽、用之不竭的特点。

(4) 信息资源的可开发性。随着人类认识水平的提高,信息经过科学加工和处理,质量不断提高。人类所具有的学习能力与信息产品的不断累加,使信息的作用越来越大,用途越来越广泛,从而,信息具有无限增值的潜力。

(5) 信息数量和质量的可度量性。信息用来消除人们对事物认识上的不确定性,不确定性可以用概率来度量,因此,可以用概率的改变表示信息量。如果得到的信息减少了不确定性,信息的量值是正的;如果得到的信息使对事物的认识更模糊了,信息的量值就是负的;如果得到的信息使人们对事物的认识没有改变,信息的量值就是零。信息量的单位是比特(BIT,Binary Digits)。1比特的信息量指含有两个独立均等概率状态的事件所具有的不确定性能够被消除所需要的信息。对一个事物找到可度量的科学方法,可以提高我们对它认识的程度,有助于更加准确地描述其特征和发展变化的规律,把握对它控制的量、作用的度。

## 2.1.2 农业信息的概念、特点、内容和功能

### 2.1.2.1 农业信息的概念

简单地说，农业信息是指与农业活动有关的信息。农业是人通过作用于生物的生命过程而取得经济产品，它是生物的生命过程与社会经济活动过程相结合的产业。农业生物生命活动的空间环境、农业生物的生命体本身、农业资源环境信息与国家农业管理政策、国内外农产品市场经济制度、农产品供给与需求平衡状况、农产品加工与销售、农村经济组织形式等所有影响农业生产经营和利益分配的信息都是农业信息。

根据研究目的的不同，学者们从不同角度对农业信息进行了定义。王慧军教授认为"农业信息是农业系统内部、农村社会等各个领域、各个层次产生并发挥作用的信息内容，是直接或间接与农业推广活动相关的信息资源"。它包括农业资源信息（自然资源、社会资源、农业区划等）、农业政策信息（国家法律法规和各级政府对农业的优惠扶持政策等）、农业生产信息、农业教育信息、农产品市场信息、农业经济信息、农业人才信息、农业推广管理信息等诸多方面。王人潮教授对农业信息定义是：以农业科学和地球科学的基本理论为基础，以农业生产活动信息为对象，以信息技术为支撑，进行信息采集、处理分析、存储传输等具有明确的时空尺度和定位含义的农业信息的输出与决策。王慧军教授的定义内容十分宽泛，包括了与农业活动有关的各方面、各层次的所有信息；王人潮教授强调了农业自然资源禀赋条件的信息，他的定义方便了对"精确农业"、"信息农业"的研究。

本书从经济学角度研究农业信息的运动，重点研究农业信息从静态转化为动态、从潜在的资源形式转化为现实经济效益的过程。这里的农业信息是指能有效扩大农业经济活动总量，促进农民增加经济收入的各种农业信息，包括自然科学领域和社会科学领域的农业信息。

### 2.1.2.2 农业信息的特点

农业信息除了具有信息的一般特性之外，还有"农业行业"决定的信息特点：

（1）农业信息的时效性。信息具有时间维度，信息的价值随时间的推移而改变。不同种类的农业信息其时效性差别很大，信息的价值随时间变化的速度和方向也不同。农业知识类信息历经长时间的积淀，价值降低的速度最慢；农业科技成果受重大技术突破的制约，新成果对旧成果有一定的替代性，具有明显的周期性；天气预报、市场交易信息等是瞬时信息，失效最快；预测类信

息是指向未来的，有较大的风险，也是最有价值的。农业信息的时效性决定了信息流从"源"到"用"的流动中所占用的时间越少越好。现代信息技术使信息传递打破了时空界限，在农业信息"流"运动中具有不可替代的技术支撑作用。

（2）农业信息服务对象的特殊性与信息流系统的复杂性。我国农民人口多、居住分散、经济收入低、文化水平低，为满足农民的信息需求，农业信息服务系统必然会具有庞大的信息流分支体系。从组织体系看，农业信息服务系统组织体系从高层到低层，其结点迅速增多，呈树状结构，基层建设任务更加繁重。信息的"源"是一个点，促使其向众多分散用户的扩散，需要外界给予强大的"动力"，才能使"存量"成为"流量"。在从"源"向"用"的扩散中信息流分支越多，所消耗的能量就越大，要求外界赋予足够的能量和动力，也需要信息技术的强力支撑和社会中人力、物力、财力的推动。对象的特殊性和系统的复杂性决定了农业信息服务系统建设投入大，成本高，工作内容十分浩繁，工程艰巨。

（3）宏观与微观收益的差距大。我国农民信息能力差，经营规模小，就单个农户来讲农业信息收益不大。从国家整个农业经济发展来看，庞大的农户数量，使得农业信息服务的总体经济效益十分客观。而且，农民是社会上人均信息占有量最少的人群，经济、社会、地理环境等各种因素造成了农村信息贫乏，甚至农村成了"封闭"、"落后"的代名词。而农业生产活动的特点决定了农业信息分布领域十分广泛，不可控因素多，容易形成风险，造成损失。信息的非对称性越大，输入信息带来的收益也越大，这正是农业信息服务的目的所在。

（4）农业信息对载体的依赖性。信息的存在和运动都需要一定的载体，不同的载体呈现信息的效果不同。纸质信息便于保存，可反复阅读；磁质信息存量大，方便复制和修改等。由于不同载体有不同的特点，互相之间不能完全替代，传统信息载体与现代信息载体应相互配合、合理交叉。目前不同的信息通道分属不同的部门，这就需要根据需要对不同的信息通道进行资源整合，更好地达到信息服务的效果。

（5）信息应用的风险性。信息是人类生产和生活实践中经验总结、试验探索、理论研究的结果。由于人的认识水平有限，而且事物总在不断变化，尤其是对社会经济事件未来的预测信息，即使过去的资料足够翔实，方法严谨，事情的发展也不会像钟表一样重复同一轨迹；而且信息施效的条件一般是开放的，受着多种因素的影响，致使信息应用的结果往往具有较大的不确定性。为了减少这种不确定带来的损失，农业信息服务中需要严格控制信息作用的条件，设计好信息服务系统的反馈通道，便于应用者与服务者良好沟通，及时解决信息加工和应用中遇到的新情况，对信息风险进行有效控制。

### 2.1.2.3 农业信息的内容

农业信息的内容十分广泛，根据农业信息技术专家王人潮教授的研究，以种植业为主的农业信息内容系统框架内至少包括7个内容子系统。它们分别是：

（1）农业信息资源系统。包括农业环境资源信息分系统和农业生物（种质）资源信息分系统。

（2）农业自然灾害预警与监测系统。主要包括气象灾害预监测信息分系统、林火灾害预监测信息分系统、病虫害预监测信息分系统。

（3）农作物长势监测与估产系统。主要包括粮食作物长势监测与估产分系统、经济作物长势与估产分系统。

（4）农产品营销信息系统。主要包括农产品市场信息网络分系统、农产品产销平衡预测分系统。

（5）农业环境质量评价信息系统。主要包括水资源质量评价分系统、土壤环境质量评价分系统、大气环境质量评价分系统。

（6）农业决策支持与技术咨询服务系统。主要包括农业区划和农作物合理布局信息分系统、农业生产管理信息分系统、农业园区建设与管理信息分系统、农业专家咨询服务分系统、农业决策支持分系统。

（7）粮食安全保障系统。主要包括粮食需求预测与耕地总量动态平衡监测分系统、粮食市场预测与动态监测分系统、粮食安全生产和保收减损技术分系统、科技动态及其潜力发挥预测与跟踪监测分系统、粮食安全生产基础性研究分系统。

研究农业信息内容的主要目的是分析农业信息内容框架体系中不同信息种类之间的关系，根据目前我国农业经济发展的任务判断出不同种类信息的重要程度，以利于把有限的资金、物资设备、技术、人才优先安排在最需要又最有可能取得效益的地方。

### 2.1.2.4 农业信息的功能

（1）农业信息对农村产业结构的优化作用。产业结构是指产业内部不同成分之间关系的构成，包括比例关系、先后顺序、方向位置等。农业产业结构主要有产品结构、质量结构、加工价值结构等。农业信息对农业产业结构的优化作用主要表现在：一方面，农产品价格信息反映农产品档次结构、品种结构是否合理。若市场出现严重的不平衡，价格的离散程度就会增大，信息服务部门及时采集和发布信息，得到信息的农民就会及时做出反应，自觉地调整生产或加工的品种，使供不应求的状况得到改善，价格离散率变小，产业结构趋于合理化。另一方面，农业信息有利于农村不同产业部门的协调发展。根据农村劳动力在不同行业的分布、农民在不同领域的投资信息,就可以了解农村产业结构的动态。据此分析和预测,有利于指导农村产业结构优化和升级,提高农民收入。

(2) 农业信息对农业生产力的促进作用。农业信息对生产力要素有价值提升作用。第一,提高劳动者信息素质。农业信息与劳动者结合,使劳动熟练程度和技能水平得到增强,有利于引发技术革新和发明创造,提高生产力系统的产出效率。第二,对劳动资料性能的改善。农业信息与劳动资料结合,可增加生产设备的信息含量,促使生产工具向着自动化、智能化发展。生产设备信息含量的增加,还有利于加深对劳动对象的认识,缩短劳动过程,节约时间,提高产品质量。第三,对劳动对象的优化。农业信息与劳动对象结合,既可以增加劳动对象的品种和数量,又可以扩大其范围和用途,提高性能和质量。目前,我国农村耕地、水、森林、草场等自然资源严重缺乏且日益退化,已影响到农业的可持续发展,而信息技术、信息产品向农业领域的延伸,有利于发挥信息对物质、能源的替代功能,降低农村经济活动中各种基本资源的消耗。

(3) 农业信息对农业生产和经营管理决策水平的提高作用。现代经营管理实际是一种信息活动过程,准确掌握了农业生产活动各个环节的详细信息,就明白了事物发展的道理和规律,便于对生产力诸要素进行合理计划、组织、指挥和协调,提高农业生产经营的决策水平,减少或消除经济活动中的不确定性。任何一项经济活动都受到多种因素的影响,其中任何一种因素的变动都会导致不同的结果。但通过信息的获取和应用,就可减少不确定性,规避和转移风险,提高决策水平。

(4) 农业信息是农业经济增长的倍增器。因农业信息具有累积性、间接性、增值性和反复使用无损性的特点,信息使用者的内化和扩散都会使劳动生产率得到提高,从而产生一系列间接效益,使农业信息成为农业经济增长的倍增器。据有关资料介绍,每增加1单位的信息成本,可获得14个单位的收入增长。农业信息是极有开发价值的潜在资源,可明显地提高农业资源的产出效率,是市场经济下农业经济增长的新动力。

## 2.1.3 农业信息服务系统的概念

农业信息服务系统(Agricultural Information Service System)是信息技术成果广泛应用的产物,是一种新的社会经济系统。它把国际互联网作为农业信息传输的主要手段,辅之以广播电视网、电信网等多种信息传输网络,综合应用计算机、电话、电视、广播、图书报纸等多种信息媒体与信息终端设备,通过对信息的加工处理、对信息资源的深度开发和广泛应用,建立起农业信息领域与农业物质生产领域之间信息有序流动和高效传输的信息系统,增加农业信息产业人员数量，提高农业生产经营者的信息能力，构筑农业经济发展的智力支持基础，使信息资源成为支撑和引领经济和社会发展的重要动力，有效降低农业生产领域的物质消耗，减少污染，减少市场不确定性带来的损失，促进农业增长方式的转变，提高农业生产经营效率，提高农产品市场竞争力，有效增加农民收入，为构建和谐社会、建设社会主义新农村提供社会支持保障。

农业信息服务系统的概念包括以下三个方面内容：

一是指农业信息服务系统的组织含义。农业信息服务系统是促进农业信息流的形成、保持信息流运行秩序、提高服务效率的一系列相互配合的社会组织机构体系。从上到下按照行政隶属关系包括国家农业信息化领导机构——中央国务院信息化领导小组、"金农工程"指导与实施组织——农业部农业信息中心、各省（市、区）、市、县农业信息服务中心，乡、村农业信息服务站（点）；还包括商业性或者具有一定公益性质的农业信息服务公司等。它们是农业信息服务的组织依托，是促进农业信息流形成的动力来源，是推动信息流向农民用户流动的控制器，是农业信息服务人员从事农业信息服务的工作场所。

二是指农业信息流系统，它是农业信息服务的工作对象。农业信息服务是通过一定的技术手段把已经存在的信息产品或者经过加工创造可获得的信息产品，经过内容集成和形式转化，成为便于农业生产经营者接受和使用的农业信息。各种农业信息产品从产生、流通到应用的全部运动过程构成有秩序的农业信息流系统。

三是指对信息要素或信息流系统的管理和控制。在系统建设和运行中用系统的思维方式把农业信息服务组织、人员、技术和农业信息资源、政策等看做要素的集成和综合，为达到系统目标，形成科学的管理制度和有效调控措施。

农业信息服务系统的以上三种含义，反映了农业信息服务系统不同方面的特征，也说明对农业信息服务系统可以从不同侧重点展开研究。

## 2.2 农业信息服务系统、农业信息化与农业现代化

### 2.2.1 农业信息服务系统与农业信息化的关系

#### 2.2.1.1 农业信息化的含义

近年来，人们对农业信息化的讨论日渐增多，但还未能形成统一定义。有人认为农业信息化是指现代信息技术如计算机、远程通信、互联网等全面应用于农业生产与经营过程；有人认为农业信息化就是信息作为农业中的战略性资源和新的生产要素，取代物质资源的主导地位，成为农业经济增长中最重要的推动力量；有人认为农业信息化是 GIS（地理信息系统）、GPS（全球定位系统）、RS

(遥感系统)应用于农业生产实践,实现"精确农业";也有人认为农业信息化是微电子技术、通信技术、光电技术、遥感技术等多项信息技术在农业中普遍而系统的应用过程;还有人则认为农业信息化是信息与知识越来越成为农业生产活动的基本资源和发展动力,信息和技术咨询服务业越来越成为整个农业结构的基础产业之一,信息和智力活动对农业经济增长的贡献越来越大的过程。

总结以上观点可以得出,农业信息化的含义包括三个方面:(1)现代信息技术的最新成果能及时、广泛、系统地应用到农业生产经营活动过程中;(2)信息和知识作为新要素,取代物质资源的主导地位成为农业经济增长中最重要的发展动力;(3)沟通知识生产领域与物质生产领域的农业信息服务系统高效运行,农业经济发展的信息基础扎实,信息成为引导农业产业结构调整、促进农民收入增加的重要措施。可见,农业信息化是一个内涵丰富、外延广泛的概念,是知识经济向社会各领域逐步深化的结果,农业信息化是一个随着科学技术进步和社会发展动态演进的过程。

#### 2.2.1.2 农业信息服务系统与农业信息化的关系

农业信息服务系统是农业信息化的重要内容,是实现农业信息化的社会组织基础,农业信息化建设本身包括农业信息服务系统建设。农业信息化是农业生产、农村社会、农民生活全方位、全过程、全领域的信息化,而农业信息服务系统是信息运行的组织通道,它促进农业信息流的形成和高效循环,促进农业信息产品生成、传播与应用,它充分利用网络技术的优势通过对各种传统信息传播媒介的整合,使现代科学技术向农业经济活动最微观的经济单位渗透。因此,对农业信息服务系统科学管理有助于促进农业信息化的顺利推进。

### 2.2.2 农业信息化与农业现代化的关系

#### 2.2.2.1 农业现代化的含义

农业现代化是一个动态概念,在不同时期有不同的内容。农业现代化还是一个具有世界维度的概念,它以当时世界上最先进的技术水平为标准,在工业化时期以机械化、电气化为代表,而知识经济时代,则是以现代通信技术和计算机技术在农业中的应用作为重要标志,农业信息化是农业现代化的最新内容。

农业信息服务系统是农业信息化的重要组成部分,是农业信息化实施过程中必须建设的社会经济组织系统。信息农业以信息技术在农业领域中的充分运用为主要标志,是继传统农业(包括原始农业、古代农业)、现代农业之后农业发展的最高阶段。就如传统与现代农业之间并没有一条绝对的分水岭一样,信息农业与现代农业也没有十分严格的递进条件。各个阶段之间都有个交叉重叠时期,在上一个阶段尚未完成时，下一阶段的要素完全可以孕育发展或逐渐壮大起来，直至上升为主导因素，引领时代的发展。因此，虽然总体上看我国农业现代化水平还很低，更高级阶段的信息化还不能全面铺开，但是，以农业信息服务体系建设为先导，培养和壮大农业信息要素，不仅是可能的，而且是完全必要的。

### 2.2.2.2 农业信息化与农业现代化的关系

从历史发展过程来看，现代化曾经指工业化，而现在则指信息化。美国未来学家阿尔温·托夫勒在1980年出版的《第三次浪潮》中说，工业化社会是一个把专业化发展到极致的社会，几乎每一项工作都有细微的分工，而信息化社会借助计算机可实现系统化和综合化。社会的专业化分工，大大提高了从事单一工作的效率，有助于减少不断转换工作所浪费的时间，而且有效地减少学习成本，工作简单化有助于经验积累，经济效果明显。但是问题的负面影响则是不同专业的人为割裂，由于专业化形成了知识成果的"信息孤岛"，不但在不同的工作领域之间形成巨大的盲区，更为严重的是理论和实践之间的距离越拉越大。大量的知识成果积存在研究领域里的档案库里白白浪费，实践中因为缺乏理论指导造成重大经济损失。现代信息技术的发展，极大地降低了信息的传输成本，提高信息的生产和传播效率，有助于实现不同部门之间的沟通和行动上的协调、合作，这种社会的进步必然产生巨大的经济效果。

奈斯比特（T. Naisbitt）在其著名论著《大趋势——改变人们生活的10个方向》中概括了信息社会的4个主要特征：起决定作用的生产要素不再是资本而是信息；价值的增长不再通过一般性的劳动，而是通过知识；人们关心的不再是过去和现在，而是未来；信息社会将是诉讼密集的社会。因此，在信息社会里知识和信息将成为社会最重要的资源和财富。

纵观世界各国农业现代化的道路，由于各国国情各异，选择模式有很大差异。但它们有一个共同特点，那就是积极寻求对本国优势资源的开发利用途径，弥补劣势资源的不足，形成高效率的农业经济产出，我国农业现代化建设也应该遵循这一道路。美国、加拿大、澳大利亚都是土地、资本要素丰裕，劳动力稀缺的国家，它们在20世纪初利用工业革命的成果，驱动本国优势的土地资源和资本资源，依靠大量投入，提高农业生产率；而荷兰则是典型的土地资源贫乏的国家，荷兰利用农产品加工优势和完备的市场交易体系，创造了优质农产品行销全球的市场优势；以色列土地资源、水资源严重短缺，而依靠生物技术、信息技术，走出了一条农业资源节约型的现代化道路，不仅能使一个沙漠国家满足本国的农产品需求，还能依靠农产品和农业技术出口为本国创造了大量外汇。人们发现目前发达国家正在把现代信息技术为代表的第三次科技革命成果应用于农业，就像工业技术对传统农业的现代化改造一样，现代信息技术已经成为农业现代化的崭新内容。面对这一世界农业发展新趋势，结合我国农业劳动力资源丰富、农民人均土地资源十分紧缺的国情，我们应该走一条利用信息资源驱动我国丰富的劳动力资源，弥补土地资源、资本资源不足的农业现代化道路。以现代信息技术为代表的第三次科技革命，不仅为人类发展提供了重要的科技成果，它将会有力地证明改变人类命运的重要资源就在人本身，人类的智力能力是最丰富、最可靠、现实可利用的重要资源。

## 2.3 研究的理论基础

随着信息技术成果的大量涌现，信息生产和传递成本大大降低，信息与经济已经高度融合，在学术领域里人们从不同角度研究经济中的信息问题和信息的经济问题，形成了专门的分支科学。新经济增长理论对经济发展中的信息要素进行了专门研究，从定性和定量的关系中把握了信息驱动经济增长的机制；信息经济学理论对信息运动中的经济机制进行了有益的探讨，有利于通过社会经济资源的有效利用来推动信息要素的生成；信息管理理论则从信息技术的应用方面，阐述了信息系统的建设和管理原理，着重有效促进信息流的运动和循环，显著地提高其经济效果。因此，新经济增长理论、信息经济学理论和信息管理理论共同构成本书研究的理论基础。

### 2.3.1 新经济增长理论

新经济增长理论论证了现代经济增长中信息的作用以及对信息要素及贡献程度的计量。1986年保罗·罗默（Paul Romer）在《收益递增和长期增长》的论文中提出了知识是经济长期增长的关键因素的观点。他认为生产要素有四种：资本、非技术劳动、人力资本和新思想，其中新思想是一种特殊的知识，是现代经济增长的主要因素。知识的作用在于它能提高要素的收益，使资本和劳动的投入产生递增收益，引起规模经济的递增，而且知识是投资的结果，会因前期的积累而不断增加，这种累加作用就成为经济长期增长的原因。1988年卢卡斯（Lucas）在《论经济发展的机制》中也提出了类似的观点，他批判了新古典增长模型中只计算传统物质要素的局限性，特别强调了知识和专业化分工所引起的人力资本的积累对于经济增长的重要作用。他把知识分为一般知识和专业化知识，一般知识可产生外部经济效应，使全社会都受益，专业化知识产生内部经济效应，使所在企业获取垄断经济利益。从动态的观点来看，积累的垄断利润又是投资新产品开发的经济动力，这就在收益、投资、知识积累三者之间形成不断促进的良性循环，成为经济长期稳定增长的基础。

人们把罗默和卢卡斯的理论一起叫做新经济增长理论。新经济增长理论不仅为我们找到了一种新的生产要素，通过对这一要素加强开发和利用可以有效地引起经济的长期增长，更重要的是这个新要素存在于人本身，它不像物质因素那样受客观条件的限制，它是人类智力活动的成果。

### 2.3.1.1 古典经济增长理论

古典经济增长模型的典型形式是把经济增长看做只有劳动和土地两种投入要素相互作用的结果。其生产函数为：

$$Q = F(X_1, X_2) \tag{2-1}$$

$Q$ 表示产出，$X_1$ 表示土地，$X_2$ 表示劳动力，$F$ 表示函数关系。

### 2.3.1.2 现代经济增长理论

现代经济增长理论以哈罗德—多马模型为代表，强调了资本积累在经济增长中的重要性。资本的来源是上一期国民收入中除了消费之外用于储蓄的部分，储蓄是下一期生产过程资本投入的来源，因此资本在经济增长中的作用表现为资本的积累率和资本的产出率。

其基本公式是：

$$G = S/V \tag{2-2}$$

$G$ 表示经济产出率，$S$ 表示社会的储蓄比率，即储蓄在国民收入中所占的份额，$V$ 可以简单地表示为资本产出之比。

现代经济增长模型为：

$$Q = F(X_1, X_2, X_3) \tag{2-3}$$

$Q$ 表示产出，$X_1$ 表示土地，$X_2$ 表示劳动力，$X_3$ 表示资本，$F$ 表示函数关系。

现代经济增长理论强调了资本要素在经济增长中的重要作用，把资本看做经济增长中最重要的制约因素。因此，现代经济增长模型也可以称作资本推动型的经济增长模型。

### 2.3.1.3 新古典经济增长理论

新古典经济增长以索罗模型为代表，认为经济增长的主要推动力量是技术进步。索罗模型运用生产函数分解的方法将资本、劳动要素贡献之外的剩余贡献归于技术进步。

索罗教授在研究中假定资本和劳动是同质的、生产的规模收益不变、劳动和资本可以相互替代等,推导出一个新经济增长模型。索罗用柯布—道格拉斯生产函数检验资本和劳动力的投入与经济产出之间的关系,结果发现用经验数值测定投入的增加与经济增长数值之间,存在着一个不能被解释的残差,叫做全要素生产率(Total Factor Productivity)。

索罗的总量生产函数可以表示为:

$$Q = F(K, L, t) \qquad (2-4)$$

$Q$ 表示经济总产出,$K$ 表示资本,$L$ 表示劳动,$t$ 表示技术因素,$F$ 是函数关系。

假定技术进步是在希克斯中性条件下,动态的经济增长中各种要素的贡献率的计算就可以表示为:

$$\frac{\Delta Q}{Q} = \frac{\Delta A}{A} + w_k \frac{\Delta K}{K} + w_l \frac{\Delta L}{L} \qquad (2-5)$$

$w_k$ 和 $w_l$ 分别表示资本和劳动在产出中的相对份额;

$\frac{\Delta Q}{Q}$ 表示总产出的增长率;

$\frac{\Delta A}{A}$ 表示技术进步对经济增长的贡献;

$\frac{\Delta K}{K}$ 表示资本因素对经济增长的贡献;

$\frac{\Delta}{L}$ 表示劳动因素对经济增长的贡献。

$$y = A + \alpha K + \beta L \qquad (2-6)$$

这里 $y$ 表示产出的年平均增长速度;

$A$ 表示技术进步速度;

$\alpha$ 表示资本的产出弹性;

$\beta$ 表示劳动的产出弹性;

$K$ 表示资本投入量的增长速度;

$L$ 表示劳动投入量的增长速度。

索罗模型中允许资本和劳动相互替代,在规模报酬不变的假定下,生产函数可以写成集约的形式,即在人均产出 $\left(\frac{Y}{L}\right)$ 与人均资本存量 $\left(\frac{Y}{K}\right)$ 之间建立起函数对应关系。索罗模型为我们提供了资本积累促进经济增长的分析机制。先是投资促进资本存量的增长,然后通过生产函数促进经济增长,索罗模型在增长因素的分析中,对要素投入的贡献做出了合理的解释。

全要素生产率的增长率可以通过产出增长率、资本与劳动投入的增长率和资本与劳动份额的观察值之间的关系表示：

$$V_T = \Delta Y/Y - (V_K \frac{\Delta K}{K} + V_L \frac{\Delta L}{L}) \qquad (2-7)$$

### 2.3.1.4 新经济增长理论模型

新经济增长理论以罗默的知识积累模型和卢卡斯的人力资本模型为代表，在经济增长中知识积累和人力资本两者共同决定了经济增长。而新古典经济增长理论尽管强调了技术进步的重要作用，但是它把技术进步视作外生变量。

罗默的知识增长理论，把经济增长的技术进步因素内生化。罗默详细分析了技术的特征，认为索罗模型把技术进步看做公共物品，这并不符合技术的真实状态。技术应该是一种受到私人控制的准公共产品——这意味着技术具有某种程度的独占性和排他性，技术的部分排他性保证了厂商可以从技术创新中获益；但是技术又不同于一般物质产品，技术的非竞争性表现在：一个厂商对技术的使用并不阻碍他人同时使用该技术，它可以在接近零边际成本下被反复利用。

技术的内生经济增长可以分为两类：一类是将技术转化为知识，技术进步来源于知识的积累。这样的知识又可进一步分为阿罗提出的"边干边学"思想，主要强调经验的学习效应；由霍依特（Howitt）提出的 R&D 模型，主要强调通过研究与开发部门专门研究新技术并在实际中应用。另一类是将技术界定为资本，如卢卡斯的人力资本因素解释经济增长的动力。罗伯特和巴罗等人通过大量的实证研究，认为世界各国经济发展不均衡的原因不在于有形资本的多寡，主要是由于知识、教育、技术、信息等无形资本的差异。

包括知识和信息要素的新经济增长函数为：

$$Q = F(X_1, X_2, X_3, X_4) \qquad (2-8)$$

$Q$ 表示产出，$X_1$ 表示土地，$X_2$ 表示劳动力，$X_3$ 表示资本，$X_4$ 代表知识，$F$ 表示函数关系。

无论是知识模型、人力资本模型还是 R&D 模型，其特点是高度重视信息要素，强调现代经济增长中信息引起规模报酬递增的重要作用，从而解释了现代经济增长中持久动力的来源。

通过总结不同阶段的农业经济增长理论可以得出初步结论，信息是现代经济增长的发动机。农业产业作为国民经济的一个部门，与一般经济增长的规律一致，知识、人力资本、研究与开发等信息因素，必然是农业经济增长最重要的推动力量。因此，新经济增长理论中对信息要素的存在和对经济增长贡献程度的论证对本书研究农业信息服务系统有重要的借鉴作用。

## 2.3.2 信息经济学理论

产生于 20 世纪 60 年代的信息经济学理论，把信息活动中的经济问题作为研究对象，从经济学的角度对信息的生产、传播和利用进行了专门研究。信息经济学的研究内容十分丰富，与本书研究相关的信息经济学理论主要包括不完全信息理论、信息转换经济学和信息市场理论。随着社会专业化分工的逐步深化，出现了不同人群之间的信息不对称和不同经济活动领域之间的信息不对称。以前者为主要研究内容的信息经济学叫做不完全信息理论；以后者作为主要研究内容的叫做信息转换经济学。信息市场理论则研究市场经济条件下，信息需求、信息供给以及信息市场的均衡。

### 2.3.2.1 不完全信息理论

不同人群之间的信息不对称，主要指交易双方的信息不对称。尤其是交易过程中买卖双方由于信息不对称产生的投机行为，为防范投机行为带来的损失，需要根据决策理论进行激励机制设计，改变当事人的信用函数，利用信息运动中的各种关系，通过信号显示和信号传递原理，改变信息不对称双方拥有信息的地位，使信息不对称的双方达到公平交易的目的。像逆向选择、道德风险、激励机制设计、信号显示、信号传递原理和最优的契约安排等构成了不完全信息理论的研究重点。

美国哥伦比亚大学名誉教授威廉·威克里（W. Vickrey）和英国剑桥大学教授詹姆斯·米尔利斯（J. A. Mirrlees）由于在"不对称信息条件下的激励理论"研究领域的突出贡献，分享了 1996 年度诺贝尔经济学奖，从而使信息经济学迅速成为国际学术界关注的焦点。威克里阐述了最优税制问题，他既强调了激励问题——每个个人在选择其工作努力时都要将税制考虑进去，又强调了信息不对称的事实，即：个人的生产率并不为政府所知晓。米尔利斯重新考察了这一问题，他通过一系列数学方法从技术上解决了这一问题，建立了一个分析广泛的经济问题的新范式，他利用自己的方法分析了拍卖的基础成本。

美国经济学家伯克里加州大学经济系的乔治·阿克尔洛夫（George Akerlof）、斯坦福商学院的迈克尔·斯宾斯（Michael Spence）和哥伦比亚大学的约瑟夫·斯蒂格利茨（Joseph Stiglitz），为现代信息经济学做出了奠基性贡献，他们分别获得了 2001 年的诺贝尔经济学奖。他们三人的贡献主要是研究了当买方和卖方具有非对称信息时市场运作的理论。阿克尔洛夫以二手车市场为例，证明了卖方在比买方拥有更多信息的市场运作中，溃缩成只有"柠檬"（次品，低质量产品）的机制，说明了"看不见的手"的原理在市场竞争中可能是无效率的。斯宾斯以就业市场为例，创新性地研究了当信息不对称时，具有信息优势的一方，通过策略性的运用信息的行为，经常采取有成本的行动向其他行为人传递信息，以克服信息不对称带来的困惑。教育中的学历证书就是雇员向雇主"发出的信号"——表明自己是能力高的人。斯宾斯确定了一个条件，这个条件就是能力低的人不愿意模仿能力高的人，因为这种模仿会使其边际成本更高。斯宾斯推导出的这一数学条件与米尔利斯研究最优税制的条件是类似的，后来这一条件被称作"斯宾斯—米尔利斯条件"。斯蒂格利茨的研究角度则正好相反，他以保险市场为例，研究了交易双方信息不对称时，具有信息劣势的一方，为了从信息优势的一方那里套取信息所采取的行动。保险公司往往涉及不同种类的保单让投保人选择，从而可以区分投保人的风险偏好。正是由于以上学者对交易双方信息不对称行为研究所作的开创性贡献，使不确定性经济学分析形成了严谨的方法体系和成熟的理论体系。

### 2.3.2.2 信息转换经济学

信息转换经济学研究在信息活动领域与物质生产领域之间的信息不对称问题，以及信息的生产与应用之间如何通过信息系统的建设和完善促进其流通和交换。信息活动领域是由专门人员利用特别的技术和资源从事信息搜集和处理，从而产生大量的信息产品，但是由于缺乏信息传输通道和促进信息传输的机制，信息活动领域大量先进技术成果被闲置，而物质活动领域饱受信息饥渴的煎熬，从而信息价值处于一种潜在状态。建立信息领域与物质经济领域信息传输与交换的组织渠道，使知识生产领域与物质生产领域紧密联系起来，就能减轻信息不对称，使信息价值得到实现。

当企事业单位意识到信息的经济性之后，为了增强信息优势，提高市场竞争能力，建立本部门、本单位的信息系统，自觉地收集信息，并且对信息流进行有效控制、处理和利用。信息转换经济学主要是对信息系统进行经济分析并且对信息系统管理和营销。对信息系统的经济分析包括信息系统的投资决策分析、信息系统的评价、信息系统的投入产出分析；信息系统的管理和营销，包括信息系统管理、数据处理、信息网络、信息系统营销等内容。

信息转换经济学理论虽然目前主要是从微观企业的角度研究信息系统的建设和管理，但是其基本原理、各种要素的综合考虑和对系统运行与系统产出的分析评价方法对于农业信息服务系统的建设和管理具有重要的参考价值。

### 2.3.2.3 信息市场理论

信息市场是一种新兴的市场形态，在其中流通的主要是知识、信息产品和各类智力服务。西方学者把对信息市场研究分为两个方面：一是在物质商品市场中所产生信息的生产、传播和分配，价格体系是这类信息市场的核心内容；二是指由信息和知识本身的交换而形成的信息市场，如联机信息服务市场、技术市场等专门以知识信息产品为主要交易对象。由于市场信息是信息产品的一部分，因此如果我们以信息和市场两个不同侧面去理解上述两种含义时，应当说它们之间并无本质差别，对象都是信息商品，其流通必然符合市场规律。

(1) 信息需求。

信息需求和信息供给是信息市场中两种最基本的决定力量。信息需求是人们为了满足物质生产、信息生产和生活需要所产生的对信息的需求。经济学意义上的信息需求是指信息消费者在一定价格条件下对信息商品的需要。因此，信息需求必须符合两个条件：信息消费者愿意购买；信息消费者有支付能力。所以信息需求规模是指现实的信息需求数量，它不包括潜在的需要及不支持价格的信息需要，虽然这两者都直接关系着信息有效需求的数量、强度和内容。信息需求与需求者的信息素质和需求动机有直接关系，被信息需求主体意识到的信息需求和外界刺激引起的强烈欲望都会作为动机来支配信息用户的行为。所以信息需求构成了用户购买信息商品的积极性和原动力。另外，信息用户的收入和获取信息商品的手段与技能都是影响信息需求的重要因素。信息需求最终表现为信息市场上信息商品的需求数量。

影响信息需求的因素很多，主要有信息消费者的文化素养、信息消费者的收入、社会科学技术水平、经济发展水平、信息部门的服务能力、信息商品价格、信息市场发育程度；另外还包括信息消费者的信息意识、信息消费偏好、职业、专长以及对信息商品价值的预期等。同时信息互补商品（如计算机、通信设备、存贮设备等）的价格也影响信息需求。

(2) 信息供给。

信息供给就是信息的拥有者向用户提供信息。包括信息产业、信息营销部门或信息经纪商在一定时期内以一定价格向信息市场提供信息商品。在一定时期内所提供的信息商品之和，形成信息总供给。信息供给也必须符合两个条件：一是愿意出售；二是在一定价格下有能力出售。

影响信息供给的主要因素有信息投资数量、信息人才、信息生产效率、信息质量、信息价格、信息成本、信息市场发育状况、信息供给体制等因素，另外，还包括信息供给者对信息市场上信息需求的预期和互补信息商品价格的变动等。

(3) 信息市场的均衡。

信息需求与供给在信息市场上会通过价格体系最终达到均衡。研究信息市场均衡首先要研究市场上对信息商品需要的时机、种类、数量与信息拥有者提供信息的时机、种类和数量是否相符，其次看信息市场由不均衡向均衡的调整过程。信息市场理论在研究信息市场的均衡中，不仅要研究信息需求、信息供给的影响因素和变化规律，而且还研究信息成本、信息价值、信息消费者的信息素质、信息应用能力等。因此，信息市场均衡的影响因素比物质商品市场均衡的影响因素更复杂。

目前我国信息市场处于萌芽状态，信息的供给和需求都处于很低水平，尤其是农业信息的价值刚刚被人们所认识，随着我国社会主义市场经济体制的不断完善，农业信息市场也会不断发展。

### 2.3.3 信息管理理论

尽管信息活动的历史与人类的历史一样久远，可现代信息管理则是从 1946 年世界上第一台计算机出现开始的。20 世纪 60 年代以后决策科学的兴起，信息在决策中的作用越来越突出，形成了决策管理为核心的信息管理阶段。到了 70 年代，信息技术革命成果日新月异，信息产业已经形成，微机逐渐普遍化，信息管理主要是开发和利用信息资源，建立容量巨大的信息数据库，并开展国际性的联机检索，广泛地为社会各阶层的用户服务。从而，信息管理的核心就转变为对信息系统的管理。因此，信息管理科学是人类对信息作用高度重视和社会对信息管理迫切需求的结果，信息技术革命是信息管理理论形成和发展最主要的推动力。

#### 2.3.3.1 信息管理的内容和学科体系

信息管理是信息科学理论和管理科学理论紧密结合的产物，信息科学以信息论、系统论、控制论为基础，管理科学又是一个不断吸收各学科最新思想、方法、技术的学科。国内外著名学者从不同的研究背景出发，根据各自的研究目的，对信息管理这一具有多源性学科在概念、内容、学科体系方面提出了见仁见智的不同观点，为我们对农业信息服务系统的研究提供了丰富的思想源泉。

美国著名的信息管理专家霍顿（Forister H. Horton）在 1985 年系统地提出了自己的信息管理理论，并指出信息管理本质上是一种对具有使用价值的信息资源通过有效的管理与控制，达到获得某种利益的目的的活动。

英国图书情报学专家马丁（W. J. Matin）1988 年提出应用信息技术使文献资料共享问题，他说：信息管理是图书情报领域里具有挑战性的复杂变体，这种变化是社会内部变化的结果。

德国学者施特洛特曼（K. A. Stroetman, 1992）认为，信息管理是对信息资源与相关信息过程进行规划、组织和控制的理论。

我国信息管理领域早期的研究者卢泰宏教授（1993）认为：信息转换为资源的必要条件是信息管理。信息管理概念有两种不同理解："一种认为，信息管理就是对信息的管理，即对信息进行组织、控制、加工、规划等，并引向预定的目标；另一种则认为，信息管理不单单是对信息的管理，而是对涉及信息活动的各种要素（信息、人、机器、机构等）进行合理的组织和控制，以实现信息及有关资源的合理配置，从而有效地满足社会的信息需求的过程。"

1997 美国学者威尔逊（T. D. Wilson，1997）为信息管理所下的定义是：应用于获取、组织、控制、传播和使用与各种机构有效运营有关的信息的管理理论。这里的"信息"涉及机构内外的各种各样的信息，包括数据资源、价格、记录和相关档案。信息管理涉及机构运营环境中信息的价值、数量、所有权、使用和安全等问题。

1998 年罗利（J. Rowley）提出信息管理的 4 个不同层次：信息获取、信息系统、信息关系和信息环境。有效的信息管理需要解决这些层次上的所有问题。

1998 年楚（C. W. Choo）将信息管理定义为："维持机构学习活动的处理过程：分为信息需求、信息获取、信息组织和信息储存、开发信息产品与服务、传播信息和使用信息。"

1999 年布拉曼（S. Braman）提出作为资源的信息、作为商品的信息、作为认识模式的信息和作为社会决定力量的信息等信息概念。柯克（J. Kirk）在布拉曼信息概念的基础上总结了信息管理的主要作用。柯克信息管理定义的层次是：信息技术系统、信息资源管理、连接信息战略和商业战略的信息管理，以及机构构成和信息的一体化战略。

符福峊在他《信息管理学》（1995）中认为，信息管理是指信息社会实践活动过程的管理，是运用计划、组织、指挥、协调、控制等基本职能，对信息搜索、检索、研究、报道、交流和提供服务的过程，有效地运用人力、物力、财力等基本要素，以期达到实现总体目标的社会活动。他还认为，信息活动作为一个不断运动、发展和变化的系统，其管理的实质就是对这个系统不断运动、发展和变化的有目的、有意义的控制行为。他特别强调管理职能的运用与发挥，对信息管理效果具有决定性的意义和作用。

甘仞初认为，信息管理从工作内容上讲，包括信息的收集、加工、整理、存储、检索、交流与传输等各类活动，在进行这个活动时必须借助计算机、通信设备、各类软件数据，遵循一系列标准、规范、法律制度，需要各类管理与技术人员。根据信息运动的规律和资源开发、利用的目的和要求，有秩序地将上述各种相关要素组织起来，就成为信息系统。

柯平（2002）认为信息管理学是研究科学地组织管理信息工作的理论与应用技能的一门科学。具体地说是研究与探讨整个信息系统各要素及其信息活动全过程的规律性，以及信息工作的组织、机构、应用技术与一般方法的学科。

陈禹教授在 2005 年出版的《信息管理与信息系统概论》中认为，所谓信息管理是指对人类社会信息活动的各种相关因素（主要是人、信息、技术和机构等）进行科学的计划、组织、控制和协调，以实现信息资源的合理开发和有效利用的过程。它既包括微观上对信息内容的管理——信息的组织、检索、加工、服务等，又包括宏观上对信息机构和信息系统的管理。信息管理是由管理活动主体、活动对象、活动手段等要素构成的。在信息管理活动中，表现为信息管理人员利用掌握的信息技术，控制和利用信息资源来达到组织目标的活动过程。

由以上观点可见，信息管理学科的发展使得信息管理的内容越来越丰富、具体，要使信息沿着人们所希望的方向和方式持续不断的运动，不仅需要利用信息技术和现代管理手段促进信息本身运动，而且信息运动也依存于资本投入、技术设备、人才培养、体制变革等要素形成的社会经济系统，它们是保证信息系统健康运行和高效产出的基本条件。

#### 2.3.3.2 信息管理科学的不同流派

信息管理科学理论由于研究角度、方法及重点研究领域的不同，形成了不同的研究框架和研究模式，可以将信息管理理论归结为四个研究流派：

（1）系统学派。系统学派以管理信息系统为中心，促进企业通过管理信息系统的建立，利用信息优势取得有利的市场竞争地位，从而增加获取市场盈利的机会。

（2）管理学派。管理学派把信息管理看做以信息为对象的管理实践活动，认为信息管理是管理科学的一个分支。主要代表观点有威廉·马丁的信息管理理论、克罗宁和达文波特的信息管理理论。卢泰宏也认为信息管理是新的管理领域，对信息这一新生产要素管理的水平，影响和制约着其他管理领域的效率。

卢泰宏在其信息管理的"三维结构图"中（见图2.1），他认为信息管理沿着信息管理技术方向发展出现了现代信息技术的各项技术成果；沿着经济的方向发展出现了信息产业、信息商品市场等；在人文方面的发展研究形成了有关对信息管理的法律、政策体系。

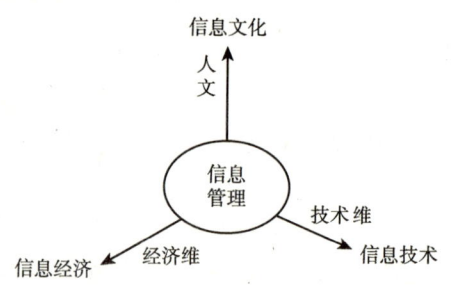

**图2.1 信息管理的三维结构图**

符福峘的信息管理研究体系也属于管理学派,他认为管理的基本职能完全可以应用于信息管理。他在《信息管理学》(1995)中对信息管理是这样表述的:"信息管理学就是研究科学地组织管理信息工作的理论与技能的一门学科。具体地说,它是研究与探讨整个信息系统各种要素及其信息活动全过程的规律性,以及信息工作的组织、结构、应用技术与一般方法的科学。"

(3) 用户学派。用户学派也叫用户服务学派,以用户的信息需求和利用为中心研究信心的搜集、传递、加工、存贮、控制与服务问题,形成了以用户研究为基点的信息管理理论。这一学派的特点在于,他们以"用户和服务"为中心来构造自己的信息管理理论研究体系。

施特洛特曼认为,信息管理的出发点和最终目标应该放在信息服务上,他从传统的图书情报服务入手,认为图书馆和情报服务是信息服务的有机组成部分;在信息服务的外部,信息市场和信息环境依次构成了信息管理的中观背景和宏观背景。供给者和用户均处于信息管理的运作环境之中,他们与信息服务系统进行着信息、资源、货币等多方面的交流。施特洛特曼以用户为特点的管理体系,可以通过他的信息经济转换过程模型来表示(见图 2.2)。

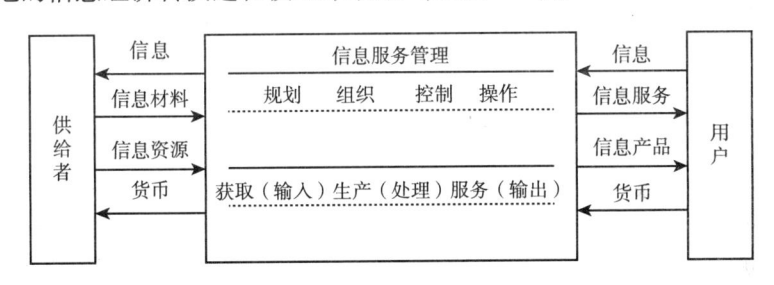

**图 2.2 信息的经济转换过程模型**

胡昌平、乔欢的《信息服务与用户》一书中,系统地阐述了信息服务与用户研究的基本理论,在对用户信息需求、信息交流、信息利用以及信息处理等行为规律的基础上,研究了社会化信息服务机制的形成和组织现代信息服务的方法。

(4) 交流学派。信息交流学派特别强调信息交流是社会得以存在的基础和发展的前提。认为信息管理就是要根据信息交流实践活动的顺序进行完整的管理实践。信息管理的目的是揭示这些活动过程和各个环节的活动规律。米哈依诺夫在《科学交流与情报学》一书中,研究了信息资源分布、分配、加工和利用的社会机制,揭示了信息交流的社会规律。

我国学者陈耀盛较早建立了研究信息交流活动的学科框架,总结了信息交流活动的五个原理:信息生产——继承和创造原理;信息资源建设和配置——有效供给保障原理;信息资源整序开发——序化重组原理;信息传递服务——信息活化原理;信息吸收利用——充电更新原理。

## 2.4 本章小结

(1) 本章辨析了信息、农业信息、农业信息服务系统几个基本概念,进一步分析了信息的特点,农业信息的特性、内容和功能,农业信息服务系统的三种不同含义,为对农业信息运动过程的深入研究奠定了概念基础;

(2) 农业信息服务系统、农业信息化、农业现代化联系密切又有区别。农业信息服务系统是农业信息化的重要组成部分,农业信息化是农业现代化的最新内容。农业信息化是农业生产全过程、农村社会生活全方位、农业经济发展全领域的信息化,而农业信息服务系统是信息运行的组织通道,促进农业信息产品生成、流通与传播、应用并产生效果的社会组织体系,它充分利用网络技术的优势通过对各种传统信息传播媒介的整合,使现代科学技术向农业经济活动最微观的经济单位渗透。农业信息服务系统的建设和完善有利于推动农业信息化和农业现代化。

(3) 新经济增长理论、信息经济学理论和信息管理理论是农业信息服务系统管理的三大理论基础。

新经济增长理论表明信息要素是当代经济增长的重要支撑,科学技术知识是农业经济发展和农民收入提高的新要素、新资源。

信息经济学理论证明了信息活动中包含着重要的经济学问题。不完全信息理论认为,不同人群的信息不对称会使交易中产生逆向选择和道德风险,纠正这种行为需要设计出相应的激励机制;信息转换经济学则说明要想减轻不同经济活动领域的信息不对称,就要加强企业市场竞争中的信息优势,建设为本企业服务的信息系统并对信息流进行有效的控制和管理,把信息优势转化为经济优势;信息市场理论研究了信息需求、信息供给的影响因素和变化规律,信息市场均衡不比物质商品市场的均衡更复杂。

信息管理理论是信息科学与管理科学相结合的一门新兴的交叉科学,它专门探讨信息系统要素构成、信息运动的规律性以及信息工作组织、管理等内容。信息管理不仅关注信息从产生、传输到为用户服务,同时关注人类社会信息活动的各种相关要素(包括参与信息活动的人、信息产品、信息技术、组织机构等),并共同构成了信息系统。总结各学派的信息管理理论可以得出如下结论:信息系统是信息运动的基础,有秩序的信息流是信息科学管理的结果,服务用户是信息管理的目的,也是信息运动的终点,信息交流是信息运动的本质。

# 第3章

# 农业信息服务系统管理现状与问题分析

## 3.1 研究现状

近年来,党和国家对"三农"问题高度重视,有关农业信息化的学术研究也逐渐增加。但是,对农业信息服务系统的研究在我国还是空白,鉴于农业信息服务系统与农业信息化的密切关系,本书对有关农业信息化和农业信息服务理论研究进行简单回顾。

### 3.1.1 21世纪之前有关农业信息化的理论研究

早期对我国农业信息化进行理论探讨的文章,主要有农业部信息中心董振江《运用信息资源管理理论加快农业信息化的进程》(农业信息探索,1994),文章阐述了农业信息资源管理的原则、模式,分析了我国农业信息资源的管理现状。农贵新的《加快发展我国农业信息化的思考》(经济问题,1997),阐述了我国推行农业信息化的必然性,结合"金农工程"分析了我国建设农业信息化的基础设施、信息技术、信息资源、人力资源现状,提出农业信息化建设的重点是信息资源网、信息基础设施和信息资源设施建设。中国农业科学院的梅方权教授是我国农业信息化研究的权威人士,他在《从农业现代化走向农业信息化》(中国农学通报,1997)一文中,提出我国农业发展的趋势是:从现代农业走向信息农业,描述了信息农业的基本特征:(1)农业基础设施装备信息化,(2)农业技术操作全面自动化,(3)农业经营管理信息网络化;在《农业信息化带动农业现代化的战略分析》(中国农村经济,2001)中,梅教授进一步分析了我国农业信息化的概念,提出农业现代化与农业信息化的叠加时期与叠加效应,农业信息化将会从农民生活消费、农业生产管理、经营管理、市场流通效率、资源利用率、生态环境等六个方面带动农业现代化。高亮之《农业发展的新趋势——农业信息化》(1998) 也认为农业现代化必须要包含农业信息化的内容,并且提出了农业信息化的内涵包含八个方面:(1) 农业资源、环境的信息化;(2) 农村社会、经济的信息化;(3) 农业生产的信息化;(4) 农业科技的信息化;(5) 农业教育的信息化;(6) 农业生产资料的信息化;(7) 农业生产资料市场的信息化;(8) 农业管理的信息化。贾善刚博士在《农业信息化与农业经济发展》(农业经济问题,1999)中论述了农业信息化的概念、发展现状、重点发展领域,在《金农工程与农业信息化》(农业信息探索,2000)一文中进一步分析了"金农工程"建设的两个阶段。薛亮和方瑜的《农业信息化》(1998)是我国第一本论述农业信息化的专著,主要研究了世界农业信息化的内容、信息技术在国内外的应用、发展方向等相关问题。赵苹的《步入21世纪的农业信息化——信息资源开发理论探讨》(2000)以农业信息资源为切入点研究了农业信息资源的含义、信息资源的组织、农业信息的流动、农业信息市场等问题。

### 3.1.2 从2000年至今有关农业信息化的理论研究

2000年之后有关农业信息化实践研究的文章逐渐增多,各省市地区开始结合本地农业信息化发展中的问题进行讨论,针对性强、实用性强。郑红维《关于农业信息化问题的思考》(中国农村经济,2001),结合河北省农业信息网络建设实际,分析了农业信息化建设中的政府主导作用、管理体制、网络管理与农民的特点,提出了农业信息化建设的指导意见。俞守华、易雅馨《农业信息化发展重点工作与对策分析》(计算机与农业,2003)结合国家政策导向和世界信息化趋势,切实加快农业信息化基础设施建设,抓紧进行农业的各种数据库、模型库以及软件的建设,加快3S技术在实际农业生产中应用的推广等应该作为农业信息化的重点工作。张淑芬、徐洪林、庞红的《中国农业信息化建设研究》(现代情报,2004),提出了改革土地经营制度、扩大农业生产规模、降低网络使用成本、增强农民信息能力、根据国情实行广义的农业信息化等。陈良玉、陈爱锋在《中国农村信息化建设现状与发展方向》(中国农业科技导报,2005)一文中,对我国目前涉农数据库建设、农村信息化网络平台建设、农业信息技术研究成果、农村信息服务多个方面,阐述了我国农村信息化建设的发展方向,提出在农村搞好信息化示范基地工作,通过典型带动、向周边地区辐射等问题。李应博2005年的博士论文《我国农业信息服务体系研究》,对我国农业信息服务体系的结构、功能、运行方式、运行机制和保障手段等内容进行了系统研究。依据农业信息化指数对我国农业信息化与农业经济增长之间的关系进行了测算与预测,探讨了农业信息服务的含义和属性,构建了农业信息服务体系的组织结构。运用统计分析评价方法对体系的运行效果进行了评价分析,运用DEA模型给出了农业信息服务体系运行效果评价的实际算例。赵燕杰、李海燕的《我国农村基础设施对农业信息化发展的制约与对策分析》(现代情报，2006) 分析了我国农村传统农业基础设施、信息化硬件设施、农村教育基础设施与农业信息化不适应的现状，提出农村基础设施、信息化硬件、农村教育、法制教育等与农业信息化要协调发展的建议。李智盛等的《论中国农业信息化体系的建立与完善》(安徽农业科学，2006)，论证了我国实施农业信息化的必要性，分析了目前农业信息化存在的问题，并从政府的作用、农业信息资源建设、符合国情的农业信息服务体系建设、农业产业化发展等 6 个方面提出了建立农业信息化体系的对策。崔岩 2007 年的博士论文《农业信息化组织体系研究》，以农业信息化组织体系为研究主题，在全面分析国内外农业信息化和农业信息服务体系发展情况以及参考国内外大量研究文献的基础上，对农业信息化组织体系的基本理论进行了研究，分析了农业信息化组织的发展历程、现状、存在问题、制约因素，研究了我国农业信息化组织体系的构建和运行问题，并对农业信息化组织体系的综合评价进行了研究，结合陕西农业信息化组织体系建设的实践进行了案例研究。刘世洪 2008 年的博士论文《中国农村信息化测评理论与方法研究》创建了适合我国国情的农村信息化测度评价分析"综合指数法"，并比较分析出我国各地区农村信息化发展的"综合指数"和各"子项指数"，为政府制定农村信息化"跨越式"发展战略提供了依据。提出了农村信息化的概念和内涵。提出了农村信息化主要包括农村资源环境信息化、农村社会经济信息化、农业生产信息化、农村科技信息化、农村教育信息化、农业生产资料市场信息化、农村管理信息化等内容。研究建立了用于分析我国农村信息化测度的指标体系，提出了测评农村信息化的六大类 25 个子类的指标体系。范欣欣 2010 的年硕士论文《我国农业信息化测评及发展战略研究》，确定了我国农业信息化发展的驱动因素及限制因素。在此基础上，架构出我国农业信息化发展战略，总结了农业信息化发展的总体目标，选择了具体发展方略和农业信息化有效推进模式。陈立军的《河南农业信息化建设模式研究》(2012) 提出了河南农业信息化建设内容，包括农村信息基础硬件建设、农业信息网络建设、农业信息资源库的建设、农业信息服务能力的培育、农业信息化网络传播建设、农业信息化的法律法规等制度建设。王振 2011 年的博士后论文《不同区域农业信息化推进模式研究》，对国外农业信息化发展和推进方式进行总结和归纳，提出理论我们借鉴的经验。提出政府引导型、技术推动型、市场带动型、产业引领型等我国农业信息化推进的模式，引入了 6 类 25 项信息化发展指标，构建了农业信息化指数，对我国不同省区农业信息化发展水平进行测算和比较分析。国家农村信息化指导组专家李道亮在《中国农村信息化建设的六大要务——基于省域视角及示范省的实践》(2012) 中，指出我国省级农业信息化工作应该从五个方面开展：(1) 多维度的组织管理体系建设，组织管理建设是推动省域农村农业信息化顺利进行的重要前提。组织管理体系建设要按照"组织完善、管理规范、队伍健全"的原则进行，确保省域建设各项工作有序开展。组织管理建设要分领导组、工作组和专家组三个维度进行建设；（2）省级农村信息服务综合平台建设，省级农村信息服务综合平台建设是国家农村信息化示范省建设最核心的内容。它拥有信息采集、加工、共享和发布功能，是为广大农户提供实时互动的"扁平化"信息服务的主要载体；（3）"互联互通"的信息通道建设，围绕广播电视网、电信网和互联网三种基础网络体系，建设一条低成本的"互联互通"的信息服务快速通道；（4）农村基层信息服务站建设，基层信息服务站向上能实现与省农村农业信息化综合平台直接连接，向下能实现与广大农民的有效对接，可以实现"扁平化"服务，是解决目前农村"最后一公里"问题的有效手段。（5）利用国家级农村农业信息化重大工程和项目有力地拉动了信息技术在农村的普及与应用。明确提出了省级农业信息服务建设明确的建设思路和行动指南。

### 3.1.3 有关农业信息服务的理论研究

与此同时，有关农业信息服务体系建设、网络延伸等问题进入人们的研究视野。河北农业大学王健教授较早地对我国对农业信息服务问题进行了专门研究，在他1998~1999年承担的国家社科基金项目"国家信息化过程中农村经济信息体系建设研究"中，以系统工程理论为指导，对农业信息服务体系的构建提出了独到的见解。梅淑芳、吴芳云的《农业信息化"最后一公里"问题探讨》(2002)，分析了农村市场信息服务体系在县级以下向农民推进的8条措施。温国泉的《谈谈我国现阶段农业信息化服务的发展模式》(2002)，分析了我国农业信息化的方案模式。沈俊涛的《"最后一公里"究竟有多长》(2003)，介绍了"金塔模式"，把网络终端办到中心小学，由小学老师下载信息报，通过小学生把农业信息报送到农民千家万户，对西部地区农业信息传播有借鉴作用。刘虹等的《雅安市农业信息系统管理模式的构建与实施》(2003)，剖析了四川省雅安市建立农业信息服务系统遇到的问题，信息系统的开发服务与信息用户之间相互脱节，信息产品不对路，系统建设主体缺乏服务的动力等。赵元凤的博士论文《中国农产品市场信息系统研究》(2003)，对中国农产品市场信息系统总体及子系统建设的目标、结构、功能进行了逐层分析，形成了比较完整的农产品市场信息系统建设整体框架。郑红维的硕士论文《我国农村信息服务体系综合评价与发展战略研究》(2004)，分析了我国农业信息服务中问题产生的原因，构建了农村服务体系的综合评价框架和内容，提出了我国农村信息服务的战略构想和战略措施。王众、郑业鲁的《农村信息传播渠道和传播机制的构建》(2004)，根据信息传播原理和农村特定环境，提出从投资、政策、技术多个维度，建设面向不同需求水平的现代信息传播服务体系。韦志强等的《农村信息化服务体系的构建模式》（2005），从农村公共信息平台和农村基层站点建设和信息员队伍建设等方面，提出加强信息技术对本地区农业和农村的全面渗透，建立高效的信息应用示范体系和灵活的推广机制，加强基层农村科技人才和信息队伍的培养，做好"三农"信息服务工作。郭婧、王健等的《农业信息化"最后一公里"问题的典型调研与分析》（2006），根据在河北省石家庄和保定两市的调查数据，分析了河北省农业信息服务中"最后一公里"的现状，建议应以政府为主导制定信息发布机制，以市场为导向，政府作支撑，建立健全各种非政府农业信息服务组织系统，以乡镇为单元，强化农民信息接受和认识能力，以高校、科研院所为依托，提高信息生产力水平。叶元龄、赖茂生的《农村居民信息需求对农村信息化政策的启示——基于广东的分析》（2008），通过对广东部分农户信息需求的调查，提出农村信息化要与农业生产组织模式变革相结合的观点，建议采取适当的措施有效降低信息产品、服务与传输的成本，使农民将潜在信息需求转化为有效信息需求。成剑英的《创新信息服务模式 推进农村信息化建设》（2010）分析了中国农村现有的多种信息服务模式，包括以科技110、广播、电视、农业信息岗亭为主的传统服务模式和互联网服务模式等，提出了基于个性化推送系统的农村信息推送服务。党红敏2009年的硕士论文《陕西农业信息服务模式研究》，总结了陕西省农业信息服务现有模式及特点，包括服务站模式、龙头企业带动服务模式、合作经济组织带动服务模式、农业科技专家大院带动服务模式、农技"110"服务模式、农业信息网模式、移动农信通"12582"和联通电子农务模式、杨凌农高会模式等，提出以大学为中心的农业信息服务新模式。任光欣2010年的硕士论文《我国农业信息服务体系的发展问题研究》，提出建立信息收集、处理、传播、应用一体化的现代农业信息服务体系，为农业生产者、经营者、管理者和决策者提供信息服务，并指导农业的产前、产中和产后各环节，为农业信息化提供技术和组织保障。从政府信息平台建设、合作组织、涉农信息企业和农民个人四个角度分析了我国农业信息服务体系中存在的问题，并提出对策，提出了适合我国农业信息服务的农业信息以大学为主的农业信息推广模式建议。代会娟2011年的硕士论文《现代农业信息服务社会化体系研究》，运用多中心理论和农业信息需求服务理论，对我国农业信息资源、信息传导系统、信息受体和农业信息服务社会化的运行机制进行相应的分析，并结合当前中国的国情，提出了构建现代农业信息服务社会化体系的对策。宋良图、谢成军等的《中国农村信息服务模式探究——农业信息服务技术体系建设与示范项目》（2012），以安徽省农业合作社为服务载体，如何让农民简单廉价易用的方式获取农业技术和市场信息，实现与农户的零距离交互，建设低成本、傻瓜化、可持续的技术推广新模式。该课题是世界银行农业科技项目——农业信息服务技术体系建设与示范子项目，以"中国搜农"为网络服务平台，以农民的专业合作社为载体，通过信息化提高合作社的组织化程度，增强抗御风险的能力，增强市场竞争力，提高农民收入。"研究机构+公司+农民专业合作社+农户"。通过开发专业引擎"中国搜农"，实现了互联网海量数据的智能聚合，体现了科技创新。以合作社为载体，在每个农业信息服务示范点配置2台计算机、2台打印机，软件上搭载农业信息服务系统，实现了体制创新。郝长虹的《黑龙江农业信息化建设信息落地问题的研究与实践》(2012)，介绍了黑龙江农业信息化建设中以"农业专家在线"为平台，利用传统途径和网络相结合，健全服务体系，加强农业信息资源的整合来实现农业信息的有效传播。充分利用东北农业大学专家教授及科研教学成果，充分开发和利用现有的农业智力资源，通过农业专家在线提供咨询服务，并进行信息分类，制成视频课件，放置网上供用户学习。结合网络、电话、视频多种手段，充分开发利用了丰富的人力资源优势和专家优势，将专家和农民更加紧密的互动起来。苏海龙的《甘肃农村信息服务模式现状与对策》(2012)，文章指出农业信息服务要因地制宜。农村信息服务离不开特定的社会环境和自然环境，不同的自然环境、经济发展和生产力水平、社会结构和文化环境对农村信息服务模式有不同的要求。开展农村信息服务工作，必须从当地农业生产需要和农村发展实际情况出发，探索或选择符合当地实际的农村信息服务模式。甘肃省"十一五"期间，投资3000万元，以推广"金塔模式"，建立1个省级信息服务网络平台、87个县级信息采集发布平台和4461个村级信息服务点为主要内容的"甘肃省农村信息公共服务网络工程"。为了解决农村信息"最后一公里"问题，甘肃农业信息工作者根据各地不同情况，因地制宜地开展丰富多彩的农村信息服务，在巩固和完善原有农业信息服务工作的基础上，探索出"金塔模式"、"黄羊川模式"、"金昌家家e"、"肃州农技110"等模式，积极推广智能化农业系统、开展"三电合一"农村信息服务全国试点。

通过2000年之后农业信息化和农业信息服务研究成果的总结发现，研究档次越来越高，尤其是2005年之后出现了一批质量高、理论性强的硕士和博士论文，农业信息化和农业信息服务工作的研究逐渐从实践工作总结和思考，发展到系统的理论分析。在研究内容上，有关农业信息服务的研究日益增加，越来越受到重视。但是，把农业信息的运动作为信息系统来分析还十分鲜见，缺乏从管理的角度对农业信息服务工作进行科学评价的方法，这正是本研究的切入点。

## 3.2 国外农业信息服务系统发展概况

自20世纪50~60年代荷兰和美国开创信息技术在农业上应用以来，国外的农业信息服务发展迅速。特别是 90 年代以来，随着计算机技术、人工智能技术、网络技术和多媒体技术的高度发展，农业信息技术应用进入了一个新的发展时期，农业信息服务系统日臻完善。农业信息技术研究重点从农业数据处理和农业数据库的开发转向智能化信息技术应用和网络的普及。当前发达国家都十分重视农业信息服务，它们充分利用 WTO 规则中的"绿箱政策"，建设农业信息服务系统已经成为综合农业支持体系的重要组成部分。一方面，政府对农业的管理决策建立在信息支持的基础上，提供信息服务已成为政府的重要职能；另一方面，农民把信息作为一项生产要素来投入，使信息成为农业生产经营的依据。

## 3.2.1 美国农业信息服务系统

目前，美国农业已经是机械化、自动化、遥感遥测、计算机网络为一体的现代化农业，并形成了组织庞大、功能完整、制度健全的农业信息服务体系，信息资源管理日趋完善，达到了科学、协调和效率的高层次。美国直接从事农业的人数已不足 3%，每个农业劳动力创造的产值高达 3.47 万美元，是我国人均农业劳动生产率的 100 多倍。美国之所以有这么高的农业劳动生产率，重要原因就是美国农业有一个强大、健全的农业信息服务系统的支撑。美国社会近 70% 的劳动力都与信息和知识的生产有关，如果把美国高度现代化的农业比作进入太空的卫星，那么，功能齐全、灵活高效的信息服务系统，就是对现代化农业形成强力助推的火箭。美国农业生产正是依赖其背后高度发达的社会化服务体系和坚强的知识基础，实现了农产品产量、质量与市场价值高度统一的现代农业生产方式。

（1）农业信息网络普及率高，数据库资源丰富、使用方便。

20 世纪 80 年代开始，计算机的商业化，带动了美国数据库发展和计算机网络的普及。90 年代以来，计算机应用到美国农场，自动控制技术和网络技术在美国农场生产和管理中创造着高效率和高效益。目前世界上最大的农业中心网络系统是美国内布拉斯大学的 AGNET 联机网络，据美国农业部 2000 年公布的研究报告显示，在美国 200 万家农场中，拥有或租用电脑的农场占 55%，因农事需要上网的时间平均每周 2 小时，24% 的农场将互联网技术作为重要的经营管理工具。在美国提供农业信息服务的商业化系统近 300 家，肯塔基建立的全美第一个农用视频系统，用户可任意存取该系统大型数据库里当天市场价格、天气、新闻和其他农业信息。美国最著名、应用最广的农业数据库是美国国家农业图书馆和美国农业部共同开发的 AGRICOLA，它存有杂志、论文、政府出版物、技术报告等。由联合国粮农组织生产的 AGRIS，存有 10 万份以上的农业科技参考资料。美国还建有很多服务于农业生产、管理和科研的农业数据库系统，如美国建有 60 万个植物资源样品信息数据库系统，可用计算机和电话存取。

(2) 农业信息服务系统的国家主导作用。

美国以政府为主体构建了庞大、完整、规范的农业信息服务体系。美国农业部认为，如果大量的市场和生产信息不由政府部门来组织，就无法保证信息使用的公平性、及时性、真实性。因此，尽管有很多私人公司向社会发布市场信息，但农业部仍然在全国建立了庞大的市场信息网络，收集和发布官方信息。美国农业部有五大信息机构，分别是国家农业统计局、经济研究局、世界农业展望委员会、农业市场服务局和外国农业局，这五大机构都有明确的职责和任务。国家农业统计局为社会提供有意义、准确、客观的统计信息服务，该局每年发布大约340种报告，涉及120多种农产品。报告内容包括生产、存栏、分配、利用、库存、农业投入品价格以及劳动力、农场数量、农业化学品的使用等项目。经济研究局的工作包括市场研究、现状和展望分析，以及开发商品农业、食物和消费者经济、自然资源和环境、农村经济、能源和新用途五个领域的经济和统计指数。世界农业展望委员会协调商品预测项目，监视全球气候并分析其对农业的影响，协调气候、天气和遥感工作，确保预测的一致性、客观性、可靠性。农业市场局为农业行业提供广泛的市场营销服务，其市场新闻报告为生产者、加工者、销售者等提供准确的信息，以帮助他们在市场营销活动中获利。外国农业局代表美国农民、食物和农业部门在海外的各种利益，在75个国家或地区设有办公室，其业务范围覆盖130个国家和地区，其海外工作人员都是华盛顿总部派出的分析专家、谈判专家和市场专家，通过驻外农业专员、美国农产品商人、遥感系统等，收集全球作物和畜牧业生产数据和进出口信息，并利用这些信息进行生产预测和评估出口机会，追踪美国农产品进出口的变化，为美国出口商提供贸易机会。

(3) 农业信息调查内容全面，方法规范。

农业调查是信息资源的重要采集来源。美国农业部的信息调查范围广、内容全面、资料持续性好、利用率高。信息调查的主要内容有12个系列：①农产品价格、农业支出、农业劳动力及其工资情况；②农业生产与效率情况；③农业收入情况；④农产品流通中的成本与开支情况；⑤农产品的消费与利用情况；⑥土地价值与土地使用情况；⑦种植业与畜牧业测算；⑧农场合作组织情况；⑨市场新闻；⑩国外农业情况；⑪农业资金平衡情况；⑫农业生产成本情况。

美国农业部对每一种调查工作都统一编写了工作手册，规定调查内容、说明收集方法、适用性、局限性以及对历史信息利用和折算的方法。

(4) 规范的农业信息处理程序和严格的农业信息发布制度。

美国农业部各个部门对从国内外收集到的各种信息，要做适当的数据处理。几乎所有的经济信息都以数据资料为基础，按时间序列来组织。美国农业信息的第一手资料大多依靠农业部有关业务局的抽样调查得出，对抽样数据按照一定比重推算得出全国的数据，然后依照普查数据验算校正。

美国农业信息的分析和发布有着严格的制度和规定。美国国会要求，美国农业部每个月都对世界农产品的供求形势进行预测，同时分析上个月发生的主要事件对农产品供求的影响程度；在每个月的第二个星期四，先将国内各州送来的生产调查资料开封，再配合全球市场产销态势，审定各产品的预测数字，最后达成代表农业部的官方预测，以报告方式对外公告。正式报告经部长签字后，在当日的东部时间8：30向外界公布，全球可以通过互联网了解，各国新闻媒介都可转载报告内容。

（5）完善的农业信息法律规范。

美国在农业信息的采集、传播、发布等方面有着规范的法律规定，主要包括：①严格的信息资料保密制度。美国农业部对所有的农业信息资料都分门别类制定了保密和公开发布的时间，任何个人和团体不得随意传播尚未公开的信息资料，否则要受到法律和各种条例的制裁。②积极促进信息资料共享。美国既限制对机密资料的传播，同时又反对对信息资料的垄断，积极促进信息资料的共享。一旦信息资料经农业部公开发布，该资料就为全社会享有共用。此时，农业部将无偿提供这些信息，不得获取利润，只能收取资料加工和印刷的工本费。③不得发布虚假信息。美国农业部对公开发行和出版的信息资料层层把关，严肃编审工作，在一份报告正式发布之前，要经多位同行专家审议，以杜绝错假资料的发行和出版。

## 3.2.2 法国农业信息服务系统

从20世纪70年代起，计算机在法国的科研单位、政府机关和工商业部门得到广泛使用。从1997年法国政府把农业信息化摆在了优先发展的位置，启动了"信息化社会项目行动"（PAGSI），促进了法国农业信息化的发展。2000年法国已有50%的农场主使用计算机，法国的农业信息提供主体很多，但不同主体在服务内容上侧重点各有不同，服务对象和群体规模也有所不同，具有良好的互补性。

（1）政府是最主要的农业市场信息服务主体。

法国国家农业部负责向社会定期或不定期地发布政策（法规）信息、统计数据、市场动态等。法国农业部门分国家、大区和省三级。国家农业部下达农业信息收集任务，大区负责组织和完成信息采集、汇总和上报任务，省协助大区完成信息采集任务。各种专业技术协会、合作社，汇集对自己有用的信息，然后在本组织内共同享用。

世界著名的法国农业与畜牧业信息化网络（ARSOE）是以国家为网络建设主体的典型代表，该网络由法国11个地区农业信息服务中心组成，形成畜牧业服务联合体和其他具有政府性质的信息化服务配套机构。每个地区信息服务中心都有一支200多个信息科学工作者组成的专业队伍。根据中心业务规划其三大功能是信息系统开发与维护、数据整合与软件开发、技术咨询与支持。法国的畜牧业信息系统是由地区农业信息服务中心建设的一个集体共用信息系统。主要是为了实现对农业、畜牧业、土壤等相关领域中不同数据库的共享管理。该信息系统的最大特色是，各个农业组织或者农业生产经营者都可以集体或个人身份，为与自己经营业务相关的数据库提供或是开发数据，同时也可以使用系统中的所有数据库。当然，数据的提供及使用都会在公开、明确的规制管理下进行。政府职能部门的任务是维护管理数据。

（2）鼓励农业科研教育、各种农业协会、合作社等提供信息服务。

农业商会在法国农业信息服务方面具有很重要的地位，主要是传播高新技术信息，举办各类培训班，组织专家、学者讲学和发表文章，协助农场主做好经营管理。

教学科研系统向农民的信息扩散。研究机构和教学单位产生、传播和直接利用大量农业科技信息，通过培养学生和面向社会咨询两大方式实施信息服务。

行业协会和农业合作社的信息收集和传播。各种行业组织和专业技术协会都尽量地收集对本组织有用的技术、市场、法规、政策信息，为组织本身及其成员使用。组成各种农产品生产合作社和互助社，如粮食、葡萄生产合作社等，广泛收集对本组织有用的信息，需要其成员知道的事情，通常使用传真马上告知。

（3）商业性农业信息服务机构的积极活动。

在法国商业性农业信息服务也十分普遍。民间信息媒体一般是私营的（含股份制），如《法国农业》杂志社，其订户约占法国农场主的40%，办有综合刊和专刊，综合刊上宏观、微观信息都有；专刊只针对某品种如养牛、养猪或养鱼。法国 ISAGRI 公司是欧洲在农业、葡萄种植、专业会计行业信息技术研发领域的领军企业。成立于1983年的 ISAGRI 公司，一直致力于为广大农业工作者提供能够实现对农业经营活动进行精细化管理的信息技术，是欧洲目前在农业信息化软件研发与销售领域的龙头企业。该公司的技术研发涉及全球卫星定位系统（GPS）解决方案、互联网服务、特殊应用集成、网络及电信等多个服务领域。

（4）农业信息传播媒介多样化。

在法国提供农业信息的形式多种多样，通常是会议、广播、电视、报刊、电话、传真与计算机网络并用。如农业部生产与交流司市场信息处同时用传真和国际互联网进行信息传播和发布。法国农业部门和中央农业商会以及其他营利性信息服务机构也都建有自己的信息数据库和计算机网络，农民获得网络信息十分方便。

（5）在信息的采集、上报和信息使用义务上都有严格的法律。

按照法国有关法规规定，所有产品的生产者和经营者都有义务如实填报自己的生产经营情况，违者按偷税行为处罚。农场主的财务、税务甚至一些经营方面的事情，一般都由社会上的相关协会（或称事务所）帮助料理，按有关法规规定，这些相关的协会（或事务所）必须帮助农场主如实填报生产经营情况。为了保证信息采集的质量，大区农业部门一般都严格选拔信息采集人员，拥有会计师资格等专业条件的人才能入选，并且对他们进行专题培训，要求他们必须到农场主家里填表，以保证信息的质量。

### 3.2.3 日本农业信息服务系统

日本人多地少、农业生产经营规模十分微小，农业信息系统服务系统建设晚于美国，但是，近年来，日本政府十分重视农业信息服务工作，把农业信息视为重要的农业资源。

（1）政府制定农业信息服务系统建设规划。

1996 年日本农林水产省提出的农业信息化战略中，明确要求大力开发和普及农业经营管理决策支持系统。开发出了为农业生产服务的农耕土地资源信息系统（ALRIS），它包括土壤信息系统、作物栽培试验信息系统、农业气象信息系统等子系统。日本农林水产省 2000 年 12 月制定了农业和农村信息化战略。具体目标是：通过在农业中应用 IT 技术，灵活利用信息资源，促进农业生产经营活动；灵活运用 IT 技术和互联网，降低流通成本，及时为消费者提供产品信息；使广大农村居民在生活上能享受与都市居民一样的信息利用的便利。2003 年 12 月日本发布的《开展区域信息化的指南》，指南包括基础设施建设情况、通信系统利用情况、信息化应用系统等三方面的内容。特别是通信系统及信息化应用系统案例成为实施信息化地区的重要参考。

在国家农业信息服务系统建设规划的落实上，日本农林水产省、邮政省、自治省、国土资源厅等从谋求国土经济平衡发展的战略高度联手推进此项工作。包括：①农村信息化的市场规则及发展政策的制定；②大容量通信网络及地方网络的基础设施建设；③农业科技信息网的建立。农业科技资源大多掌握在各级政府主办的科学研究或普及机构手中，这些机构大多靠政府预算支持，无偿地向农民提供各种技术信息。从水土肥、植保到良种的推广应用，都是通过网络将技术服务送到农家。

（2）国家补贴农户购机入网，免费普及计算机教育。

为了促进计算机进入农户，日本政府将农户购买微机纳入了农户大型农业投入补助金范围。同时还开办各种类型的培训班，政府所派的农技指导员除了教农民农业技术以外，还承担了计算机教学工作，促进了农村计算机的普及。

日本农协网络非常庞大，触角深入农村各地，几乎所有的农户都加入了当地农协。农协的业务处理主要有 6 个网络系统，其中会员制农业综合信息网（APPINES/AgriInfo）最大，2000 年开始运行。

(3) 政府特别重视农业信息服务法律法规政策的制定。

日本政府根据农业生产的市场运营客观规律，建立了若干个专门咨询委员会，制定了一系列制度性规则和运行性规则，约束市场各方的行为，并根据实际需要制定了发展政策，促进市场的有序发展。日本农业市场经营性信息以农产品批发市场为主体，为了保证信息的真实、可靠和及时，政府为批发市场的运行制定了一套严密的法律。根据这些法律，批发市场有义务及时地将每天各种农产品的销售及进货数量、价格上网公布。

(4) 农业市场信息服务系统功能完备。

日本的农业市场信息服务主要由两个系统组成。一个是由"农产品中央批发市场联合会"主办的市场销售信息服务系统。日本现在已实现了国内82个农产品中央批发市场和564个地区批发市场的销售数量及每天各种农产品的进出口通关量的实时联网发布，农产品生产者和销售商可简便地从网上查出每天、每月、年度的各种农产品的精确到千克的销售量。另一个是由"日本农协"统计发布的全国1800个"综合农业组合"各种农产品的生产数量和价格行情预测系统。凭借着两个系统提供的精确的市场信息，每一个农户都对国内市场乃至世界市场销售状况、价格水平、每种农产品的生产数量了如指掌，并可以根据自己的实际能力确定和调整自己的生产品种及产量，使生产处于一种情况明确、高度有序的状态。

(5) 农业科技信息专家智力支持体系强大。

日本农户规模小，自身基本不具备科技开发能力，生产所需的各种科学技术大多来自于国立和民间的各种农业科研机构。为此，日本十分重视信息载体在农业科技推广中的作用。日本现已将29个国立农业科研机构、381个地方农业研究机构及570个地方农业改良普及中心全部联网，271种主要农作物的栽培要点，按品种、按地区特点均可在网上得到详细的查询。其中，570个地方农业改良普及中心与农协或农户之间可以进行双向的网上咨询。

(6) 农业投入品和农产品销售网上交易系统比较完善。

日本对于农业生产资料和农产品电子交易十分重视。1997年制定了"生鲜食品电子交易标准"，建立了生产资料定货、发送、结算标准，并正在对各地中央批发市场进行电子化交易改造。日本农产品电子商务的形式多种多样，有利用大型综合网上交易市场和综合型网上超市，也有专门从事农产品销售的农产品电子交易所和农产品网上商店。一是大企业创办的综合网上交易市场。如由乐天株式会社创办的"乐天市场"，其实力在日本网上市场中位居第一，与其签有合同的商店达8300家。二是综合性网上超市，分为有实店铺型和无实店铺型。在送货上门服务上，有实店铺型网上超市更具竞争力，更适合于农产品的网上销售。三是农产品电子交易所。如日本的"wise-system"，其销售方主要是生产者、农协、经济联合会、批发商等，购买方是批发商、零售商、加工业者等，主要交易水果、蔬菜、花卉等农产品。四是专门的农产品网上商店。商店与生产者之间直接签订合同，中间环节少；商店拥有的实际店铺与网上商店销售的商品同价，且从农户直接进货，保证了蔬菜果品的新鲜、安全、低价；商店在全国范围内送货上门，并在网上专设了面向消费者的提问箱，加强与消费者的双向信息交流。

### 3.2.4 韩国农业信息服务系统

20世纪80年代中期，韩国政府制定了农业信息化发展战略，重视对信息基础设施的投资，着手农业信息服务组织机构建设，积极利用信息化技术推动和改造传统农业。经过20多年的发展，已基本实现小农户生产与大市场的对接，极大地提高了劳动生产率和农产品的国际竞争力，在韩国的农业现代化建设中发挥了重要的作用。

（1）政府投资力度大，建设速度快，还积极鼓励私人企业投资。

韩国政府大力投资农业信息基础设施建设，仅1986年一年就投资20亿美元用于通信设施建设，占当年政府投资总额的7.7%。鼓励私人企业和民营企业投资，大大促进了农村信息网络的建设。农村的信息主干网由政府投资建设；从主干网到中心局的管道由韩国三大民营电信企业投资；从中心局到用户的网络，由民营电信企业建设，政府给予经费补助。目前，韩国所有农村都用上了宽带网，并已实现了全国各地随处上网。

（2）制定优惠措施，鼓励农民上网。

在韩国农民白天上网的费用比城市便宜30%，晚上比城市便宜51%。并且将农林水产信息网免费提供给农民使用。政府还无偿帮助农民开办网站或主页，在网上销售自己种植的农产品。

（3）加强农业信息技术培训。

韩国政府建立了一套健全的农业信息技术培训体系。向所有愿意参加学习的农民提供免费培训。通过多媒体远程教育系统，开展演示教学，对农民进行技术培训。

（4）加强农业信息公益性机构建设。

韩国政府始终坚持农业信息服务的公益性原则，政府主导，各级组织和企业共同参与，形成了从中央、道、市郡、邑四级信息服务组织体系。中央一级的农林水产信息中心、农村经济研究院等农业信息服务机构人员和项目建设、运行、维护等各项费用均由政府财政预算安排，经费保障充足。

（5）高度重视信息资源的采集和开发利用，形成了一系列规范的程序和制度，保证了监测数据的时效性、准确性和权威性，取得了显著的经济效益。

农业观测信息中心是韩国农业信息采集、分析和发布的专门机构。通过制定监测品种计划，应用卫星监测采集农业种植信息，通过农林水产食品部、统计局等相关部门收集生产和市场信息，也采用对样本农户、消费者和运销商户电话问卷调查与实地调查相结合的方式收集信息，利用分析模型对农、畜产品进行分析预测，形成内容翔实、分析准确的报告，发布分析报告，监测应用评价，对预测结果进行评价。农业观测信息中心定期发布预测信息，在为政府提供决策支持、指导农业生产、引导农产品购销等方面发挥了积极的作用。农业观测委员会十分注重对外发布有关农产品播种面积、收成、消费、进出口、价格、库存等的监测结果，以抑制生产过剩、稳定农产品供求和价格，提高农民收入。农业观测委员会还可直接向有关社会团体交涉，发出警示，引导和协调产销自律活动。

（6）信息化村示范工程成效显著。

韩国政府于 2001 年由农林水产食品部、信息通信部、行政自治部等部门组成信息化村企划团，开始进行信息化村项目建设。截至 2008 年已建设了 358 个信息化村。信息化村建设主要包括五个方面的内容：一是高速互联网环境建设，铺设光缆，建设安装主机设备的机房，实现宽带网入户。二是建立乡村信息中心，实现与地方行政信息网的连接。三是构建农户网络使用环境，为农户配置电脑。四是成立由村民代表、信息化指导人员、信息中心管理人员组成的运营委员会，负责运营、管理村级信息中心和建设电子商务体验网。五是开展人才培训，培养农业信息化骨干和管理人员。据统计，信息化村的电脑普及率已达 67.3%，互联网入网率增加了约 60%。通过开展电子商务交易，大大促进了农产品的流通和交易，使村级收入和农民收入获得了实质性的提高。

### 3.2.5 印度农业信息服务系统

印度作为发展中国家，经济落后、社会贫富差距大，汲取印度农业信息服务系统建设中的经验和教训，可以使我国在系统与管理中少走弯路。

印度农村信息化的重点是通过网络信息服务，使农户与销售商直接见面，减少中间环节的盘剥，让农户更多地直接获得市场利润。

（1）供给链模式的网络建设方案。

印度农村信息化的构想就是在各地的农产品批发市场之间和政府农业市场委员会等部门之间建立起一个供给链模式的网络。农村信息化方案由基础设施建设、应用软件开发和国家级农村信息化项目三个部分组成。基础设施建设包括中央和地方政府部门的网络建设；试点地区的区级网络建设和村级网络建设；以及配套开发的综合管理信息系统、项目管理系统、媒体通信设施、视频会议系统和一个技术推广中心。国家级农村信息化项目是开发一套农村信息的计算机化管理系统，完善国家与地方的协调运作，强化农村发展活动的计划和监控。

目前，农村市场数据网络已经开始提供用户服务。在全国农业市场数据库系统的平台上，印度信息技术部所属国家信息中心陆续建立了若干个专业性的农业信息数据库系统。

（2）农民经济收入水平过低，信息设施价格过高。

在印度没有可让广大用户负担得起的计算机设备，计算机市场无序，通信基础设施落后，设备之间也缺少统一的标准，在印度只有2%~3%的农民能够负担得起电话费用，网络设备价格也过高，很多地区的农民都无力负担。为此，印度信息产业部与美国麻省理工大学多媒体实验室合作共同组建的印度亚洲多媒体实验室，正在开发一种低成本宜于推广的计算机系统以解决农村地区信息服务问题，以实现数字农村的构想。

（3）印度政府在农业信息服务系统建设中的改革尝试。

在比中国更低的起点上，印度在农村信息化建设方面已经做了不少有益的尝试，取得了一定的成绩。印度农村发展项目一般是由中央政府设立，由邦政府负责实施。其行政运行体系是：中央政府农村发展部——邦政府农村发展部——地区农村发展部——村民自治组织。在这种组织体系的保障下，印度政府开展了知识信息计划，在如何运用信息技术服务于大众，使农村地区的人们受益于信息技术这方面做得很成功。知识信息计划的首期资金250万卢比（约合5.5万美元）由村民自治组织来承担，这笔钱投资建设了21个信息分中心，由Madhya Pradesh政府承办。挑选出的服务机构设施、操作人员及计划、网络测试，均由当地居民先试验，并定期检测，操作人员均由村民自治组织从本村青壮年中挑选并与政府雇员共同担当。每个点定期向村议会交纳收入的10%，这些收入主要来自使用者交付的费用。

这种公私共享的合作模式保证了知识信息计划经济上的可持续性和使用者的本位性，村民自治组织在整个计划中扮演了相当重要的角色，由此获得了很大的成功。2001年1月Madhya Pradesh政府发布了一个大范围的招标书，在全邦范围内建设信息中心。为实现全邦范围联网，政府继续采用这种公私合伙的形式，鼓励私人资本投资。

### 3.2.6 国外农业信息服务系统的共同特点与启示

（1）政府主导，保证持续稳定的资金支持。

持续稳定地资金支持是农业信息服务系统建设和正常运行的必要条件。作为农村公共产品政府义不容辞的资金供应责任，但由于所需巨额建设投资，单纯依靠政府投资无法满足资金的需求，还必须引入市场运作的机制。要鼓励私营企业、农村种养殖大户、农业产业化单位投资和资助，同时也可以通过实施会员制实现系统的可持续运营目标。

(2) 严格的制度规范，保证信息来源真实可靠和公平使用。

信息采集、处理和发布都有严格的制度规范，从而保证信息来源真实可靠和使用公平。来自不同部门的农业信息经过加工处理成为网络信息产品，由于农业信息来源广泛，多部门多层次的信息来源需要规定统一的数据标准和上报制度，严格的数据采集制度和规范的采集、加工方法，才能保证农业信息从源头上正确。信息发布必须具有权威性，有相应的发布程序和审核机制，保证信息资料的科学合理和公平使用，减少和杜绝虚假信息。

(3) 积极鼓励多主体参与，多种信息传播形式相互补充。

各种农业协会、合作社、农业推广组织是传统的农业信息交流和传播的组织，应该由相应的措施鼓励它们共同参与农业信息服务系统建设，利用先进的网络技术整合传统的信息传播媒介，构建现代传播方式与传统媒体有机结合、相互补充的信息服务系统。

(4) 搞好教育培训和社会发动工作，提高农民的信息能力。

信息的价值必须被人们认识到，才能成为有用的经济资源和社会财富。农业信息运动的终端是农民。必须做好对农民的宣传发动工作，通过学校教育、进村培训、宣传资料等提高农民的信息素质，让农民掌握必要的计算机知识和网络查询技能，信息才能成为为农民带来财富的工具，农民参与和利用农业信息服务系统的积极性才能调动起来。

(5) 制定完备的信息法律体系。

良好的法制环境是系统建设与运行的制度保障，如政府门户网站需要相关政府部门的协同共建，其基础是信息公开和信息资源共享体系。可借鉴美国、加拿大、新加坡等经验，出台诸如《个人信息保护和电子文书法》、《电子商务环境下的消费者保护规则》、《电子身份认证规则》、《电子商务标准体系框架》、《滥用计算机法》、《信息安全指南》、《电子认证安全指南》、《电子交易法》、《电子交易法执法指南》和《电子交易（认证）条例》等法规，使网络信息可信可用，成为信息交流和市场交易平台。

## 3.3 我国农业信息服务系统管理现状与问题分析

### 3.3.1 我国农业信息服务系统的建设历程

农业信息技术在我国农业中的应用研究始于1985年，落后于欧美等国大约20年。主要是开发了农业数据库与计算机技术应用于农业生产的研究，取得了许多重要成果。1986年农业部提出《农牧渔业信息管理系统总体方案》，并组建了农业部信息中心。1992年制定了全国农业信息系统建设方案，把农业信息系统建设作为一个重大的工程项目统筹规划并协调有关资源。1994年12月"国家经济信息化联席会议"第三次会议上，提出了"金农工程"，即：建立"农业综合管理和服务信息系统"，意味着农业信息服务系统建设项目的正式提出。

"金农工程"建设的主要任务是：第一，网络的控制管理和信息交换服务，包括与其他涉农系统的信息交换与共享；第二，建立和维护国家级农业数据库群及其应用系统；第三，协调制定统一的信息采集、发布标准规范，对区域中心、行业中心实施技术指导和管理；第四，组织农业现代化信息服务及促进各类计算机应用系统，如专家系统、地理信息系统、卫星遥感信息系统的开发和应用。在农业部局域网的基础上，农业部1995年建立了"中国农业信息网"，并通过DDN方式接入国际互联网，建成了覆盖全国的农业信息网络，成为我国农业综合信息发布的权威网站。

截至2010年"十一五"期间结束，"金农工程"一期建设项目任务已经完成，国家农业数据中心的农产品及农资市场监测信息系统、农业监测预警系统等10多个电子政务系统已经投入使用，初步建成了以中国农业信息网为核心、集30多个专业网站为一体的国家农业门户网站群，成为农业行政管理部门为农民提供农业信息服务的重要平台。

党的十八大提出了促进工业化、信息化、城镇化、农业现代化同步发展，2013年1月农业部出台了《全国农村经营管理信息化发展规划（2013~2020年）》，为加强对各地农村经营管理信息化科学发展的指导设计了四项主要任务：一是以农经系统内部政务处理为主要内容，以各级农经数据中心为支撑，搭建部、省、市、县、乡镇五级农村经营管理综合信息平台；二是加快农村集体"三资"管理、农村土地承包管理和农民负担监督管理等业务的信息化建设；三是以面向农民专业合作社、农业产业化龙头企业、专业大户和家庭农场新型农业生产经营主体提供生产经营服务为重点，引导农民专业合作社、农业产业化龙头企业等加强内部管理信息化建设；四是围绕农经信息化基础条件的薄弱环节，重点加强信息网络和服务终端建设，强化基层农经人员信息素质提升。该规划的出台，表明我国农业信息化建设目标进一步明确具体，建设步伐加快，农业信息服务系统建设重点将会向基层推进，农业信息服务实践性和应用性将会明显提高。

### 3.3.2 我国农业信息服务系统建设现状

（1）系统建设基础环境良好。

经过"广播电视村村通工程"、"村村通电话工程"等重大基础通信工程建设，广播电视网络、电话通信网络、移动通信网络在农村覆盖率大幅度提高。到 2010 年年底，农村广播综合人口覆盖率达到 98.31%，农村电视综合人口覆盖率达到 97.23%，农村有线广播电视入户率达到 26.81%。全国 100% 行政村通了电话，94% 的 20 户以上的行政村通电话。

从农户信息拥有的终端数量看，到 2010 年年底，农村地区每百户彩电 111.79 台，每百户固定电话 60.76 部，每百户移动电话 136.54 部，每百户计算机 10.37 台。

计算机互联网和移动通信网络等覆盖率大幅度提高，到 2010 年年底，100% 乡镇通宽带，农村网民大量增加。据中国互联网络信息中心（CNNIC）发布的《第 31 次中国互联网络发展状况统计报告》，截至 2012 年 12 月底，我国农村网民数达 1.56 亿，占到全国网民人数的 27.6%，在农村互联网普及率达到 23.7%。目前我国正处于快速城市化时期，2011 年中国城镇常住人口规模首次超越乡村常住人口，城镇化率已经突破 50%，农村人口已经降至目前的 6.57 亿。可见，在农村互联网正处于快速普及时期，在农村推广和普及网络技术具备了一定的社会基础。

（2）农业数据库体系初具规模，农业信息采集制度化。

农业数据库系统（Agricultural Database Systems）是一种能有组织地和动态地存储、管理、重复利用等一系列有密切联系的数据集合，利用数据库系统可以将大量的信息进行记录、分类、整理等定量化、规范化处理，并以记录为单位存储于数据库中，在系统的统一管理下，用户可对数据库查询、检索，快速、准确地取得所需要的各种资源。

近年来，农业部系统相继建成了宏观经济、农村经济、农业生产、农产品价格、世界农产品、中国农产品贸易、农村实用技术、农业项目管理、农业全文检索、农业气象与遥感、农业政策法规、农业人才等数据库 60 多个。我国还从国外相继引进了世界粮农组织的 AGRIS、国际食品信息数据库 IFIS、美国农业部的农业联机存取数据库 AGRICOLA 和国际农业生物中心数据库 CABI 等世界四大数据库，对于改善和发展我国农业数据库建设，及时了解世界农业科技与市场动态，提供了丰富的信息资源。

农业部在种植业、畜牧、水产、农垦、农机、乡镇企业、农业科技教育、农产品市场等领域建立了 33 条信息采集通道，设置了 8000 多个信息采集点，开发了相应的信息采集处理系统，定期采集农村政策、生产动态、市场供求、产品价格、科技教育、灾害、疫情、农民收入等信息。

（3）县级以上农业信息服务体系已经形成。

在全国已经建成了县级以上的农业信息服务组织体系和互联互通的网络服务体系，农业信息服务人员年龄结构合理，文化水平较高，开展了卓有成效的农业信息服务项目。至2010年，我国涉农网站超过3万个，成为农业信息服务的重要手段。已经形成了以农业部建设和管理的中国农业信息网为核心，集30多家专业网站为一体的国家农业门户网站群。在目前各省（市、区）农业行政管理部门以及83%的地级和60%以上的县级农业部门都建立了农业信息网站，乡镇信息服务站2.02万个，行政村信息服务点11.7万个，基本实现了部、省、地、县、乡的信息联动。

(4) 农业信息传播方式在各地不断创新。

近几年来，国家和各级地方政府已经清楚地认识到了建设农业信息服务系统的必要性，最有效的农业支持政策是增强农业的"造血功能"，让农民掌握致富的工具和手段，提高农民驾驭市场的能力。而农业信息服务系统正是对农民"授之以渔"、提供智力支持的根本之道。目前，越来越多的地方政府根据当地实际情况，由农业管理部门或者科技部门牵头，积极谋划农业信息服务系统向基层延伸，农业信息进村入户为农业生产经营服务问题。为此，想尽办法，筹集资金、组织队伍、通过管理创新，把传统信息媒介与互联网信息方法相结合，解决农业信息向农民传播的"最后一公里"难题。例如，在河北省黄骅市通过协议的方式约定黄骅市为每个提供信息服务的村级农资点免费提供计算机和网络技术服务，村级农资站点负担网络费用、负责重要信息的下载宣传并且为农民上网提供专门房间，当农民到农资点购买农资时就可以顺便上网查询所需要的农业信息。既解决了农业信息进村入户问题，又能为农资点带来更多的客源，形成了互惠互利、相得益彰的关系。在全国各地利用现代信息技术与传统媒体形成信息传播的多种形式已经十分普遍，越来越多的县开通了"科技110"等农业信息服务热线，还利用广播、电视、报刊、信息台、中介组织、小学生传递、大喇叭等多种传统媒体与网络衔接，形成先进与传统配合利用、有机接合的农业信息传播方式，解决了农业信息向农业生产经营领域延伸的问题。

(5) 农业电子政务优先发展，农产品电子商务悄然升温。

各级农业管理部门依靠计算机系统和网络开展管理和服务。农业部开通了全国性的指挥调度卫星通信系统、网络化行政审批综合办公系统、远程渔政指挥通信系统、动物疫病防控追溯系统、农产品检测预警系统、农业应急指挥调度系统等重要系统，基本实现了对农业资源与环境、防灾减灾、农业生产等多方面的信息化管理，提高了农业行政管理的科学性，强化了政府的服务职能，提高了管理效率。

近几年，随着我国农业信息服务网站增长迅速，农产品电子商务平台已经建立起来，农业部建立了"一站通"全国农村供求信息联播系统、网上展厅等网络服务平台，越来越多的农民利用网络交易为当地农产品找到了销售市场，找到了更有利可图的商家。到 2010 年年底在中国农业信息网注册会员超过 36 万人，全国 600 余家农产品批发市场大部分实行了不同程度的电子交易与结算。第三方农产品电子商务平台正在兴起，一些地区的农户自发地使用市场化的电子商务交易平台。

### 3.3.3 农业信息服务系统建设中的问题与原因分析

（1）政府的农业信息公共管理职能缺位。

农业信息服务系统作为公共产品，应该由国家政府作为投资建设主体。然而，中央和地方政府重视不够，没有明确指明哪个部门负责项目设计规划、哪个部门监督、不同部门之间如何相互配合和协调、具体建设任务和考核指标等，也没有作为计划专项列入财政支持项目，致使系统建设缺乏科学规划和持续的资金保证。在建设主体缺位的情况下，必然造成国家投资严重不足，义务和责任不清，农业信息服务系统建设缺乏统筹规划和顶层设计。

（2）信息采集处理的标准化程度低，影响信息共享。

在长期的科学研究和生产经营实践中，积累了大量农业数据信息，由于农业信息采集缺乏统一规划，因此在农业信息的分级标准、指标术语、收集渠道和信息应用环境等方面缺乏统一标准，致使出现大量数据信息处于部门所有、各自为政的分散状态，很难在一个广域范围和集成环境下实现全社会的数据共享。例如，很多农产品市场信息指标的科学性和代表性需要改进，存储、传输、共享等领域的关键技术标准和规范尚未制定，造成在硬件建设和软件开发利用上出现了不必要的浪费，在农业基础数据库建设和信息应用系统开发上也出现了重复建设和浪费。

（3）信息加工能力不强，发布渠道不畅。

从总体上讲，我国农业信息的加工能力不高，信息发布渠道少、信息覆盖面不宽。一是国家和省级信息处理设施已有了较好基础，但地市级和县级信息手段整体仍很落后，多数仍停留在手工处理阶段，缺乏及时有效处理大规模信息的硬件系统，农业各类专业软件开发滞后，已有软件的应用熟化程度不够，信息处理的整体水平较低。二是农业数据库建设落后，且各地数据库类型重复建设现象严重，资源共享程度低。三是信息分析加工深度不够、水平较低。同时，在信息结构上，直接为市场和农民服务的市场供求、科技等方面的信息不能满足需求。四是尚未建立起主要农产品的中长期监测预警系统，对我国农业发展的前瞻性指导能力不足，预见性不强。五是在信息的发布和传输上，缺乏网络、广播、电视、报刊、信息台等各种媒体之间的有机配合与协作，面对最终用户和信息传导梗阻现象显得办法不多，信息到农民手里的"最后一公里"问题没有解决好。

(4) 系统管理存在体制障碍。

当前，我国农业管理体制问题已成为国民经济和社会协调发展的制约因素，为农业信息服务系统建设带来难题。从国家来看，农业部管理种植业、畜牧业、水产业及乡镇企业等产中环节，而粮食购销、棉花供销、油脂销售、农资供应等农业产前、产后环节由其他部委来管理。从省级看，多数省份农口在机构改革中进行了合并，职能与农业部吻合，但仍有一些省份保持了原有机构。以河北为例，由于种种原因，国家农业部分管的业务到省级又被分为农业、畜牧、水产、乡镇企业、开发办、农科院、农工部、扶贫、林业等9个部门管理，这在体制上产生了诸多弊端，严重制约了信息的合理流动和最佳配置。在这种情况下，如果政府拿出资金搞信息化建设，会出现部门争资金、争项目问题，如果都上又有重复建设问题。即使各部门都建好了网络，受部门职能限制，信息资源的采集和应用也是片面的，分散的农业信息资源割裂了农民对农业信息需求的全面性、持续性，且信息采集和信息加工的成本较高，不利于综合、全面、高质量地提供农业信息服务。部门分割、各自为政必然会增加政府协调的难度和成本，经济上不合理。

(5) 系统性、完整性差，产出效果不理想。

农业信息运动是一个从信源流经信道最终到达信宿而又能接受信息反馈的持续过程，因此，"S-C-U 规范"是衡量农业信息系统是否完善的重要标志之一。深入观察我国农业信息运动过程可见，农业信息生产过程中缺乏资源规划与整合，缺乏对农民信息需求的引导；农业信息传播通道不畅，网络信息技术的优越性难以充分发挥，现代信息技术对于缺乏信息终端的农业生产者无能为力，大部分乡和村没有专门的农业信息服务中心和服务站点，农业信息从主干道向分支渠道和"毛细血管"的运动遇到梗阻；农业信息应用中信息服务机构如何帮助农民提高信息运用能力、辅助和支持农业决策的职责不清，农业信息转化和应用效率低。可见，目前在我国农业信息运动不能形成规范的循环系统，系统产出效益不明显。

(6) 缺乏科学的评价标准和考核方法。

考核和评价是肯定成绩、找出差距、明确工作目标的有效办法。在缺乏科学考评体系的情况下，农业信息管理人员的服务工作成果得不到应有的肯定，难以在不同区域之间形成相互学习和竞争的氛围，势必不能充分挖掘信息管理人员的潜力，影响积极性的发挥。

可见，我国农业信息服务系统的建设和管理还处于起步阶段，系统建设十分需要科学的管理理论为指导，目前急需按照农业信息运动基本规律搭建一个合理的系统构架，明确系统建设的主要因素和动力机制，为系统科学管理提供依据。

## 3.4 本章小结

(1) 有关农业信息服务化的研究文章对农业信息服务系统理论研究具有重要的参考价值。根据我国实际情况,网络信息技术必须与传统的信息传播方式有机整合,农业信息才能向生产经营领域有效扩散。但是,按照信息运动的"S-C-U 规范"对农业信息服务系统的内部结构和运动机制进行分析,目前在我国还是空白。

(2) 发达国家均十分重视农业信息服务工作,政府科学规划、资金支持、信息采集加工的高度标准化、重视市场机制的作用、利用各种农业组织以及完善的法律制度,保障了信息使用的公平性,也为农业信息服务系统高效运行提供了坚实的基础。印度作为发展中国家也非常重视消灭"信息鸿沟",把农业信息服务作为提高农产品市场竞争力、节约资源、保护环境的重要措施,他们在实践中的经验和教训对我们有重要的借鉴作用。

(3) 我国农业信息服务系统从"金农工程"的正式提出开始,系统建设所需要的基础设施发展很快,各种层次的农业数据库体系已经形成,全国建设了县级以上农业信息服务组织体系,农业信息传播方式在各地不断创新,农业行政管理电子政务系统稳步发展,农业信息网站增加很快,电子商务为农产品供求和交易提供了重要的服务平台。

(4) 农业信息服务系统管理中的问题还比较明显,农业信息服务系统建设缺乏必要的战略规划、资金来源、技术规范、管理制度、评价方法,政府对农业信息服务系统管理缺乏科学的理论指导,系统产出效益不明显。

# 第 4 章

# 农业信息生产子系统

农业信息生产、传播和施效是农业信息服务系统的基本结构，也是农业信息运动循环的三个必要环节。信息经过生产形成信息产品，它是信息流势能的积累，也是信息流动的基础。信息生产的结果不仅能有效增加信息产品的数量，提高信息产品的质量，其加工过程还为信息运动标明了方向，使无序的信息有序化，促进农业信息实现其价值，提高其应用效果。

## 4.1 农业信息生产的含义与系统目标

随着社会进步和科学技术的发展，反映信息增长的普赖斯曲线表明，信息数量正在以指数形式增长。但是，并非所有的信息都能为使用者带来价值。人们接受信息、处理信息的能力十分有限，只有特定的信息对特定的人群才有用途。过量的信息必然干扰人们的选择，影响对信息的利用，造成信息污染。这就需要按照使用者的需要和信息运动的内在规律，通过对信息资源开发利用，使信息有序化、矢量化、增值化，达到有效增加信息产品的目的，这正是信息生产子系统管理的工作内容。

### 4.1.1 农业信息生产的含义

为了弄清农业信息生产的含义，有必要区分信息资源和信息产品这两个联系十分密切的概念。"资源"即资财的来源。随着社会的进步，人们发现信息要素在创造社会财富中所起的作用越来越重要。约翰·奈斯比特（J. Naisbitt）在其《大趋势》中说过，每件产品和每项劳务中都包含着物质和信息两个部分。在第三次科技革命之后，产品中物质比重不断下降，信息比重逐渐增加，依赖信息要素不仅能生产出更多的物质和精神财富，依赖信息要素还能生产出消耗少、质量好、技术先进、品种丰富的产品。因此，人们在实践中深刻地认识到信息是财富的来源，在创造财富的过程中，信息与物质和能源一样重要，并把信息称作信息资源。在这里奈斯比特"把信息称作信息资源"，是指信息能为我们创造财富，信息在帮助我们创造财富的过程中起了非常重要的作用。显然，这里的信息资源是指创造财富的信息要素，而这种信息要素正式对信息加工处理的结果。如果我们把信息当做一个生产过程的"结果"来看待，那么"信息则是信息产品"，若有效增加信息产品的供给，就十分有必要探讨信息产品的来源。

人们研究发现，信息是与其他产品一样具有价值和使用价值的劳动产品，它是人类认识活动的成果。人们在生产信息的过程中要有具备专业技术知识的人才，还要提供从事智力活动的信息材料和物质材料，需要作为加工工具和加工方法的信息技术，及其他参加信息生产活动的必备要素，例如，信息设备、设施、信息活动所需要的资金等。其实这些是生产信息的要素和条件。这就是狭义的信息资源，也正是本章所使用的信息资源概念的含义。

由此可见，信息资源一词具有三种不同含义：第一种是信息产品，它是创造财富的要素，也叫信息要素，是信息生产过程的结果；第二种是生产信息产品的材料和条件，是生产信息产品的资源；第三种含义就是把信息产品和生产信息产品的要素和条件一起都叫做信息资源。为了研究方便，我们把第一种含义的信息资源叫做信息产品，把第二种含义的信息资源叫做信息资源要素，第三种含义的信息资源是广义的信息资源。从信息的生产过程来看，信息产品是信息资源要素经过生产过程之后产生的结果，是信息生产子系统的产出；而生产信息的要素和条件即信息资源要素，处在生产过程的开始端，是信息子系统的构成要素。

农业信息生产是指农业信息产品形成的过程。包括信息采集、处理、成品存储与共享的过程，即新信息产生和创造的过程。信息生产是信息从无序到有序的过程，是信息流形成的基础，信息生产是适应现代信息技术发展，便于信息传播、应用和共享的形式转换与内容加工过程。形式转换指数字化、标准化，以便于应用数据库技术挖掘其深刻含义；内容加工指从信息形态到知识形态的转化。信息生产是农业信息服务工作的起点，也是农业信息实现其价值的内容。简单地说，农业信息服务系统中的信息生产就是指为了满足用户需要对信息材料进行组织、加工和处理的过程。

### 4.1.2 农业信息生产的特点

农业信息运动的过程虽然与通信系统中信息运动的基本原理一样，都要完成从信源到信宿的信息流运动循环。但是农业信息作为一种社会经济资源，其运动过程比通信系统的信号传递复杂得多。

(1) 通信系统模型描述的是信源和信宿的一对一关系，通信系统的目标是通过技术手段排除信息系统内外的各种噪声干扰，使信宿接收到的信息与信源发出的信息相等。而农业信息的信源和信宿是多对多的关系。信源散乱分布于自然和社会领域，单一信源发出的信息往往没有多少利用价值，需要对多个信息源的信息进行综合加工，形成新的信息产品，才能成为有用的农业信息。

（2）从信宿来说，不仅农业信息用户众多，而且广泛分布在全国各不同地域。不同地域、不同农业品种所需要的信息内容差别很大，甄别用户需求，生产出不同内容、不同形式的信息才能满足农业信息用户需要。

（3）从信息的层次性来看，通信系统传递的是语法信息，是不论任何信息内容的信号形式，而农业信息服务系统中传递的是语用信息，是目的性很强、具有一定意义和效果的信息内容。

（4）由于我国农民的收入水平低，信息素质不高，农业信息生产须从经济性和适用性考虑，为农业信息产品的存储和传递选择合理的信息技术类型和信息载体。因此，农业信息子系统的规划和开发必须符合我国实际情况，根据不同地区的农业生产经营的需要与不同地区农民的经济承受能力和信息接受能力，进行科学的农业信息生产管理。

### 4.1.3 农业信息生产的指导原则

"以需求为导向，以应用促发展"是农业信息服务系统管理的总方针。在总方针指导下，农业信息生产应遵循以下指导原则。

（1）针对性。

针对信息运动的最终去向，决定信息源的范围、信息采集和加工处理的技术方法。农业信息用户包括微观用户（农户、农产品加工企业和从事农产品流通服务的企业或个人）和宏观用户（农业管理部门）。微观用户和宏观用户的信息需要可以概括为经济、先进、环保。经济指信息的应用能显著地促进农业经济增长，提高农民收入；先进指把既先进又适用的科技成果和管理技术传递给农民，能有效增强农业生产能力；环保指农业信息的应用有利于保护环境，降低农业生产和加工过程的自然风险和市场风险。

（2）系统性。

农业信息生产是一个生产环节多、涉及部门复杂、耗费巨大的系统工程，需要各部门、各部分、各步骤相互联系、相互协调，制定出整体战略和计划，使农业信息采集和加工保持完整性和连续性，形成一个既独立又关联，既完整又共享的数据交流体系。

（3）科学性。

根据农业信息分布特点，选用科学的采集和加工方法，使信息生产做到标准化、规范化、制度化。信息生产中应依照兼顾历史、现在和未来利益相结合的发展方向，实现信息的可持续生产。

### 4.1.4 农业信息生产子系统的主要任务

农业信息生产的总任务是：加大国家各级政府的信息资源开发投资力度，鼓励社会力量广泛参与，加快建设与我国农业发展实际相符合的农业信息资源体系。按照"针对性、系统性、科学性"原则，以需求为导向，统筹协调，创新开放，通过全面整合国际国内、涉农部门和农业内部各不同行业的信息资源，提高共享程度，拓宽服务范围，推动农业信息产品总量的增加，提高信息质量，优化信息数据结构，为提高农业信息服务系统的产出效益奠定坚实的基础。

（1）完善信息采集系统。

根据全国农业区化和优势农产品区域布局的需要，对现有的农业信息采集渠道进行梳理和规范，科学布设农业科技信息、农产品市场信息、农业资源与环境信息、农业生产经营预警与监测信息的采集点，完善采集指标体系，规范信息采集业务流程。

（2）加强农业数据库建设。

围绕农民多样化的信息需求，加快对传统记录性信息资源的数字化改造，丰富数据库资源，最终形成以主题数据库和数据仓库为主体的数据环境。重点抓好农业资源与环境、农产品流通与加工、宏观农业经济等基础数据库建设，积极开发国家与地方共建共享的数据库平台和应用系统软件，采用集中与分布相结合的方式，重点建设农产品进出口、农村经济合作组织、农业地理信息、野生动植物信息等专业数据库和具有地域特色的数据库。不断扩充现有的数据库信息，升级数据库功能，实现数据库智能化查询。

（3）实现农业信息标准化。

整理或建立健全现有的农业标准、农产品指标体系，充分利用农业信息资源规划成果，科学分析部门业务需求，建立规范化的业务流程、数据存储和分析模型，获得规范化的数据，进一步探索新形势下农业信息标准化体系建设战略，以建立农业信息分类编码标准和农业信息资源目录体系为突破口，统筹协调，制定农业信息采集、传输、发布和服务的标准体系。

### 4.1.5 农业信息生产子系统的目标

农业信息生产子系统管理目标是在充分认识信息运动规律的基础上，运用科学的管理理念，采用技术、经济、社会方法，按照特定的目的和要求，充分使用信息资源，将分散在不同时空、不同领域的农业信息进行有效整合与合理开发，对采集的信息进行加工整序，发掘其隐含的价值，提高信息产品生产效率，达到降低信息生产成本，扩大信息产出效益的目的。

## 4.2 农业信息生产子系统的运行过程

农业信息生产与物质产品生产相类似，也需要一个完整的生产过程才能完成。未经加工的信息材料与经过加工处理的信息成品虽然都以信息形式存在，但所包含的价值往往具有重要差别。农业信息经过采集、整序、分析与预测、存储、检索和信息的深加工，最终变成信息产品。信息是在加工中增值的，甚至经过多级加工和不断熟化，才能完全体现其价值（见图 4.1）。

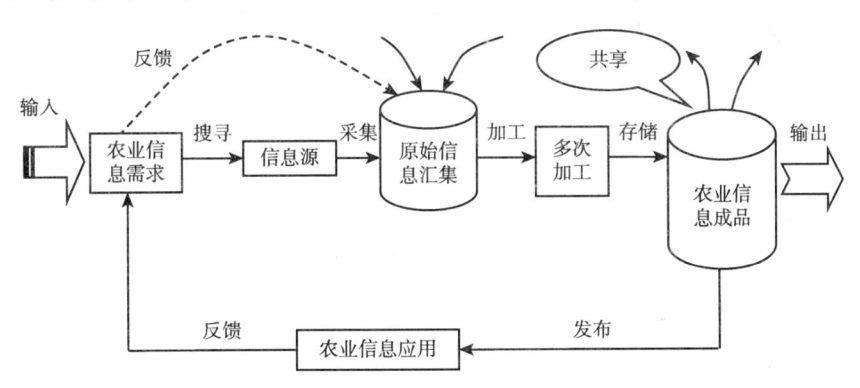

图 4.1 农业信息产品的生产过程模型

农业信息生产程序为：（1）研究用户的农业信息需求，为农业信息生产定位；（2）确定与需要有关的信息源范围，调查农业信息源，假如有 1, 2, …, n 个信息源，从 n 中挑选出 k 个有采集价值的信息源；（3）对 k 个信息源进行排序和优选，选择出对农业经济发展有着重要影响的 m 个信息源，对 m 个信息源的信息采集安排资金、人才和技术保障；（4）确定具体信息采集方案，进行信息的搜集、采集、提取等具体活动；（5）对采集的原始信息归类存储，并根据共享需要在不同行业和地区分配；（6）进一步研究用户需求，寻求适宜的计量模型和数据库最新技术，对信息加工、转化、序化，形成新的信息产品；（7）根据不同地区、不同类别的用户需要，继续对信息深入加工、处理、分配，完成增值过程，形成信息成品，如应用数据库技术对存储信息进行数据挖掘和网络挖掘等，发现数据中尚未发现的知识、关系、趋势等信息，采用数据仓库技术，对数据库中的数据进行再加工，形成综合的、面向分析的环境，以更好地支持决策分析；(8) 数据库存储与共享；(9) 向用户发布信息；(10) 农业信息最终用户把信息成品作为农业生产经营中的要素和资源使用，为农民带来收益，实现信息的价值；(11) 对农业信息应用效果形成反馈。

信息科学认为，信息作为世界运动的方式是无处不在的，但是信息转化为信息产品，则必须使用恰当的工具，以科学的方式、按照特定的用户要求完成采集，对采集的原始信息按照科学的方法加以提炼和加工使之成为知识形态，知识形态的信息才能在决策者那里生成策略，为问题的解决提供方法，体现信息的价值，为使用者带来财富。因此，可以说信息生产过程是信息形态向知识形态转化的过程。农业信息生产的具体工作主要有需求分析、确定信息源的范围和采集重点、选择技术设备和科学采集方法、信息记录、分类与加工、信息产品的存储与共享、信息发布与应用、结果评价与反馈。

## 4.3 农业信息生产子系统的要素分析

农业信息生产子系统是由参与信息生产活动的各种要素构成的，这些要素按照信息活动规律形成一定的隶属关系和作用机制，构成信息生产子系统的内部层次结构。对于信息生产子系统的要素要在从要素状态、作用机制和结构层次的关系中去分析。

### 4.3.1 农业信息生产主体

人是农业信息生产子系统的主导因素，包括农业信息产品的提供者和消费者。农业信息生产主体主要有农业科技人员、信息管理人员和农业生产经营者三大主体。三大主体的互动关系决定了农业信息的开发内容、信息生产的数量、质量和信息产品的服务方向。

农业科技人员是农业科技成果的提供者，主要包括科研院所、高等院校和各级农业行政管理人员；农业信息管理人员是指从事农业信息采集和加工处理的信息技术和服务人员，他们是信息生产的控制者和分配者，按照不同信息用户的需求对信息进行再加工；农业信息用户是农业信息的消费者和检验者，对农业信息的需求和使用效果的反馈构成了信息来源的重要部分。

### 4.3.2 农业信息资源规划

农业信息资源规划是对信息采集、处理、传输到存储和使用管理的全面规划，是促进信息资源整合、信息共享和业务协同的工作章程。通过农业信息资源规划，建立一套良好的信息采集、信息组织、信息加工和信息处理的信息整合机制，将农业信息搜集起来，然后根据一定的原则对信息进行加工和组织，并从信息组织到知识组织，形成农业信息产品，提升信息服务能力。农业信息资源规划包括指导思想和原则、规划目标、规划范围、组织保障、任务及成果、进度安排、技术支持与咨询、服务合作方等。它是对农业信息生产系统各主要要素的统筹安排，是农业信息生产中综合运用系统要素的行动方案。

### 4.3.3 农业信息源

信息源是指产生、载有、贮存、加工、传递信息的各种载体，它们是信息的来源。农业信息源包括自然信息源和社会信息源两大类。自然信息源包括与农业发展有关的自然界和自然物体，如土地、山川、气候、水源、能源、动物、植物、微生物等；它们是发展农业最基本的自然环境和物质条件，是自然信息的发生源。社会信息源有农业机构信息源、农业人物信息源、农业实物信息源、农业文献信息源和网络农业信息源等。目前我国的网络农业信息源主要有：以农业部为主的中国农业信息网与全国各省市农业信息网站互联建设提供的实用型农业信息，各农业科研院所基于数字图书馆的文献型数据库的农业科技信息，各省区市的农业科技信息网提供的成果型、文献型和实用型数据库信息，众多涉农网站提供的农业科技信息和农业经济信息。各种农业信息源呈现的农业信息种类繁多、分布无序、动态性强，导致信息的识别和采集困难。每一种信息产品的生产成本和使用价值不同，使用不同信息所获得的收益也不同。这就要求对农业信息源的确定和农业信息的生产中，有先后不同的开发次序，根据农业信息资源规划所要的农业信息产品内容体系，决定不同时期开发利用的农业信息源。

### 4.3.4 信息采集和处理技术手段

针对不同的农业信息源，采集信息的方法和使用的设备也不同。譬如记录型信息源，主要是通过计算机、扫描仪和转化软件使之电子化；而实物性信息源像农业资源与环境信息则要使用各种带有传感器的设备，形成资料、图像、声音及录像等多种类型；对于社会信息源主要是从涉农组织和农业生产经营活动单位取得信息，它们既是信息生产者也是信息消费者，包括对它们的信息需求状况进行调研和分析，对农业经济经济活动过程和结果进行记录、统计和分析，对采集的信息使用最新的科学方法分类和知识化加工处理，最终制作成文字、图像、声音或者各种多媒体文件。

### 4.3.5 农业信息采集指标和标准

设计科学、完善、统一的农业信息采集指标，制定统一的信息采集和加工标准，是提高信息生产效率和使用效率的根本保证。确定采集指标要遵循科学合理的标准体系，采集指标的维度划分得越是精细，其确定的范围也越小，得到的指标体系的有序度就越高。伴随而来的不利影响是数据繁多，采集成本和加工成本增加。一般说来，信息采集指标应该体系化，指标的层级之间形成是综合和补充的关系，相同的层级之间要协调；从动态性上看，指标的设置上应该有利于数据的连续性。

农业信息标准化对于信息的管理、利用、共享、发现、获取、交换、整合有着极其重要的意义。农业信息标准化的四项原则是完整性、系统性、兼容性、可扩充性。信息标准化有利于整合国际国内信息资源，整合不同行业、不同地区的信息资源，扩大信息共享范围，做到农业信息服务系统的互联互通。目前对于文献型农业信息已经有比较完善的标准，标准化的任务主要是指非文献型农业信息数据标准的制定，形成有利于农业信息管理、共享、发现、获取、交换、整合的标准规范，提高信息采集和加工效率。农业信息标准化，能有效地提高农业信息生产子系统的产出能力和应用能力，为农业信息服务的标准化打下良好的基础。

### 4.3.6 农业信息加工和存储

由于采集到的农业信息来自不同渠道、不同部门，种类繁多、分布无序、动态性强，既有一次信息也有二次信息，有些信息基本特征和相互关系模糊，难以直接利用。农业信息加工服务人员要对信息进一步描述、揭示、分析，尤其需要借助专门的信息加工技术，如多媒体技术、智能检索技术、数据挖掘技术、知识管理技术等，对信息进行深加工，不仅对信息进行形式组织更要进行内容组织和知识组织，形成有序化、系统化的信息。对加工的信息以指定格式存储入相应的数据库，并与前期数据和历史数据对比分析，最终以便于理解的表达形式——图、表、曲线、影像等反应加工处理结果，使信息易懂易用，增加了信息的价值。

## 4.4 农业信息生产子系统的开发现状与管理

### 4.4.1 国家对农业的科技支持有待加强

据统计，我国拥有世界上数量最大的农业科技队伍，但是全国平均466.67

公顷农田才有 1 名专业技术人员，每 15.33 万公顷草原仅有 1 名牧业技术人员，农业科研设施和试验场所也相对落后。我国 1995 年每万名农业人口中有农业科技人员 0.78 人，而美国 1975 年是 21 名，日本 8.9 名。当前我国农业科技成果转化率为 30%~40%，而发达国家平均为 60%，美国达到 80%。我国农业科学研究中由于国家经费投入少，农业科技体制落后，重大科技攻关项目少，中小科研课题多，科研项目存在低水平重复问题，农业科技人员流失严重。据有关专家测算，1972~1980 年科技进步在农业经济增长中贡献率仅为 27%，1981~1985 年上升到 35%，当前达到 40% 左右。

### 4.4.2 农业信息管理人员急需增加

笔者在 2005 年 5 月对河北省农业信息服务系统（省农业厅所属，不包括林业、畜牧、水产，也不包括涉农部门）进行了省、市、县三级全面调查。资料显示，不同级别和不同地区农业信息服务机构的人数差别很大。河北省农业信息中心有专职人员 16 名，其 11 个地市级农业信息中心平均 7 人，其 158 个县级农业信息服务机构平均 4.06 人，大部分乡镇农业信息服务人员是兼职。因此，我们认为，农业信息服务组织自上而下，越接近农村，组织力量越薄弱。

图 4.2 中的资料表明，河北省各地市间农业信息服务中心的人数差别较大，最多的 14 人，最少的只有 3 人。

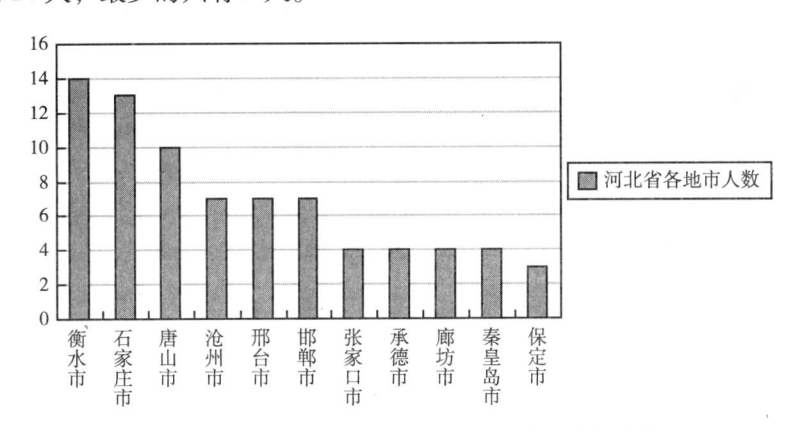

**图 4.2 河北省地市级农业信息服务中心人数分布**

从县级农业信息服务中心的情况分析，各县农业信息服务中心人数差别很大，最多 42 人（专职人员 4 名，兼职人员 38 名），最少只有 1 个人。在县级农业信息服务中心只有 1~2 名信息管理和服务人员，数量太少，无法保证农业信息服务工作的有效开展（见表 4.1）。

表 4.1　　　　　　河北省县级农业信息服务人员分布

| 农业信息服务人员（人） | 县（个） |
| --- | --- |
| 1 | 10 |
| 2 | 18 |
| 3 | 42 |
| 4 | 44 |
| 5 | 20 |
| 6 | 10 |
| 7 | 6 |
| 8 | 2 |
| 15 | 2 |
| 16 | 1 |
| 29 | 1 |
| 42 | 1 |

### 4.4.3　农业信息资源规划是信息生产的先导

农业信息资源规划是农业信息资源开发的规划和执行方案，是农业信息产品生产的业务方案和组织保证。

2005 年河北省结合电子政务"112 工程"建设，率先在全国实施了农业信息资源规划，规划了农业监测预警系统、农产品和农业生产资料市场监测系统、农村市场与科技信息服务 3 个大系统和 11 个子系统，明确制定了每个子系统的分工方案。对所要建设各信息系统（包括子系统）的主要功能、业务流程、涉及各厅局的人员数量、具体责任分工等都有详细的规定，对系统的性能提出了时间、结构、安全、经济成本与效益的明确要求。例如，农业监测预警系统中农产品市场监测预警子系统的规划，对系统的功能就有明确地描述，主要功能：对关系到国计民生的重要农产品和易受市场冲击、敏感性强的农产品实施动态监测和先兆预警，全面搜集掌握并科学分析信息，及时提供有效、准确的农产品监测预警报告，为政府决策提供支持服务，为农民生产经营提供参考服务；应具备在同一标准下信息采集、存储、整理、共享的功能；具备随动态信息进行监测、趋势分析、作出检测报告和相应图表的功能；具备根据监测报告分析得出预警报告，并提出相应解决方案的功能；同时具备发布监测预警信息的功能。

农业信息资源规划还包括各子系统建设所需要的组织机构，其中包括领导机构、协调机构和业务机构。河北省农业信息资源规划的组织机构安排上，对组织和人员都能做到分工严密,责任明确,纪律严明,为规划的实施提供了组织保障。由农业厅牵头,会同教育厅、林业局、畜牧局、水产局、气象局、农科院、粮食局等有关涉农部门,把所有参加人员分成了领导小组、协调办公室(核心小组)和职能域小组,明确规定每个小组的组长、副组长和成员以及他们的各项主要职责。在协调小组中对每个子系统均规定了方案管理员、元库管理员和编码程序员;根据11个子系统建立了11个职能域小组,每个职能域小组由业务负责人、业务代表和系统分析员组成,不仅要求项目质量高和技术成果好,而且,严格规定了总体进度计划和周工作进度、日工作进度,以及进度延期的弥补问题,以保证项目按期保质保量地完成。

值得一提的是,农业信息资源规划的项目管理制度也很重要,它是对项目的人员管理。河北省农业信息资源规划的项目管理制度中规定了考勤管理制度、汇报制度、经验反馈制度和绩效考核制度,通过工作成绩评定对信息规划人员实施有效的激励约束。

### 4.4.4 农业信息源的培养和分类建设

#### 4.4.4.1 农业信息源的特点

(1) 农业信息源具有普遍性特点。由于农业科学是一个包含多专业、多学科、多层次的知识体系,农业信息源的范围十分广泛,涉及动植物生产资源与环境、动植物生命生产过程,农业生产经营中各项要素、设施的投入,农产品产出与市场经济下的价值实现。除此之外,还有农业经济活动中经济体制、组织制度、农村社会关系等。

(2) 农业信息源具有潜在性特点。影响农业的因素不仅广泛地分布在我们周围,而且分布在人类所能感知的范围之外,有些要借助专门的信息技术设备进行采集,有些要运用专门的科学理论进行推理,对于自然界中生命和非生命物质的作用关系、生命运动的奥秘、社会经济活动对农业的影响机制等问题,需要我们对农业信息源不断的开发和探寻。

(3) 农业信息源具有动态性特点。农业以生命活动为劳动对象,农产品生命运动的过程与其他动植物形成一个相生相克的循环关系,相当一部分农业信息源是有生命的,像农业昆虫、农业微生物等,非生命信息源的周期性变化对农业也有重大影响,如天体演化、山河变迁等,农产品市场价格的波动也是时间性很强的信息源。

#### 4.4.4.2 不同的农业信息系统具有特定的信息源

农业信息源的特点决定了农业信息系统建设的复杂性。一个完整的农业信息系统工程其设计、建设十分复杂，需要大量的财力、物力。有关专家认为，根据现在农业信息技术的发展水平，在国内外还没有形成一个比较成熟的系统框架。但是，把有限的资金与技术应用到最急需又有可能取得效益的农业信息系统建设中，却是完全有可能和完全必要的。

优先建设哪些农业信息系统要遵循经济实用性和技术支持的现实可能性相结合为原则。首先是农业基础数据库的建设，包括农业环境资源信息系统、主要农作物合理布局及生产咨询服务系统、农业自然灾害预监测系统、主要农作物长势监测与估产系统、粮食安全保障系统等。

不同种类的农业信息系统需要不同的信息源，不同地区也需要优先选择建设适合本地区的信息系统。农业资源环境和社会经济信息基础数据库建设需要追溯社会经济信息源、科技信息源和环境资源信息源。像表达环境资源所需的行政图、地形图、交通图、水系图、土壤图、土地资源类型图、耕地分布图、植被和土地利用图、气候图等，就是把土地、土壤、气候、生物、山、河流水系、大气、天体等作为信息源（见图4.3）。

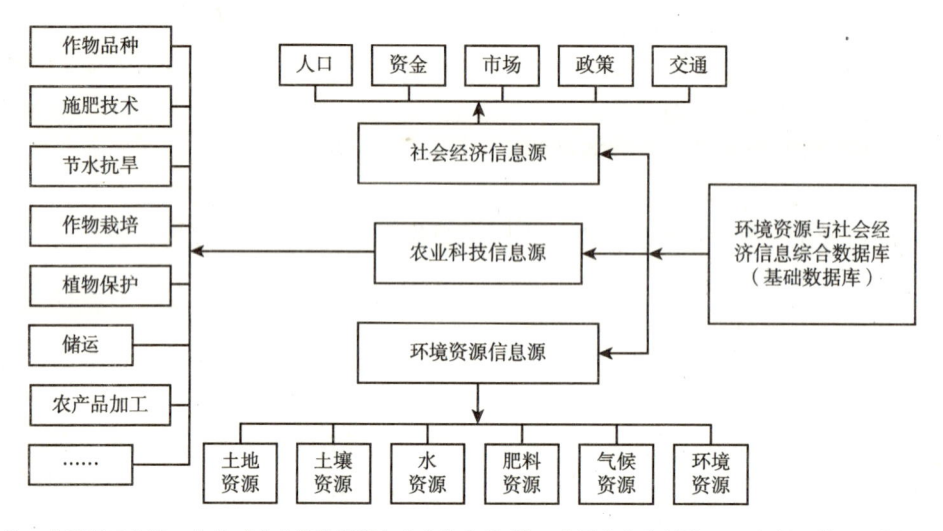

注：本图据王人潮、史舟《农业信息科学与农业信息技术》，中国农业出版社2003年版，第46页整理。

**图 4.3　农业信息系统基础数据库与相应的信息源**

## 4.4.5　根据农民需求组织信息生产

在信息源辨识和选择开发中，除了把与农业物质资源与环境、文献信息、网络信息、农业机构作为重要的信息源外，农业人物信息源也应引起重视，包括农业专家、农业管理人员、农业信息人员、农业生产经营人员、与农产品销售加工有关部门的人员。其中农业生产经营人员是特殊的信息源,不但是农业信息的生产者,也是农业信息的使用者、传播者和最终评价者。农业信息生产的价值与农民的需要有直接关系,按照农民需求组织信息生产是重要的指导方针。因此,研究农民的信息需求有着特别重要的意义。

信息需求是人类需求的一种,信息所具有的引导性特点决定了为解决某种问题人们会产生信息需要。信息需求是信息活动存在的原动力。信息需求者也就是信息用户,信息价值被信息用户使用才能得以体现,信息价值是由信息用户来评价的。因此,研究信息需求就要从两个方面进行,一方面是研究信息用户的需求表达,另一方面是对信息利用价值的研究。

#### 4.4.5.1 调查农民的信息需求

采用调查问卷方法是了解农民信息需求普遍采用的方式。据联合国粮农组织的研究项目"中国农村信息服务案例研究"提供的资料显示,中国农业部信息中心于2003年上半年成立调研小组,赴浙江省缙云县、兰溪市,安徽省舒城县、芜湖县,宁夏利通区,吉林省扶余县共四省区的六个县(市、区),对中国农村信息服务典型案例进行了调查研究。在调查中专门设计了"农民最需要的信息"的问卷,问卷中要求对包括18个项目选择排序,发放问卷300份,了解不同地区农民需求。经过对6个县调查表综合汇总得出表4.2。

表4.2　　　　　　　　　　　农民需要信息排序

| 排　序 | 项　目 |
| --- | --- |
| 1 | 新品种 |
| 2 | 本县市场价格 |
| 3 | 新技术 |
| 4 | 天气预报 |
| 5 | 本省市场价格 |
| 6 | 病虫害、疫情预报 |
| 7 | 农村政策 |
| 8 | 农产品订单 |
| 9 | 农产品市场走势 |
| 10 | 农药、兽药、肥料、农机质量 |
| 11 | 外省市场价格 |
| 12 | 生产资料价格 |
| 13 | 加工企业收购信息 |
| 14 | 国际市场价格 |

续表

| 排　序 | 项　目 |
|---|---|
| 15 | 农产品供求信息 |
| 16 | 农产品质量标准 |
| 17 | 农产品进出口信息 |
| 18 | 其他 |

注：数据转自钟永玲，中国农村信息服务案例研究。

从表 4.2 中资料可见，农民信息需求排在前三位的是新品种、本地农产品价格和新技术，说明农民已经充分认识到了科技、市场价格对提高收入的重要作用。对新品种的需求排在第一位，说明他们迫切希望采用新品种生产出能够满足市场多样化需求的产品；本地农产品市场价格排在第二位，说明农民已经超越了自给自足的农业生产阶段，已经是农产品市场的商品生产者，出售农产品的收入对他们的经济收入至关重要，农民有很强的致富愿望；新技术和实用技术排在第三位，说明农民对于多种经营知之不深，缺乏必要的技术和经验，农业科普和技术推广工作不能满足农民的需要。这是当前农业信息系统建设中优先向农民提供的信息内容。

从排位靠后的信息品种来看，农产品质量信息排位靠后，说明农民的标准化生产意识比较薄弱，农村的标准化程度低，农业结构调整中的质量结构调整任重道远；我国农民似乎并不太关心农产品进出口信息，一方面这说明我国农业生产经营活动比较封闭，进口农产品数量对我国农产品市场价格冲击不是很大，农民对于城市市场上高价的进口水果、进口食品了解较少。另一方面也反映出我国进出口公司对我国农产品打入国际市场需要做更多的工作，我国农民对产品出口一直比较被动，今后需要鼓励农产品进出口活动，开辟多种渠道让农民了解更多的国外市场需求和国外农业生产经营先进技术。

#### 4.4.5.2　信息用户的需求表达

根据需求理论，用户的信息需求可以区分为客观需求、认识需求和表达需求。客观信息需求即为解决特定问题所需要的信息。由于受到主、客观条件的限制，用户本身对客观信息需求并不一定能全面而准确地认识，用户所认识到的只是客观信息需求的一部分。用户正确表达的信息需求也只是正确认识信息需求的一部分。因此，能够正确表达的客观信息需求只是其客观信息需求的一小部分，用户的客观信息需求比所能正确表达出来的大得多。即使信息用户表达出来的需求也不一定完全准确，而大量的信息需求因未被认识还没有被用户发现。

用户客观的信息需求分为已经被认识到的需求和未被认识到的需求，认识到的需求因为认识水平的限制又有正确认识和认识有误两种，受到表达方式、文字语言能力等因素限制，对于需求的表达呈现出能正确表达的需求和表达有误的需求，而有些认识需求因为缺乏表达意愿、表达机会、表达能力，表现为未表达需求部分（见图4.4）。

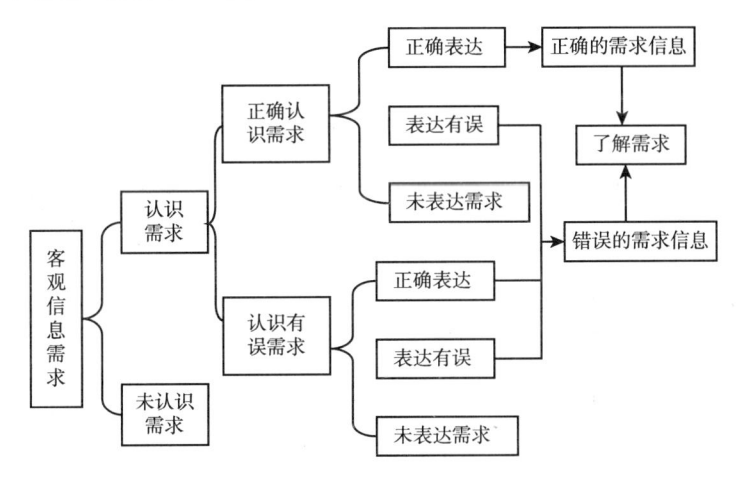

**图4.4　客观信息需求、认识需求、表达需求的逻辑关系**

通过对信息需求的分析可见，通过调查得来的农业信息需求并不能视作农民信息需求的完整表达。既有相当大一部分内容没有被包括，也有不真实的信息需求包括在里面。所以用调查方式取得的农民信息需求资料，需要经过进一步的加工、提炼和补充才能使用，对农业信息用户的信息需求调查可以作为信息生产的参考依据，却不能拘泥于农户表达的信息需求。农业需求信息不仅受到农民自身对信息需求的认识、表达能力的影响，而且调查问卷的设计，调查时间、方式的选择也会影响农业信息需求调查的结果。但是，无论如何向农民调查农业需求信息是解决信息需求的重要途径，对客观信息需求、认识需求、表达需求的理论分析，为信息生产中采集、处理和加工提供了重要的参考依据。

从总体来看，农业信息需求的来源除了来自对农民的调查之外，还应该从宏观角度组织调查研究，宏观信息的导向性是微观信息所不及的。在我国农业发展的新阶段，调整农业结构所需要的产业化信息、优质农产品信息、特色农产品信息、国际农产品市场信息以及资源环境、生产技术、市场营销、消费特点等信息，可以促进农业资源的优化配置，拓展农产品的价值空间，提高农民收入会有显著作用。

### 4.4.6 提高采集与加工技术水平，确保信息产品质量

农产品信息采集指标的设计应充分考虑信息应用目的采集加工技术及采集成本。农业信息的采集和加工技术性很强，利用现代电子技术、空间技术使用高度自动化设备对信息准确、实时、快速的采集成为现代农业信息采集技术的发展趋势。特别是利用遥感技术（RS）、地理信息系统（GIS）以及全球定位系统（GPS）已成为农业自然信息获取的重要途径和方法。对于社会信息和获取，原始数据经常通过调查的方式获取，那些大量的以文献记录形式存在的信息则要进行电子化转换，对于已经形成数字化的信息，主要利用网络技术和数据库技术直接取得。值得注意的是，在花费大量财力物力应用现代技术设备采集农业信息时，对于过去已经积累的农业信息资料应该重新加工和整理，充分挖掘它们的利用价值。

农业信息采集要解决的问题主要有：（1）合理布局农业信息采集点，解决重复与遗漏问题；（2）科学制定信息采集方案，对原有的农业信息采集指标体系进行调整和充实，制定完善的信息采集方案和工作制度，重点加强市场价格、科技信息的采集系统建设；（3）认真分析用户特点，尤其应该把农户、农业企业作为主要服务对象，把经济影响大、实用性强的信息系统建设作为重点信息采集规划对象；（4）做好各级农业信息管理服务中心的功能分工，根据数据库建设的需要确定信息采集任务。国家农业信息服务中心建设好基础库，省级农业信息服务中心以数据库建设、技术指导、网络建设指导为主要任务，县级以下则应该以服务为中心，成为农民和农业企业生产经营决策的支持中心。

农业信息加工主要是对农业信息进行分析、分类、编码、数据输入和定性定量处理，在庞大的数据量中找出规律和模式，形成农业生产经营决策的依据。在数据库技术和数据库管理系统广泛应用的现实情况下，过去依靠人工操作无法实现的海量数据的加工处理，现在通过专门的数据挖掘，已经完全可以找到智能化的解决方法。而且，数据库技术在不断发展，对信息分类、整序，发现庞杂数据中隐含的、可被理解的、有潜在应用价值的知识、关系、模式、趋势，这必将为我们带来巨大的经济与社会效益。

当前，县、乡级农业网站信息陈旧、网站信息重复、雷同问题比较严重。主要原因是农业信息管理人员不足，水平低，加工能力差。据我们在河北省各地市和各县农业信息服务中心调查情况，农业信息管理服务人员中专学历以下人数占21.9%，本科及以上人员只占36.3%，其余是专科学历，相对于信息加工所要求的知识技术水平不能适应（见表4.3）。

**表 4.3** 河北省地市和县级信息服务人员的文化程度情况

| 学历 | 初中及以下 | 高中 | 中专 | 专科 | 大本 | 大本以上 |
|---|---|---|---|---|---|---|
| 百分比（%） | 0.02 | 2.76 | 19.11 | 41.61 | 35.88 | 0.42 |

信息源采集的知识产权也是在市场经济体制下必须解决的问题。我国科研体制问题比较多，有些科研成果的归属不很清楚，对于私人科研成果采用什么方式有偿使用，对于个人、机构、国家共有的成果如何界定知识产权等，必须探索适宜的转让方法。私人知识产权的权益与社会公众对知识财富使用权的矛盾，需要通过相应的社会机制解决。如政府购买、政府开发、政府补贴，允许私人有偿提供等。

### 4.4.7 数据标准化与数据库共建共享

信息采集和加工标准化是农业信息共享的基础。信息标准化不仅需要国家政策法规的严格管理，也需要建立完善的农业信息标准系列。数据标准化的内容主要包括空间坐标系、信息分类与代码、数据库数据文件的命名规则、数字产品元数据、地图数字化规范和数据格式等。

#### 4.4.7.1 影响农业信息数据库共建共享的因素

农业信息产品数据库的设计、建立、维护与更新是技术性较强的工作，而数据库共建共享影响的因素更加广泛、综合。主要有以下方面：

（1）部门利益制约了农业信息数据库共享。

当前，农业行政管理体制已成为信息资源共建共享的重要制约因素。从国家来看，农业部管理种植业、畜牧业、水产业及乡镇企业等产中环节，粮食购销、棉花供销、油脂销售、农资供应等农业产前、产后环节由其他部委来管理。从省级看，多数省份农口在机构改革中进行了合并，职能与农业部基本吻合，但仍有一些省份保持了原有机构，职能划分更零散。这在体制上产生了诸多弊端，数据的部门所有使在同级别的行政部门之间协调难度增加，影响了农业信息的最佳配置。

（2）来自信息供需矛盾的困扰。

从信息供给看，主要分布在农业、气象、粮食、供销、科教等部门，且大量处于部门所有、相对封闭的分散状态，加之信息在分类分级、指标术语、收集渠道和应用环境等方面尚未形成统一的标准体系，不同部门提供的数据在口径和数值上往往差异较大。从信息需求看，最终用户农民所需信息，表现出明显的层次性、区域性、时效性和个性化。政府作为信息供应者，其行业分工越来越细,受政绩考核等因素影响,部门间信息沟通的成本很高;而农民作为信息需求者,迫切希望政府提供综合信息服务平台,并以最小的搜索成本获取最大的信息量。

(3)标准化程度低。

一是国家在农业信息数据库标准制定上投入不足,开发研究不够,至今没有制定出适用于农业信息开发和加工的技术标准和规范。二是农业信息采集标准化程度低,缺乏对各信息采集渠道的整合与规范,影响信息的准确性、权威性。同时,在数据库建设中指标设计不统一,致使国家和省级在农业信息应用系统开发上出现了重复建设和资源浪费。三是农业信息指标体系不健全,很多发展市场经济急需的指标没有被纳入采集范围。四是农业技术发展很快,农业新产品不断涌现,即使同一类产品,因品种较多、规格各异、品质不同等,造成了评价标准或指标参数差别较大,这增加了标准化的难度。

(4)农业行业特性对农业信息数据库的共建共享提出了更高的要求。

一是因农作物生产周期较长,在生产上受自然条件和市场波动的影响远大于工业品生产。二是受作物生长习性和种植习惯的影响,农业生产有较强的地域性和区域性。三是由于部分农产品具有鲜活、易腐烂、难储运等特点,对农业信息产品提出了时效性强、快捷准确的要求。我国农户生产规模过小,生产单位过于分散,也影响到农业信息生产的集约性和可控性。

### 4.4.7.2 农业信息数据库共建共享的对策选择

(1)制定农业信息数据库共建共享规划。

搞好规划是提高信息资源综合效能和资源共享程度的重要措施。为了确保规划编制的科学与实用,应组建由农业技术部门、信息技术部门和基层用户三方组成的农业数据库共建共享规划组,充分发挥农业技术人员熟悉业务、信息技术人员掌握技术和基层用户了解"三农"实际的优势,根据急用优先、循序渐进的原则,针对用户不同的信息需求及其走向,提出需要建设的农业信息数据库,在此基础上科学谋划制定农业信息数据库共建共享规划。

(2)政府加快制定农业信息数据标准并强制实施。

标准化建设是实现农业信息数据库共建共享的关键。一是通过建立相应的制度、规范和标准,整合农业信息体系内部各种信息采集渠道,统一农业信息数据库的共建共享标准,逐步健全农业信息指标体系。二是对现有农业信息数据库数据指标体系进行分类整合,逐步建立信息数据的标准与规范,提高数据库信息的准确性和权威性。三是组织有关专家进行攻关,对信息的存储、传输、共享及网络建设等关键技术进行研究,推出最优的数据模型、数据结构、数据格式,确保数据库共建共享效能的发挥。四是加大数据库应用软件的开发力度，缩短信息数据库标准的研发周期，确保数据库共建共享标准建设及时到位和规范使用。

（3）建立农业信息数据库共建共享安全保障机制。

大型农业信息数据库共建共享，安全问题至关重要。安全问题主要包括两个方面，即信息数据安全和数据库运行管理安全。在信息数据安全方面，对拟选入数据库的农业信息要建立审核登记制度，经过严格、完善的审核、把关程序，确保信息的可靠性。在数据库管理安全方面，应配备必要的硬件设备及可靠的维护人员，建设安全可靠的数据中心和数据灾难备份设施，完善数据抗灾系统，以防数据库信息数据的丢失。应通过建立相应的安全保障机制，确保农业信息数据库共建共享建设的顺利实施。同时，建立数据库故障快速反应机制，提升数据库应急处置、恢复能力。

（4）应用信息技术强化农业信息数据库共建共享。

当前，基层用户的信息需求日益迫切，用户希望不受时间、地域的限制自由地咨询、搜索和获取。但随着用户群体的增大、需求信息的增多，原有的信息数据库共建共享技术已不能满足需要，近年提出的网格技术、数据仓库技术、数据挖掘技术、群件技术等新兴技术，在信息数据库共建共享中占有越来越重要的地位。因此，在农业信息数据库的共建共享过程中，要善于引进、利用有利于数据库共建共享的现代信息技术、先进设备和复合型人才，为农业信息数据库共建共享提供良好的技术支撑。

（5）加大农业信息数据库共建共享投入力度。

当前，我国已经有能力增加对农业的投入与支持，信息支持可以从根本上改善农业生产条件、增强农民市场竞争力。农业信息数据库作为农业信息资源开发利用的重要内容，有很强的社会服务功能，其公共产品属性决定了政府要发挥投资的主导作用。基于此，政府应加大信息数据库共建共享的投入力度，并在领导力量、优惠政策、人员组织等方面予以足够的重视。

## 4.5 本章小结

（1）农业信息资源有三种不同的含义。农业信息生产是农业信息资源转变为农业信息产品的过程，也是农业信息循环运动的基础。"以需求为导向，以应用促发展"是农业信息生产活动的总体指导方针，此方针决定了农业信息生产的原则和任务。

（2）农业信息生产子系统运行机制模型描述了农业信息生产子系统系统内部的主要因素、要素之间的作用、系统的输入输出关系和信息从资源到产品的转化过程。

（3）农业科技人员、信息管理者和农业生产经营者是产生、控制和使用农业信息的主体，他们与农业信息资源规划、农业信息源、信息采集和处理设备、农业信息采集指标与加工标准、农业信息加工与储存技术共同构成农业信息生产子系统的重要因素。农业信息生产活动是构成系统结构的要素按照一定规则相互作用的结果。

（4）结合河北省农业信息资源规划，分析了农业信息资源规划对农业信息生产的重要指导作用，介绍了农业信息资源规划的重要内容，为各级农业信息服务部门进行农业信息资源规划工作提供了参考依据。

（5）运用对河北省农业信息服务部门和农业信息用户的实际调查资料，分析了农业信息生产子系统运行中的问题。从国家对农业的科技支持、农业信息管理者、信息资源规划、信息源培养和分类指导、农业信息需求、提高采集与加工质量、数据标准化和数据库共享等方面，提出了加强对农业信息生产子系统管理的具体对策。

# 第 5 章

# 农业信息传播子系统

传播是连接农业信息生产和施效的中间环节，信息只有通过传播才能到达应用领域。但是，我国农户收入低，信息能力差，缺乏相应的信息接收设备，如何利用现代信息技术整合传统信息传播方式，把农业信息有效地传播到农村的千家万户，无疑是对中国农业信息服务系统的重大考验。英国著名哲学家弗朗西斯·培根曾指出"知识的力量不仅取决于自身价值的大小，更取决它是否被传播以及被传播的深度和广度"。农业信息传播需要一系列客观条件，要投入相应的资本、设备、技术和人力，形成一个由传播者、接受者、信息产品、信息载体、信息效果组成的信息传播系统，采用科学管理方法充分利用传播系统资源，信息运动才会在系统中获得持续不断的能量支持，信息传播才能向深度和广度发展。

## 5.1 农业信息传播的形式和系统目标

### 5.1.1 农业信息传播的含义

从信息科学的角度看，传播是一个信息传递系统，在这个系统中对于信源发出的信息，需要经过编码转换排除噪声干扰，在信息的接收端还需要对信息解码、还原，才能被信息用户理解和使用。

信息传播是信息运动过程，通过传播将个人或一部分人的思想、观点传达给另外一些人；传播是一种信息共享活动，是传播者与受传者之间的信息交流和交换；传播是信息的扩散过程，少部分人的信息让大部分人知道；传播得以进行，传者与受者之间必须有共同的意义空间，利用双方共识的符号中介进行信息的传递；传播是在传播者与受传者之间存在知识差时进行的，因为信息的传播可以减少这种知识差。

农业信息传播是指农业信息产品从各级信息管理中心向广大农业信息用户传递、运动、散播和扩散的过程。农业信息产品以静态形式存在于各级农业信息中心的数据库时，它还没有实际发挥作用，其巨大的经济和社会价值还是潜在的。农业信息产品必须经过传播活动到达农业生产经营领域，被广大的农业信息用户使用，与其他生产要素相结合，才能推动农业经济增长和增加农民收入，信息价值才能得以体现。农业信息从静态到动态的形态转变过程、从点到面的地理空间散播过程就是农业信息传播。

### 5.1.2 农业信息传播的作用

（1）农业信息传播减少了信息发出方和接受方的知识差。

通过信息生产在农业信息服务中心汇集了大量的农业信息产品，蓄积了向农业生产经营者进行信息交流、扩散的势能，通过信息传播活动，农业信息用户增长了科学知识，改变了原来依靠传统、依靠经验的状态，减少了行动的盲目性，降低了农业经济活动的风险。

（2）农业信息传播的引导作用。

传播者作为传播活动的控制者对于传播内容、传播用户、传播方式的利用等具有明确的目的性，从当前来看，农业信息管理者组织信息活动的目的就是引导农业生产结构的转变，使农产品生产结构与市场上消费者对农产品需求结构相适应，通过信息活动引导生产、引导需求、创造需求，通过农产品生产、加工和服务为市场消费者创造更大的满足程度，增加农民的经济收入。

（3）农业信息传播使人更加有智慧。

农业信息传播的伟大作用还在其具有"借脑"功能。如果信息运动是一种经常、持续不断的活动，那么专门从事科学研究的信息创造者就会把他们的智力成果源源不断地输送给从事农业实践活动的生产者。农业生产经营活动者就具有对农产品市场更敏锐的观察能力、对农业资源与环境更广阔的感知能力、对动植物生长过程更精细的分辨能力、对农业灾害更准确的预见能力和更强大的防御能力，农民通过使用信息会大大提高学习和认知能力，决策更加明智，农业的可控性得到增强。

（4）农业信息传播是社会合作和进步的重要尺度。

农业信息传播是社会不同领域之间协调与合作的标志，是社会进步的重要尺度。信息传播是知识生产者与经济活动者之间的信息共享，传播通道是不同社会领域之间协调与合作的桥梁，是使社会专业化继续深入发展的基础，使知识的价值创造具备了现实基础，更好地促进经济和社会发展。

### 5.1.3 农业信息传播的特点

农业信息传播的特点是由农业的特殊性和农业信息用户的特殊性决定的。农业通过对动植物生命体的强化来取得产品，因此，农业信息需求与动植物生命周期和生物的生长环境有密切关系。农业信息用户主要是农民，农民居住的地理范围分散，经济支付能力有限，每个农户的经营规模受到资源数量的严格限制，在选择农业信息传播方式时，应充分体现经济适用性。

（1）农业信息传播内容的区域性特点。

农业生产受到自然生态环境的严格约束，我国幅员辽阔，不同地区的地形、地貌差异明显，光、热、水、土、气等自然环境条件不同，生长着不同的动植物产品，因此，不同地区有着不同的信息传播内容。目前国家对农业信息传播的财政支持不足，地方政府调动当地各部门人力、物力、财力支持农业信息传播的能力差别很大，造成农业信息传播方式在各地发展不平衡。农业信息传播要根据各地特点，鼓励创新，不搞"一刀切"。

（2）农业信息传播的季节性与周期性特征。

农作物生长的周期性决定了农民生产作业的间歇性，农民生产作业量与农作物的生长过程紧密相连，生物的生命过程一旦结束，农民的劳动也就可以停止了。在农作物的生命过程中，农作物播种和收获时期是农民两个最繁忙的时间段，作物生长的过程一般劳动作业量比较均衡。农业信息的传播服务必须与农民的作业时间相协调。农闲时间是最合适的信息素质培训期，播种时期农民需要的是良种、化肥等物资投入信息，作物生长时期主要需要养护、植保等科技信息，收获时期需要的是市场销售信息和农产品加工信息。不同时期对信息需要的内容和形式也不同，信息素质培训以集中讲课的方式更加有效，市场信息以广播、电视、互联网的发布更具有时效性，科技信息需要传播人员发放宣传资料或者到田间地头亲自指导，农产品加工需要参观、示范、试验等。

（3）农业信息传播效果的不确定性。

农业生产一般是在开放的自然环境下进行的，农业动植物生长发育时间漫长，可控因素和不可控因素交叠在一起，人为的和自然的因素协同发挥作用，农业信息传播的效果往往难以从农业经济活动的最终结果中分离出来，常常出现"同因异果"或"异因同果"现象。农业信息传播效果的不确定性使合理评价农业信息传播人员的工作业绩成为难题，需要研究适宜的激励机制，充分调动农业信息传播人员的积极性、主动性和创新精神。

### 5.1.4 农业信息传播形式

著名的传播学家麦克卢汉认为,"传播媒介决定并限制了人类进行联系与活动的规模和形式"。传播媒介是影响传播效果的重要因素,传播学把传播形式分为传统传播和互联网传播。农业信息传播应该以积极可行的态度,选择适宜的传播形式。

(1) 传统的农业信息传播方式。

传播学将传统传播分为四种形式:人的内向传播、人际传播、组织传播和大众传播。

人的内向传播是个人对外部事物感知得到的信息,如自言自语,触景生情,自我进行信息交流。人的内向传播与人的感知能力、理解和接受能力有关,体现出不同个体的信息素质,信息素质是教育、培训的结果。

人际传播利用人的表情、姿势、声音等为媒介,以人际关系为纽带。人际传播的优点是自由交流、双方互动,不需要特定的传播媒介,信息接受成本低,效果好。但是,其缺点是所能传播信息的数量和质量受传播者能力限制,在受众数量大、居住分散时,需要大量的传播者,耗费大量的传播时间,致使传播效率低,信息通报不及时。

组织传播是指某个组织凭借组织系统的力量所进行的、有领导有秩序有目的的信息传播活动。组织内的信息交流与传播是维系组织存在和发展的重要方式。因此,信息交流与传播是社会组织化过程中协调组织和个人交往关系的重要手段。

组织传播方式可以是口头的,包括个别的和同时面向许多人的,可以通过电话、广播等技术手段的;也包括书面的,最常见的载体有文件、命令、内部刊物、机关报等。组织传播主要是组织内的传播,也有组织之间和组织向外部的传播,组织传播有明确的组织边界。

组织传播的优点是传播效率高,传播力度大,有组织机构的控制和监督,使用一定的传播载体,可以对传播内容反复阅读理解,便于受传者对信息消化吸收,经济适用,传播效果好。缺点是互动性差,受传者自由度小。

大众传播一般具有职业化的信息传播机构,它们通过各类社会团体利用机械化、电子化的技术手段向不特定的多数人传送信息。主要的大众传播媒介有报纸、广播、电视、图书、期刊、电影、录音录像制品等,其中报纸、广播、电视通常被认为是主要的"传播媒介"。

大众传播的优点是使用特定的传播手段,传播技术先进,信息容量大,信息内容有专门人员控制把关,质量可靠、风险小,传播及时,效率高;缺点是传播对象不明确,一般性信息多、专业信息少且深度不够,应用效果差。作为主要传播媒介的报纸、广播、电视等，传播成本和接受成本适中。

（2）农业信息的网络传播。

互联网是围绕数字技术发展的新媒介，有研究者认为，多媒体、超文本、分组交换、同步传播和互动性是互联网传播的根本特性，因此，互联网被认为是综合传播媒介。

互联网传播的五个基本特征。一是诉诸感觉需要，多媒体文本大大满足了用户的各种感官需要，使媒介的满足需要功能突现出来；二是摆脱线形控制，超文本使读者从写作者的专制控制中解放出来；三是改变了传播拓扑结构，因而在一定程度上消解了传播控制力量，并动摇了大众传播中"守门人"的地位，甚至可能影响社会结构的变迁；四是多样选择性，即可以选择同步传播，也可以选择异步传播；五是互动性，传播更加体现双向和立体式的过程。

网络传播优点突出，信息数量庞大、多媒体的表达、互动性好、自由空间大、可反复感知便于理解等；其缺点也很明显，信息内容缺乏把关人控制，质量差异大，使用风险大，从经济性看，接受和使用成本高，需要较高的维护技术。

（3）农业信息传播方式的比较评价。

分析对象的选择：根据以上对传播方式的分析，选择人际传播、组织传播和网络传播3种方式展开对比，其中大众传播媒介多、差异大，只选取应用最为普遍的报纸、电视、广播3种为代表。共有6种传播方式参加比较。

分析指标的选择：以信息传播效果为中心，共选择了9项指标。从信息产品方面选择了质量、数量、及时性、准确性4项指标；从友好程度方面选择了不同表达方式的理解难易程度、互动性、技术要求3项指标；从经济性考虑选择了传播成本和接受成本2项指标。

综合评价得分：按照不同传播方式每项指标的差异程度，分为好、中、差程度不同的三档或者是与否两档，把这些指标总结归类，把结果中的好、中、差，分别记为1分、0.5分和0分，得到肯定的记为1分，否定的记为0分。

打分标准：组织农民和部分农业信息服务人员打分，对于意见分歧较大的本着合理性原则和少数服从多数的原则进行调整。其结果如表5.1所示。

表5.1　　　　　　　　　　不同传播方式比较评价

| | 人际传播 | 组织传播 | 大众传播 | | | 网络传播 |
| --- | --- | --- | --- | --- | --- | --- |
| | | | 报纸 | 电视 | 广播 | |
| 理解难易 | 容易* | 容易* | 不容易 | 容易* | 不容易 | 容易* |
| 互动性 | 双向* | 单向 | 单向 | 单向 | 单向 | 双向* |
| 技术要求 | 低* | 低* | 低* | 低* | 低* | 高 |
| 及时性 | 差 | 中 | 中 | 好* | 好* | 好* |

续表

|  | 人际传播 | 组织传播 | 大众传播 |  |  | 网络传播 |
|  |  |  | 报纸 | 电视 | 广播 |  |
| --- | --- | --- | --- | --- | --- | --- |
| 专业信息 | 少 | 多* | 少 | 少 | 少 | 多* |
| 质量差异 | 大 | 大 | 无* | 无* | 无* | 无* |
| 准确性 | 差 | 高* | 高* | 高* | 高* | 差 |
| 传播成本 | 高 | 中 | 中 | 高 | 低* | 低* |
| 接受成本 | 低* | 低* | 中 | 中 | 低* | 高 |
| 综合评价 | 4分 | 6分 | 4.5分 | 5.5分 | 6分 | 6分 |

注：由于指标表达"程度"的语言不同，计1分的选项右上角标记*。

从表5.1中可见，在对6种传播方式的综合评价中，组织传播、网络传播和广播得分最高，其次是电视＞报纸＞人际传播。这个评价结果与事先预期的结果有所区别，主要是没想到广播得分会超过电视。不过认真考虑也有道理，收音机便于携带，收听广播不收费，在田间地头农民可以边干农活边听广播，而看电视受到时间和地点限制，农村很多地方电视信号弱，收看中央电视台的农业频道必须要支付有线电视的月租费，到2010年年底农村有线电视入户率只有26.81%，因此，对于大部分农民从电视里得到的农业信息很有限。组织传播、网络传播和广播在农业信息传播中综合优势大，传播效率高、传播效果好，在开展农业信息传播工作中应该重点关注。

（4）农业信息传播方式的选择。

组织传播、网络传播和广播传播是首选的三种方式。组织传播的诸多优点提示我们，农业信息传播应充分利用现有的各种农业组织，借助现有组织的信息传播通道在组织内部传播农业信息，尤其是行业协会、合作社等。另外，还应该协同有关部门建立和发展有利于信息传播的各种组织，把农业信息传播与促进农业专业化、产业化和新农村建设紧密结合起来。

当前农村电视普及率已达到98%以上，电视传播图文并茂收视效果好，地方电视台可以根据当地农业特点和农时，多制作和播放适合当地农民需要的农业科教片、宣传片。在农村广播节目备受青睐，抓好广播电台节目制作，减少虚假广告等带来的信息风险，制作农业节目的精品栏目，多播放与农民生活息息相关的农业信息，促进农业科技电波入户。

农业信息的网络传播能充分利用现代信息技术，兼容了传播媒体的多种优点，能向用户提供大量丰富多彩的农业信息，保证信息的数量、质量、时效性，只要较少的专业人才就能完成，工作效率高，对信息产品的传播效果好。在农业信息服务系统内部各级管理服务组织内部的信息传递和向信息用户的信息发布使用网络传播最为合理。但是，在传播组织的最终节点向农业信息最终用户进行信息扩散时，网络传播的缺点成了信息普及的约束条件。网络传播的接收成本高、使用和维护技术要求高、信息来源缺乏"守门人"的把关，而农业信息用户经济收入低，支付能力差，受到信息素质的约束，对信息甄别、信息筛选与过滤的能力较差，难以解决信息的可信度问题。所以目前推广网络传播方式在农业信息用户存在较大困难。

由于人们通过多种方式感知外界信息，每一种传播方式往往对不同感官形成刺激，有些信息需要多种传播方式综合利用，利用多种表达方式、反复刺激，才能被用户彻底理解。不同的传播方式具有自身的优越性，不是哪一种综合评价高就会替代综合评价低的传播方式，因为这么多年以来，之所以新媒体不能完全取代传统媒体，而是新旧传播方式长期并存，就是人们在不同的条件下有不同的需要，每一种传播方式都有自身的特点。农业信息用户是一个地理分布十分广泛、居住分散、经济收入、文化水平、信息需求的种类和需求强度差异很大的用户群体，针对不同地区、不同文化水平、有不同信息需求的用户应该采取不同的传播方式。

## 5.1.5 农业信息传播子系统的目标

农业信息传播子系统的目标是农业信息管理者通过对系统要素资源的组织和控制，按照农业信息用户的特点和要求，选择适当的信息传播组合方式，建立稳定、畅通的农业信息运动通道，推广先进适用的信息传播模式，推进农业信息网络的延伸，加快信息进村入户步伐，最终形成多方参与、共同推进、合理分工、密切配合、运行高效、机制完善的农业信息传播系统，保证广大的农业信息最终用户在农业生产经营活动中及时、方便、经济地获得信息支持。

具体来说，第一，农业信息管理部门作为传播子系统的领导机构要具有强大的资源调动能力和组织指挥能力，发动和鼓励社会力量广泛参与，尤其是在组织机构上建立健全县级以下基层农业信息管理服务队伍和农村信息员队伍，分工明确、相互配合；第二，在管理体制上积极探索、勇于创新，形成有效的激励—约束机制，充分调动农业信息管理服务人员的积极性和创造性，提高信息传播工作效率；第三，争取来自社会各部门、各阶层的精神和物质支持，在国家财力有限、农民经济收入较低的现实情况下，形成国家公助、公益帮助、农民自助的"三助合一"模式，用市场经济理念引导和开发农业信息传播渠道的商业价值，为农业信息传播获得最广泛的社会支持；第四，以现代信息传播技术整合常规信息传播形式，以农业信息产品准确及时地传播到农业信息用户为目的，根据不同地区的经济、社会、文化特点，实现互联网传播与文献、电视、电话、广播、人际传播相结合,充分利用传统传播形式,多层次、多途径、全方位推进农业信息传播;第五,提高受众的信息意识,注重农业信息传播效果。

## 5.2 农业信息传播与农业技术推广的区别与联系

### 5.2.1 农业技术推广的背景

当前我国政府的农业信息传播组织主要有农业行政管理组织系统和农业技术推广组织系统。农业行政管理主要是对农业经济和农村事务管理,各级农业行政管理机构代表国家对农村、农业和农民进行管理,在宣传和执行农业与农村政策、法规时,传播了信息;农业技术推广组织是专门传播农业技术信息的农业公共信息服务系统。农业推广的历史由来已久。目前的农业推广体系是新中国成立以后国家为实现消除饥饿的目标,推广农业增产技术与国家对农业进行行政管理相结合的一种形式,其特点是:农业推广=行政+技术。1993年7月2日第八届全国人民代表大会常务委员会二次会议通过了《中华人民共和国农业技术推广法》,在其中定义了农业技术推广的内涵:"农业技术推广,是指通过试验、示范、培训、指导以及咨询服务等,把农业技术普及应用于农业生产产前、产中、产后全过程的活动。"该法将农业技术界定为"应用于种植业、林业、畜牧业、渔业的科研成果和实用技术"。尽管农业技术推广具有法律保障,但是,在体制改革过程中执行了错误的"断粮断奶"政策,加之传统的农业技术推广方式无法适应农村经济体制改革的要求,最终无法逃避"网破、线断、人散"的残局。农业信息传播要认真汲取农业技术推广的经验教训,适应农业经济社会变化的新形势,通过技术创新和组织创新使农业信息传播系统在新农村建设中充满活力。

### 5.2.2 农业技术推广的信息传递机制

传统的农业推广渠道比较固定,从上到下按照各级农业行政管理的模式设置各级农业推广站,主要通过科技示范、人员培训、发放技术资料等进行技术扩散。这种推广方式与当时的计划经济体制相适应,乡级以上有国家常设的农业技术推广机构,县乡向村级推广到村和生产队的技术员就可。推广的形式主要是开会,召集村农业技术员到公社(相当于现在的乡)或县去开会,带领他们集体参观新品种、新技术试验田,教导新的农业管理技术。这些基层技术员参加培训、接受技术的费用由村级和小队以劳动工分和补助的方式解决。技术员回来后就把新技术向村干部或小队干部汇报，由生产小队长直接决策，生产小队是集体劳动，技术员在劳动过程中把技术向其他的劳动者示范，从而使农业技术信息在生产中发挥了效能。由此可见，在计划经济体制下，红红火火的农业技术推广是靠下一级农业技术人员集中开会等形式向下级推广的，最基层的生产小队因为集体劳动，技术员在劳动中的言传身教起到了信息传播的作用。

在农村实行农户家庭经营之后，集体劳动的制度不复存在了，农民在自己承包的土地上劳动，劳动过程的分散使农业技术员一边自己劳动一边传播技术信息的传统推广方式不再可行。但此时国家并没有加大推广的力量，相反，减低了推广人员工资、取消其补助，让他们向农民"有偿推广"，其结果违背了农村公共品供给规律，农技推广人员纷纷离开原来的工作岗位，农技推广站形同虚设。

### 5.2.3 农业信息传播与农业技术推广的区别

（1）农业技术推广是农业科技信息传播的一种方式，其强调人为的强行推动，是单向力的运动。农业信息传播更加注重传播者与接收者之间的互动，以接受者感兴趣的方式，把感兴趣的内容传播到接受者那里，使得传播者更多地考虑信息接受者的特点，注重传播效果。

（2）农业推广的主要内容是农业技术信息，主要是对农业新品种、新耕作技术的扩散。前信息传播的内容更加广泛，农业环境资源信息、农业的科学技术信息、农业政策、法规信息、农产品市场营销信息、新的农业经营管理方式、农村社会与农民文化生活信息都是农业信息传播的内容。

（3）农业技术推广以"集中开会"为主要信息扩散形式，以"纸"和"人的语言、动作"为主要信息载体，主要依靠人际传播，适合计划经济时代的集体劳动；农业信息传播以网络为主要传播手段，信息载体可以是文字、图片、声音、电影等多种呈现形式，农民根据自己的需要可以点击任何网站，不受时间、地点、活动空间的限制。

（4）在农村经济体制改革中，对农业基础推广执行了错误的政策，减少了国家的财政支持，致使在技术信息供给、推广人才补充、试验和示范设施等方面难以为继；农业信息传播是国家建设社会主义新农村的重要举措，依靠国家主导和社会力量相结合，通过多部门合作和多种媒体综合运用，形成立体交叉、多重覆盖的传播体系。

### 5.2.4 农业信息传播与农业技术推广的联系

农业信息传播与农业技术推广有着直接的、密切的联系。它们的共同之处在于都是农业信息传播服务活动,都是为了提高农业生产的效率,提高农民的收入。从逻辑学上看,农业推广是农业信息传播内容的一部分,同时农业技术推广的经验又是做好农业信息传播的基础。

## 5.3 农业信息传播系统的要素分析

### 5.3.1 信息传播系统的五要素模型

传播学理论认为,信息传播是传者与受传者之间信息交流的动态过程。它是一个由多要素构成的复杂过程,这些要素相互联系、相互依赖、相互作用、有机配合,从而形成一个信息传播系统,在系统的作用下各种要素相互配合达到特定的目标。

传播学的创始人,传播学经验—功能学派先驱之一的哈罗德·拉斯韦尔(Harold Lasswell,1902~1977)在《传播的社会职能与结构》一文中提出了著名的"五 W 模式"。他认为:一个完整的信息传播过程是由五大要素组成的:传播主体——谁(Who)、传播内容——说了什么(Says What)、传播渠道(Through Which Channel)、传播对象——对谁(To Whom)和传播效果(With What Effect)。在此基础上还产生了对信息传播系统中"控制分析、内容分析、媒介分析、受众分析和效果分析"五大要素的研究(见图5.1)。

| 传播者 | → | 信息 | → | 媒介 | → | 受众 | → | 效果 |
| 控制分析 | | 内容分析 | | 媒介分析 | | 受众分析 | | 效果分析 |

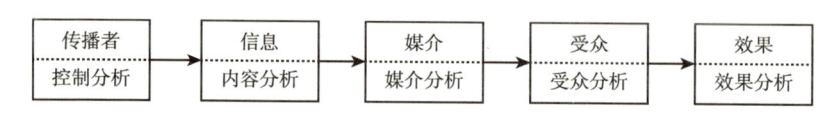

**图 5.1 拉斯韦尔单向传播模型**

### 5.3.2 传播子系统的五要素及其作用机制

与信息传播的五要素模型相对应,农业信息传播主体就是信息服务者,对信息传播活动起组织管理作用,即执行传播的控制功能;传播内容为具有一定意义的农业信息;农业信息传播系统中媒介分析分为信息载体和传播通道,即信息传播方式;农业信息的传播对象是农业信息用户,主要是农民、从事农产品市场流通和农产品加工的企业和个人;传播效果表现为农业信息用户对信息数量和质量的理解与接受。农业信息传播系统中五个要素的作用机制可以通过图 5.2 表示。

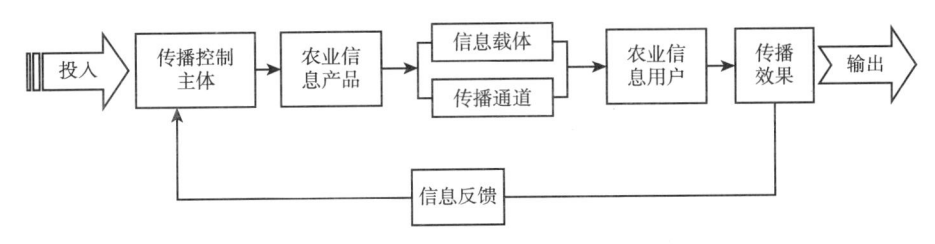

图 5.2　农业信息传播子系统运行机制模型

### 5.3.2.1　农业信息控制分析

农业信息服务系统的传播者也就是信息服务人员是农业信息传播的控制主体,对传播活动起主导作用,对信息传播的流速和流向起着把关人的作用。传者凭借信息占有量的优势,在信息传播中具有强势地位,因此,信息管理服务人员队伍的信息素质和传播积极性十分重要。

在农业信息传播实践中,县级以上农业信息服务人员的职能与县级以下有所不同。县级以上信息传播职能表现在两个方面:一是在农业信息管理与服务机构内部进行信息交流与共享,保证信息利用效率和信息使用安全;二是通过网站向外发布信息,直接为农业信息用户提供服务。县级以下农业信息传播队伍其主要职能是信息扩散和展示,他们的主要任务有三项:第一项是组织规模庞大的农村信息员队伍,发展壮大传播力量;第二项是面向农户的信息展示服务,他们服务对象的特殊性决定了展示方式的多样性,把抽象的、理论化的信息产品以通俗易懂的形式还原出来,便于农民理解和使用;第三项是及时了解农业信息用户的新需求并反馈传播效果。

当前存在的主要问题是县级以上农业信息传播队伍人员不足、知识结构不合理,复合型人才少,工作水平亟待提高。表 5.2 为河北省各地市、各县对农业信息管理服务人员的调查资料。

表 5.2　　　　　　信息管理服务人员对自身知识结构的认识

| 问项 | 所占比例(%) |
|---|---|
| 您接受过计算机技术培训吗? | |
| 1. 有 | 90.53 |
| 2. 没有 | 9.47 |
| 您需要补充下面哪些知识?(多选) | |
| 1. 农业技术知识 | 56.21 |
| 2. 计算机使用技术 | 74.56 |
| 3. 信息加工技术 | 84.02 |

计算机技术是农业信息服务人员必备的基本技能,因此信息服务部门比较重视信息服务人员的计算机技术培训,据统计接受过培训的人数达到90.53%。但是单纯的计算机技术知识培训,还难以满足广大信息服务人员的需要,信息管理服务人员对补充农业技术知识抱有强烈愿望,有84.02%的人选择了需要补充学习信息加工技术,74.56%的人选择了需要补充计算机使用技术,56.21%的人选择了需要补充农业技术知识。由此可见,农业信息管理与服务队伍中缺乏复合型高级技能人才。

县级以下农业信息传播人员严重不足,2004~2005年,笔者对河北省中部、南部、东部几个主要县(市)的乡镇和村进行的科研调查显示,除了农业信息服务先进典型之外,一般乡镇的农业信息服务人员往往是身兼数职,缺乏开展农业信息服务的物质条件,而且村级领导还不了解农业信息传播活动。

#### 5.3.2.2 农业信息传播内容分析

农业信息内容直接关系到传播系统的价值,当对信息传播系统投入了大量的物力和人力时,对信息内容的选择就显得十分重要。河北省藁城市是全国经济百强县,也是全国农业信息传播服务的典型。他们根据当地的种植养殖习惯、市场需要和资源与环境优势,信息服务的重点是选择了为数不多的优良农产品品种。通过对农业信息反复对比、科学分析,筛选出20多个农业新品种在全市示范推广,最终成为当地的当家品种,并且在网上提供农业信息一条龙服务,针对重点推广的品种在科技信息、国家政策、产供销数量与价格变化、产品加工技术、产品出口包装技术要求和出口厂商信息等提供全面跟踪与发布,为当地农民增收做出了贡献。藁城市农业信息中心向农民重点推介的"高筋优质小麦",与当地的优质麦协会合作建立了"藁城市优质专用小麦网",发布当地优质麦品种的种植信息和市场销售信息。通过互联网与天津大成、山东民天、廊坊廊雪等国内大型面粉加工企业建立了购销联系,当地的"黑马面粉加工厂"是专门加工优质小麦的企业,当地农民实现了优质专用小麦的订单生产。

该实例说明:第一,当地农业信息服务中心要充分利用信息能力强的优势,根据当地特色对信息传播内容进行筛选,筛选后的信息内容十分确定、精简、针对性强;第二,切实提高农民增收,内容十分完整。不仅仅是增加农产品产量的信息,而且充分考虑到市场风险,把农产品产前产后信息,以及加工、市场销售的信息,都完整地呈现给农民。

#### 5.3.2.3 农业信息载体和农业信息传播方式

信息载体是信息运动的物质承担者。著名的传播学家麦克卢汉认为,"传播媒介决定并限制了人类进行联系与活动的规模和形式"。因此,信息传播的速度和效果与信息载体密切有关。在传播发展的历史进程中，信息载体的演变经历了八个阶段，即"零载体"阶段、天然载体阶段、人工载体阶段、印刷性载体阶段、缩微载体阶段、音像载体阶段、封装型电子载体阶段和网络载体阶段。信息载体的演进不是以新载体的诞生和旧载体的消亡来完成的，每一种载体都有自己某些方面的特点，没有一个载体能够完全取代另一种载体。不同的载体之间是共同演进、共同生存、相互补充、彼此协调配合的关系。尽管新载体比旧载体在信息容量、传播速度、信息展示形式等方面有更多的优越性，但是同一种信息内容可以用多种不同的信息载体来表示。那么，农业信息传播的载体选择可以根据不同的经济条件和用户特征有多种替代方式。

在网络环境下农业信息载体以电子信息形式存储和传播，互联网技术带来了使用方便、交互性强、多媒体集中展示等其他载体无与伦比的优越性，但是，目前大部分农民还没有用上互联网，充分利用传统信息载体也可以达到信息传播的目的。

使用不同的信息传播媒介和传播方式经济成本也不同，带来的传播效果也不同，应该根据农民、农业及农村的特点，确立适当的媒介和传播方式。

#### 5.3.2.4 农业信息用户分析

农业信息用户是信息的接受者和使用者，主要包括从事农业生产经营活动的农民、农场、从事农产品运输与销售活动的企业或个人、农产品批发市场、农产品进出口商、农村经纪人、农产品加工企业、农业生产资料供应商等。从信息运动来看，农业信息到达了使用者那里，信息运动就到达了终点。但是，我们不能简单地把农业信息用户看做被动的信息接受者，农业信息用户在消费信息之前需要理解信息，具备"破译"信息的知识基础，这些知识基础主要通过教育和培训形成。农业信息用户是农业信息传播的参与者，首先，在目前各地农业信息传播的队伍中，农村信息员本身就是信息用户；其次，在农村实际生活中，信息用户接到信息后，往往与家人、亲戚或者邻居进行集体磋商和交流，增强对信息的认识与理解再决定是否实施。因此，农业信息用户对信息使用效果最有评价资格，信息用户的反馈对信息控制者调整信息传播内容、传播方式、改进工作方式有积极作用。

影响农民信息接受能力的因素主要有四种：第一，农业信息用户的文化素质。信息用户对信息的理解和接受也可看做一种传播形式，即内向传播。信息用户文化水平不同对信息的敏感程度往往不同，同样的信息对于具有高中文化程度的农民可能会很快掌握，在此基础上还会利用一定的信息通道自觉地获取进一步的信息。而小学文化水平以下的农民可能理解起来就很困难，使用效果不够显著。据国家统计局研究报告显示，2005年全国农村劳动力文盲率为6.9%，小学和初中文化程度的农村从业人员占 79.5%，高中以上文化程度所占比重仅为 13.7%。农村人口平均受教育年限为 7.7 年，仅相当于初中二年级的水平。2002 年资料显示，我国尚有 522 个县未实现"普九"，覆盖了占全国总人口 10% 的地区，部分西部地区小学适龄儿童入学率在 96% 以下，小学五年保留率最低的省份只有 64%。第二，农业信息用户的经济支付能力。大众传播都需要一定的信息载体或信息接收设备，而互联网传播的信息接收成本更高，所需要支付的费用也就更高。相对农民的收入来说，目前购买计算机和支付上网费用，还是相对过高。第三，农业信息用户现在拥有信息设备的状况。现在农村中电视、固定电话、手机、收音机的普及率很高，若能充分利用现有媒体和通信设备为农民提供信息服务，可为农民节省一大笔资金，并实现农业信息传播的初级形式。第四，农村人际传播的活动。通过观察农村的人际交往活动发现，人际交往活动种类主要有合作生产、商务活动、感情交流活动、娱乐活动。合作生产一般在家庭成员内部，有些家庭因缺乏劳动力和生产资料在本村或邻村亲戚朋友间合作；商务活动以购买农业生产资料、维修工器具、销售农产品、购买各种生活资料为目的，发生在本村或邻村的农资销售点、附近乡镇的集市、县城的商店、集市等；感情交流活动主要是本家族、亲戚、朋友、同学的各种交往；娱乐活动主要在农闲时节本村或邻村的朋友间进行。

农民的信息交流活动一般是在人际交往中伴随实现的，农村人际交往中有地缘关系、亲缘关系的活动特点。农业信息传播如果能搭上人际交往的便车，在农村人际交往的活动半径之内做好信息传播工作，人际传播就会延续互联网信息向农户的延伸（见图 5.3）。

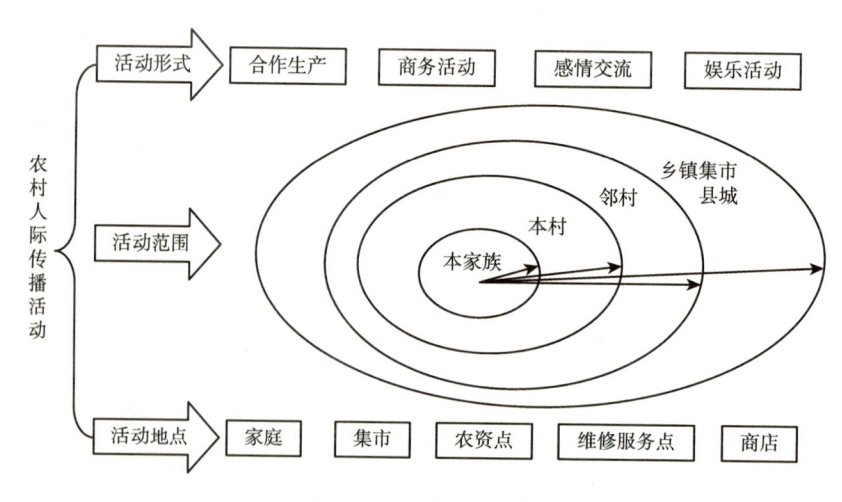

图 5.3　农村信息人际传播

#### 5.3.2.5 农业信息传播效果分析

（1）农业信息传播效果的含义。

农业信息传播效果是指经过一系列信息传播活动，一定数量和质量的农业信息被用户接受和吸收后，信息用户行为和精神的改变。它是信息控制者、信息内容、传播主体、传播方式和信息用户多种因素共同作用的结果。农业信息传播效果还与传播强度、信息表现方式等有关。信息反馈是信息效果的一种表现，信息用户对传播的信息有后续需求，有较强的感受和体会，或者对信息传播渠道有信任感，从而提出新的信息需求，这些都会成为信息用户效果反馈的动因。

通过科学方法测定和表现信息传播效果十分重要，农业信息传播控制者通过测定效果，分离出不同传播因素的影响作用，以期通过对敏感因素的控制达到预期的效果或者根据实际校正目标。农业信息传播的经济效果表现在信息传播的成本与应用信息取得经济效益的比较，而测定信息传播效果的具体数值有待进一步研究。

（2）信息传播效果表现形式。

农业信息传播效果主要表现为：①信息的接受性，也就是有多大范围的农民能得到所需要的信息，以及要传达的信息送达到农民手中的比例；②信息的通俗性，针对农民的文化层次，进行传达形式、传达载体的变换，使信息容易理解，降低传者与受者之间的层次感；③信息的简明性，同样一条信息，加工转换之后表现的比特量越小，信息传播的效率越高；④信息的趣味性，即信息对受众的吸引力，接受者感到愉悦就能更好地调动全部的身心；⑤媒体表现手段的适宜性，根据信息的价值、信息内容理解的难易程度，选择某一种或者几种媒介相结合的方式表达，有些信息还需要几种不同媒体反复表达，重复表达。

## 5.4 推进农业信息传播的实证分析

### 5.4.1 "最后一公里"问题的含义

农业信息传播的"最后一公里"，是指我国农业信息服务系统建设在政府投资的推动下，计算机网络自上而下的建设中，县级以上各级农业管理部门已经建成了农业信息服务网站，实现了互联互通，而计算机网络"进村入户"却难以推进，致使网上农业信息产品不能到达农业生产经营者手中，农业信息要素不能与其他要素直接结合，难以在农业经济实践中发挥作用，致使信息投资不能收到预期的效益，这种互联网传播农业信息的"断链"现象、网络信息在传播过程中的"悬空"现象,就是农业信息传播的"最后一公里"问题。简单地说,就是农业信息运动没有到达终点,农业信息传播到用户的目标未能实现。

通过前面对我国农业信息传播子系统分析可知,网络传播是农业信息传播技术中最先进、形式最新颖、综合性优势最强的传播方式,也是农业信息服务系统重点建设的信息传播通道。但是,目前只有国家、省、市、县四级建成了农业信息计算机网络传播系统,县级以下的乡、村、农户因为缺乏计算机设备无法实现网络传播向应用层的延展,农业信息阻滞在网络空间不能"落地生金"、发挥作用,造成农业信息资源的闲置和浪费。根据对农业信息传播子系统内部因素的分析,结合传播要素的实际状态,探讨网络信息向用户延伸的方法,是目前农业信息传播子系统面临的重要任务。因此,不仅从理论上分析农业信息向应用延伸的障碍因素,还要总结实践中先进地区解决"最后一公里"的典型经验,探索解决网络延伸或者信息运动的可行方法,这对提高农业信息的传播效果,最终解决"最后一公里"问题,有着重要的实践意义。

### 5.4.2 解决"最后一公里"问题的案例分析

#### 5.4.2.1 甘肃金塔模式

位于甘肃省河西走廊巴丹吉林沙漠的边缘,有个酒泉市金塔县,那里农业自然资源条件较好,但是工业基础薄弱,农民收入较低、工业基础落后。金塔县在2000年年底建成了"中国金塔经济信息网",在2001年3月开始研究和推广网络向农户的延伸,指导思想是"网络联乡村,信息进万家"。在一个比较闭塞的西部地区农民不可能买得起计算机,而信息向农民的送达已成为当务之急。他们在乡镇设简易微机室,在每个小学配备一台计算机,由小学教师管理微机的使用,在可供小学生使用的同时,负责网络信息的下载和传播。网络信息是由金塔县15个部门汇集加工的,以《经济信息导报》栏目在网上发布,要求小学教师组织下载、打印成纸的文件——信息小报,由小学生带给父母、邻居和本村村民,使每个农户都能免费得到来自网络的农业信息。同时小学生把农民对信息的新要求反馈回来,由县信息中心集中解决。

金塔模式信息传播特点可以概括为:

(1) 成本低。把网络的终点定位在乡村小学,配备一台计算机、一台打印机、一台速印机,一次性投资共1万元。日常下载的信息打印成小报,再把小报用速印机为本地农户每家印制1份,所需的经常性费用年均800元,全县需要10万元,这笔费用由县政府承担,列入政府的年度财政预算,经费得到了保障。

(2) 公益性。充分利用教师和学生社会觉悟高,愿意承担社会公益事业的积极性,教师和学生的下、印、传都是免费的,学生送报、教师下载信息、印刷小报都是在做公益性工作。同时，为信息传递提供的计算机可供教学使用，小学生也因此能受益。教师文化素质高，不用对信息传播人员进行计算机培训，减少了费用，简化了程序，农民得到的信息是免费的。

（3）信息以网络的形式从县直接到乡村小学，小学到村民。不通过任何行政环节，避免了各级行政部门的官僚主义，减少了交易费用，又能保证信息的时效性。

（4）全县多部门共建共享，"一网多用"，技术维护统一安排。金塔县的网络不是农业信息专业网站，而是金塔县15个部门和13个乡镇的公共信息平台，共有懂计算机和网络人才30名，负责网络维护、网站更新和宣传。包括聘用人员工资，设备更新费用，技术维护费用每年约10万元。尽管西部地区经济落后，由于集中力量全县只建设一个综合信息网站，从而保障了设备更新和网络的技术维护，保证了各部门、各乡村之间互联互通。

金塔模式最重要的特点是：以最低成本把信息送到农民的手里。在目前经济特别贫穷的落后地区的农村是一种简单可行的方法。

### 5.4.2.2 安徽模式

安徽省的农业信息服务特点是通过"乡镇信息张贴"、"电话信息咨询服务"进行的。

（1）乡镇信息张贴。

安徽省乡镇信息服务站开通率已超过了99%，要求乡镇信息员每天必须把从各农业信息网上收集到的与本乡有关的信息打印出来，张贴（或是用粉笔写）在政府的政务栏上，供农户查阅，同时还要将此信息张贴到与信息内容关系密切的村委会，这就是"乡镇信息张贴"。

（2）信息反馈。

信息的反馈也是通过乡镇信息员进行的。信息员每天必须将农民通过任何渠道反映上来的供求信息、寻求技术支持信息等张贴在各相关的农业信息网站上。

（3）电话信息咨询服务。

2003年12月安徽省农委和省电信公司密切合作，联合开发了安徽省"农技110"信息咨询服务网络。该网络组织了全省中级及以上职称的农业专家近3000名为信息咨询服务队伍，省内所有用户均可通过拨打96800110向专家进行咨询服务，较好地实现了全省电话联网信息服务。由此做到专家队伍大，信息内容全面，服务质量有保证。信息内容全面，包括种植业、畜牧业、渔业结构调整、技术推广、政策规定，以及种子、农药、化肥、饲料、兽药、农机等供应，农产品市场、农民负担、农村劳务等方面信息，咨询服务及时、准确、有效。人工信息咨询的制度完善，实行8小时坐诊、24小时答复。再是咨询费用低廉，96800注册用户每月只收 2 元钱，即可免费拨打"农技 110"信息咨询服务热线，96800 非注册用户拨打只收取 0.05 元/分钟加市话费，而且注册方式简单，通过打电话的方式就可实现。

#### 5.4.2.3 河北藁城模式

河北省藁城市位于华北平原，距河北省会石家庄 30 公里，是传统的农业大县。解决农业信息传播的服务手段可以归结为"三电一厅"。"三电"是指电脑、电视和电话，"一厅"指农业信息服务大厅。

（1）利用电脑搭建农业科技信息网络平台。藁城于 1999 年建立了藁城农业信息网，设有市场价格、企业之窗、供求热线、农业技术等栏目，围绕本地主导产业，为农业产业化生产基地、龙头企业和中介组织提供信息支持，还建立了优质麦、无公害蔬菜、特色农产品专题网页，免费为广大农民发布供求信息。

（2）利用电视开办农业科技专题节目。1997 年建立了藁城市农业制片中心，实施了电波入户工程，将农民最为关心的生产技术、市场动态、价格行情、供求信息等，通过搜集加工，制成电视专题节目，在本地电视台"藁城农业"栏目播放，每周首播两次，重播两次。制作了一大批农业新品种、设施农业管理技术、农业生产资料操作与保养、农产品储存与加工技术等实用技术片，引导当地农业结构转变，促进农业科技新知识的传播，促进了当地农民增收。

（3）快易通电话和专车服务 2002 年藁城市建立了农业"快易通"综合服务中心，投资 30 万元建立了智能电话查询系统，只要拨 96356 自动进入系统，实现直接拨号查询和语音提示查询，并可直接转入农业专家人工服务系统。农业"快易通"服务专车专门解决农业生产中出现的急需解决的问题，农业生产经营活动中若出现的问题，只要拨打电话，就可以像 110 治安报警电话一样，根据问题速带专家现场诊断。服务项目包括测土施肥、土壤水分测定、农业技术、病虫害防治等。

（4）利用"农业科技服务厅"建立展示多功能服务窗口。2004 年 3 月农业局将办公楼的一层两面临街的黄金位置整修，投资建成了 108 平方米的服务大厅。大厅的服务功能分为 7 个区：农业专家咨询台，每天 2 名专家值班专门提供咨询服务，大厅内有 3 台电脑 1 部电话，免费接待农民咨询；农技触摸屏查询计算机 2 台，安装包括粮棉油苹果等专家系统、农作物病虫害防治专家系统、农业"快易通"信息查询系统等系列查选软件，通过触摸的方式即可到所需的信息；名优特农产品展示区，设置站台、展架，展示农作物新品种和农用生产资料、名优特农业副产品；即时信息发布区，安装大屏幕显示设备，即时发布市场行情、供求信息、科技新闻，播放农技科教精彩片等；农技科教片放映区，一间放有电视、DVD 机和各种农业录像光碟的单独小套间，免费为农民播放农业科教片；

农业科技书刊阅览区，建立农业科技书架，设置阅览座椅，供农民免费查阅、摘抄资料，对于大家特别关心的、在当地重点推广的优质品种印制了简介材料，农民可免费带走；农业信息网络查询发布区，建立"农民网吧"，实现光纤接入因特网，免费接待前来查询和发布信息的农民。由于这些设备长期专供农民使用，农业科技人员服务态度好，大厅日平均接待农民30余次，我们去调查的当天，尽管下着小雨，服务大厅的农民仍然络绎不绝。

此外，藁城还利用当地报纸设农业信息专版，编印《藁城农业信息》、《藁城蔬菜基地价格》等刊物，及时向社会发放。向农民发放农业专家和技术人员的名片资料，农民有问题可以及时联系专家咨询。还利用大喇叭广播、在农村的大街上建立信息发布专栏、写黑板报等形式，把农业实用新技术集印成册或印成明白纸等形式，使农民及时获取所需要的信息。

2005年农业部把藁城"三电一厅"作为农业传播服务成功典型经验，向全国推广。

### 5.4.2.4 山东东营模式

（1）东营模式的背景。

山东省东营市是胜利油田所在地，人口180万，其中农业人口101万。2004年全市实现生产总值856亿元，经济发展水平在山东前列，综合经济实力在全国城市中排第37位。

山东省东营在2004年由科技局牵头在全市范围内建立起了"科技下乡"长效运行体系。组织建设初期，他们首先对全市40个乡镇30000个农户进行了调查。了解到初中以下文化程度的农民占76.3%，只有18.2%的农户可以及时阅读到农业科技报刊书籍，不到6%的农民在需要的时候能及时方便地找到技术人员，只有11%的农民接受过正规的农业技术培训。

（2）东营模式的农业信息传播组织体系。

2003年7月起，成立了"东营市农业科技信息协会"，以该组织为领导核心，向下发展科技信息使者和农民会员，并于2004年在全市组织实施。经过两年的时间，在全市形成了"以农业科技信息协会为载体，以百姓科技使者为纽带，以百名农业专家咨询系统为支撑，以广大农民会员为主体"的农业科技信息传播服务网络，简称"151工程"。

第一个"1"是指"一张新兴的科技信息传递网络"，采用"总部+使者+会员"的管理模式。总部负责各种传播媒体建设，协调政府、专家等各层之间的关系，业务上进行农业信息的采集、加工、整理和发布等工作；百姓科技使者主要选聘退休的乡村教师担任，主要任务是发放报纸、发展会员、进行会员管理，征集农民的信息需求且向上反映到总部。协会会员以农民为主，主要由农村中的种养大户、致富带头人组成。到 2004 年年底有农民会员加入协会的村庄覆盖了所在村庄的 80%。

中间的"5"是指 5 种信息传播手段的集成。①出版《山东农大报—百姓科技》专刊，按照农业节气定位发行日，按照农时、农艺由农业专家、农技人员和百姓撰写文章。②自办百姓科技服务网站，可实现对外发布农业信息、信息沟通、电子商务等信息活动。③百姓科技手机短信服务台和专家语音查询服务。④利用电视台和广播电台开办专栏节目，播出有代表性的农业技术和信息。⑤投资 60 万元，开通了"可视化远程专家咨询系统"。该系统有 1 个市级主站、1 个市科技局以及 5 个县区和 10 个协会分站共 17 个站点组成的视频网络。农民可到分站与专家进行可视互动的技术咨询。

后面的"1"是指建立了 1 个百名农业专家咨询系统。由高层、市级、基层专家组成，高层专家主要是提供决策与支持，市级专家提供咨询与培训，基层专家担任指导服务。既引进了外部人才智力，又能把对当地实际情况很熟悉的乡土人才纳入其中。与周围的农户形成紧密的联系，有利于技术扩散。

(3) 东营模式的特点。

东营模式的特点主要表现在七个方面：第一，资金来源采用政府支持与商业化运作相结合的方式，形成有自我造血功能的长效运行机制。对于基础性建设以政府的财政资金为基础，运行中积极开辟财源，充分利用信息传播覆盖面广的优势，开展为公司做广告业务，建立多元化资金投入机制，使信息传递能长期开展下去。第二，强调这是一项公益性活动的信息服务理念，充分利用退休教师文化素质高、愿意继续为社会做贡献的热情，让他们承担科技使者，免费向农民会员宣传、发放资料、了解农民的信息需求，形成信息反馈回路。第三，东营市科技局的核心领导作用。在政府的支持下，由东营市科技局为核心组织多部门参加的领导班子，便于协调分散在农业各行政部门的有关资源。第四，发展的百姓会员是农村的专业户和致富带头人，他们热心于信息传播、并能在信息传递中结合自己的致富经验，更容易得到农民的信任。第五，形成了独具特色的东营专家资源系统，尤其是把农业专家系统分成三个层次，把当地的乡土人才也纳入专家系统，有利于为农民致富提供较好的示范和指导，为农民提供最便捷、实效的技术服务。第六，组织层次少，没有行政级别，运行模式简单，运行成本低，效率高。第七，建立了责任机制，实行首问负责制、电话记录和处理意见等机制，对农民提出的问题有问必答，对农民作出的承诺坚决兑现。从而建立信息传播的威信，积累了信息传播渠道的信用无形资产。

### 5.4.2.5 黄骅模式

河北省黄骅县是计算机网络传播推进到农村的先进典型。他们利用农资销售点与农民接触多的优势，根据农民购买农用物资都要咨询科技知识、市场价格的特点，把农业信息传播与农资销售设在一处，对于农村农用物资销售点进行资格审查，再由农资点提出申请，签订信息服务合同的条件下，在农村农资销售点建立村级农业信息计算机网络服务站。由县农业局免费提供计算机一台，免费提供技术更新的维护，农用物资点支付网络费，保证农民方便、免费地使用计算机上网查询和信息发布，在农资点辟出专门服务区方便农民阅览资料，科技资料由政府提供。由于农民可以免费使用计算机获得农业信息，又能阅览农业科技资料，增加了农资点的客流量，带来了销售额的增加，因此农资点乐意为农民提供信息服务。这种农资点与农业信息传播服务的互利互生，成为河北省黄骅市农业信息服务的特点。由于他们把农业信息网络传播、农业技术推广与农资销售在同一地点实现，结合为一个服务整体，就称之为农业信息传播服务的"三位一体"模式。

### 5.4.3 几种成功模式的经验总结

近几年来，全国各地围绕着农业信息传播问题，以网络为依托，充分利用电脑、电视、电视、广播、文献等各类传播媒体，加快了网络延伸和信息进村入户的步伐。通过对以上5种不同信息传播模式的分析，可得出以下关于农业信息传播的宝贵经验：

（1）地方领导重视亲自抓，有利于协调资源。

农业信息传播不仅需要农业内部各部门和产前产后涉农部门的共同努力，还需要对宣传文化部门的各种信息传播渠道重新整合，有一个坚强有力的领导组织才能调动多部门资源，才能完成网络信息传播向农村推进的重要任务。如果由地方农业局牵头，作为一个行政部门，去协调其他部门的资源能力显然不够，这是违背社会规律的。在乡、村两级信息服务组织没有建设好的现实情况下，县农业信息服务中心是一个点，从这个点向四周扩散方圆几百里，涉及百万农民，因此需要强大的力量推动信息传播，这不是一个农业局的力量可以完成的，上述几种成功模式都是由各地的主管县（市）长亲自负责协调。

（2）地方财政倾力支持，为农业信息传播提供必要的物质手段。

农业信息传播需要必要的传播载体、传播渠道，需要固定的场所和大量的传播人员，农业信息传播是支持农业而不能向农民摊派，必须得到地方政府财政的倾力支持，才能为农业信息传播所必需的信息载体、信息技术、传播人员提供必要的服务手段。

（3）多种传播方式与互联网传播相配合。

农业信息从县向乡村推进的难度也就是由于网络传播断链，县级农业信息网络往往就成为终端，即使在经济较发达的东部省份也无法实现所有农户能上网的目标。农业信息传播必须务实、经济，立足农村现有的信息渠道，创新开通一些新的传播方式，例如，在组织传播的形式上搞些新的尝试，东营市的"151工程"就比较成功。

(4) 充分动员各种公益力量广泛参与，争取广泛的社会支持。

当前农村多种经营十分普遍，农产品流通和加工企业发展很快。农村的各种协会、合作组织和各种中介机构其宗旨是帮助会员解决各种技术问题、分析市场等，为农民提供信息交流的机会。农村的龙头企业、种养殖大户往往也有帮助周围乡亲致富的愿望。农村的农资站点、供销社、小卖部是农民经常光顾的地方，把他们作为农业信息传播的重要结点，利用他们原有的组织能力、传播渠道、影响力、方便的地点等，把宣传、组织动员工作做好，就能把涓涓细流汇成大河，做好农业信息向广大农民信息传递的接力工作。

(5) 利用农业信息传播的宣传功能，搞好商业化运作。

除了农业信息传播需要广泛的信息传播通道，大量的商家都想打开广阔的农村市场，向农民推销宣传他们的产品和服务。因此，农业信息传播通道具有潜在的商业价值。如果能找到适当的合作伙伴，以适当的合作形式，完全可以互利合作共同开发建设，加快农业信息传播通道建设的进度。上述的案例中与农业信息技术设备的开发合作、与通信公司的合作、与农村农资销售点的合作就是有力的证明。

## 5.5 本章小结

(1) 农业信息传播是农业信息向终端用户的信息扩散过程，是从静态到动态的状态转变过程，也是从点到面的地理空间扩散过程。农民的特点和农业的特性决定了农业信息传播具有其自身的传播特点。比较评价了网络传播和其他几种主要的信息传播方式，可以得到不同传播方式的综合评价序列。这个序列对于合理配置农业信息传播资源，形成最佳的传播组合有重要的参考价值。

(2) 农业信息传播系统的目标是根据可利用的传播资源和农业信息用户的特点，选择适当的传播组合方式，形成稳定、畅通的农业信息运动通道，推进信息传播延伸，早日实现信息进村入户，使广大农业信息用户在农业生产经营活动中及时、方便、经济地获得农业信息支持。

(3) 河北藁城的经验表明，县级农业信息中心应该根据当地资源特点，先行对信息筛选过滤，选择出适合当地特点的信息作为传播重点，从而大大减轻了传播负担，信息服务人员也能更好地利用自己的信息优势，帮助农民决策，能收到较好的传播效果。

（4）信息载体随时代不断进步；但是没有一种载体能完全替代另一种载体。以现代信息技术为主的信息传播载体与传统载体是共同存在、相互补充、彼此协调的关系，只要运用得当，传统载体也可以替代和补充新载体的功能。

（5）当前农民经济收入水平难以支付网络信息成本，因此需充分利用农村人际传播的规律，使信息有效进入农村人际交往半径之内，便能达到很好的传播效果。

（6）在对传播资源整合项目中，地方领导亲自抓有利于协调资源并能得到地方财政大力支持，为传播提供所必需的资金保障；网络与传统传播方式有机结合符合农村实际；广泛动员社会公益支持会收到意想不到的效果；农业信息传播通道具有潜在的商业价值。以上5条经验是对全国农业信息传播先进地区实践的总结。

# 第6章

# 农业信息施效子系统

农业信息产品通过各种传播方式到达用户后,被农业信息用户理解和接受,转化为农业信息用户的行动能力,才能成为经济生产过程的信息要素,并且与其他经济要素相结合,共同创造出新的生产力。信息施效就是信息实现其效用和价值,也是信息产品运动的最后环节。农业信息从生产子系统经过传播子系统最终到达施效子系统,被农业信息用户消费和使用,为使用者创造价值,从而达到信息运动的目的。农业信息施效子系统具有多要素、多层次的结构特征,农业信息在应用领域里转化、结合与创造是信息施效系统的重要功能。

由农业信息产品的特殊性可知,农业信息施效的结果不仅包括信息的经济效益,还包括广泛的社会效益和生态效益,如提高农民的信息素质、促进农村精神文明建设、采用新的农业生产方式减少环境污染物的排放等。农业信息用户除了农业生产经营领域中从事农业生产、流通和加工的微观经济单位,还有政府的农业行政管理单位、科研单位、教育部门等都是重要的农业信息用户。本章重点考察农业生产经营用户经济收入的增加,即农业信息施效的微观经济效果。

## 6.1 农业信息施效的含义

### 6.1.1 农业信息施效的概念

信息施效就是实施信息的效用。农业信息施效是指农业信息到达用户之后,与生产经营者、农业活动对象、其他生产条件共同作用的过程。它是多因素相互作用的系统,通过信息施效产生经济和社会效果,体现其价值,达到信息管理的目的。信息的"源"、"流"、"用"构成一个动态的、连续的信息系统的基本运动过程,理论界将其归纳为"S-C-U 规范"(Source, Current, Utility),信息施效就是信息的"用"这个环节,通过"用"才能实现其效用,达到信息运动的目的。研究农业信息施效是以农业信息的源和流为背景，围绕着信息应用来分析信息施效的作用机理和主要影响因素，找出解决信息施效有关问题的方法与措施。

## 6.1.2 农业信息施效的特性

（1）信息的转化性和效果的间接性。

农业信息施效首先表现为信息的消费行为，农业信息使用者对信息接收、理解，才能在具体生产经营活动中产生经济和社会效益，信息消费的效果间接地表现在用户所从事的各种经济活动所产生的效益当中。

信息的转化过程可以用布鲁克斯（Brooks）方程式表示：

$$K[S] + \Delta I = K[S + \Delta S]$$

$K[S]$代表信息消费者的知识结构，$\Delta I$代表接收到的信息量，$K[S+\Delta S]$代表接受到信息增量后产生的新的知识结构。

信息使用者要具有一定的信息素质，对信息产品 $\Delta I$ 进行占有、理解、分析、吸收和转化，经过这个过程使用者具备了新的信息知识结构，信息产品才能创造价值。

（2）信息的结合性和效果的综合性。

农业信息施效是农业信息通过作用于农业生产活动来完成的，与其他物质要素、服务要素等多因素产生结合作用。因此，在农业信息施效的产出中不易分离出农业信息要素的效果。

（3）信息的创造性。

农业信息被使用者接受就在于它的"新意"，农业信息用户接受到一种过去不曾知道的知识才能称其为信息。用户接受了信息，信息产品的形态消失，物质产品或者社会服务有了新的产出，信息使用者这种以新态度、新方式、新技术生产产品，就是信息价值创造的过程。

（4）信息作用的模糊性。

农业信息施效的过程不仅与信息产品的内容和质量有关，而且与信息服务者的服务质量、信息用户的信息素质、参与信息作用的生产条件都有重要的关系。即使同样的信息，不同的人使用效果也会不同，造成信息施效结果难以准确计量。

## 6.1.3 农业信息施效与农业信息效果的区别

农业信息施效和农业信息效果是两个紧密联系而又有重要区别的概念。它们的联系与区别主要表现在以下几个方面：

（1）农业信息施效是一个信息接收、转化、应用的动态过程，而农业信息效果是信息施效系统的产出结果，是一个静态概念。

（2）农业信息施效是多因素共同作用的系统，从多种影响因素中，寻找主要影响因素，并对主要因素进行有效干预和控制，优化系统产出。同时，农业信息效果也受到多种因素的共同影响，但是，作为产出结果只能对信息系统的下一个过程形成反馈，当期结果是不能改变的。

（3）对施效系统的研究着重于作用机制，对效果的研究主要是对结果的测定和计算。

（4）农业信息施效包括信息效果，而施效作为一个系统和过程比效果更加复杂。

## 6.2 农业信息施效子系统的运行过程、构成因素与作用机制

### 6.2.1 农业信息施效子系统的运行过程

农业信息施效是多因素、多环节的动态作用过程。信息施效的第一个阶段是信息的形式变换，它是指农业信息经过传播到达用户之后，需要一定的信息设备对传输信号接收转换，完成语法信息向语用信息的转换和还原，如果是人际传播一般则不需要专门的设备；第二个阶段是农业信息用户对信息吸收的过程，农业信息用户对于接收到的农业信息进行充分的认识、理解、消化、比较和总结，完成信息由外部因素转变为内部因素的过程；第三个阶段是农业信息的筛选阶段，农业信息用户要把信息内容、信息作用条件、可能产生的经济效益与自己的经济目标、具备的生产条件相对照，对个人应用信息的可行性、预期效益和风险进行估计和测算，最终决定信息的取舍；第四个阶段是信息决策支持过程，农业信息服务部门利用信息优势对农业信息用户决策中遇到的难题给予咨询和指导，帮助农业信息用户制定信息实施方案，减少信息应用风险；第五个阶段是信息施效的结果产出，是农业信息应用的最终结果；第六个阶段是效果信息反馈，在农业信息施效系统的运动中，还要把信息施效结果反馈给信息施效的控制者，即农业信息用户和信息管理服务部门，把结果与预定目标相对照，以利于指导下一个循环过程。

图6.1反映了农业信息施效的一般作用过程，虚线以下是农业信息用户施效因素的作用过程，虚线以上是用户得到农业信息服务机构信息咨询和决策支持的情况。

## 第6章　农业信息施效子系统

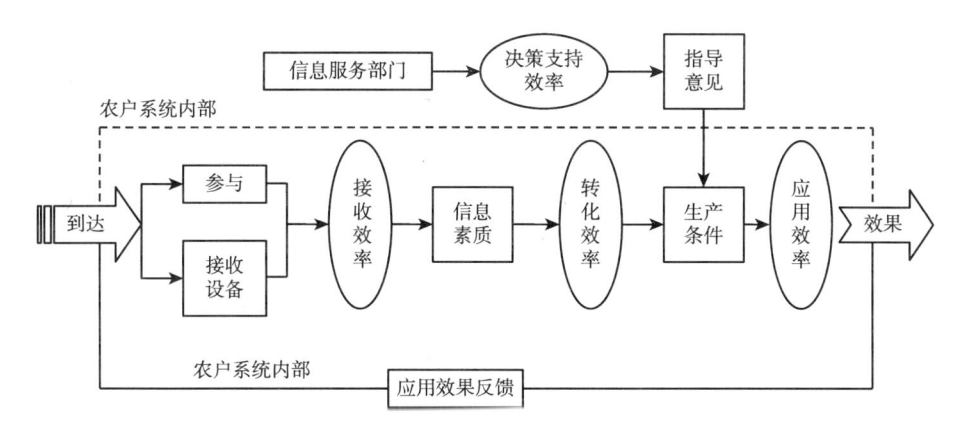

**图6.1　农业信息施效系统的运行过程**

从图6.1中可以看出，农业信息施效是施效系统的各种参与要素有秩序的互动过程，施效系统内部通过接收效率、转化效率、决策支持率和应用效率等"四个效率"，把农业信息施效系统要素有机结合在一起，综合反映了系统运动过程、系统要素和系统内部要素之间的互动机制。

### 6.2.2　农业信息施效子系统的要素与作用机制

#### 6.2.2.1　农业信息接收因素与信息接收效率

通过农业信息传播和发布，农业信息覆盖或者到达信息用户。但信息覆盖或到达用户并不是用户就拥有了信息，现代信息传播方式通常需要特定的信号接收和转换设备才能接收到信息。例如，电视传播的农业信息节目通过卫星发射的电波或者通过有线光缆接入农村居民家庭住宅，从传播者的角度电视信息已经传播到了终点。而农民家庭是否拥有电视机，缴纳有线电视使用费，才能收看到相应的频道和节目内容。在使用人际传播方式时，例如农业信息员召集农民开会，示范指导某种新品种的管理方法，但有人因某些原因未能参与，致使已经进村入户的到达信息没有被接收，在这里农民的参与就成为最重要的影响因素。由此可见，覆盖信息和到达信息经常需要用户使用一定的接收设备或者参加一定的信息接收活动，才能成为接收信息。接收信息所使用的接收设备与信息传播方式有关。人际传播、农村开会、大喇叭广播、科技信息小报、明白纸、农业信息中心的人工咨询等形式不需要农民为接收农业信息进行专门的物质设备投资，只要具有搜寻信息的愿望和搜寻信息的行为，积极参与就能接收到信息。而目前最广泛使用的信息传播通道，经常借助现代信息传播媒体进行信息的传递和转换，则必须使用专门的信息接收设备，像电视、电话、手机、电脑、收音机等。一般来说，接收设备越先进，接收信息的数量和质量越高，其成本也就越高。但如果缺乏信息接收设备，覆盖和到达信息也不能施效。

$$农业信息接收率 = 接收到的农业信息/覆盖农业信息 \times 100\%$$

或者：

$$农业信息接收率 = 参与接收到的农业信息/到达信息 \times 100\%$$

目前我国农村已经实现了一般信息传播方式的"村村通"，如广播电视、电话、手机、收音机等。前几年又实现了"村村通"公路，农村经济活动中物流、人流、信息流的速度大大加快，农业生产与市场的联系进一步加强，农产品商品化率明显提高。但是，"村村通"并不代表"户户通"，尤其与城市相比，农村居民的信息设备占有率明显不足。因此，提高农民的信息装备水平，提高农民的经济收入水平，对促进信息接收有重要作用。

影响农业信息接收参与率的因素既有农业信息传播方面的因素，也有与用户有关的因素。传播人员的态度、传播方式、信息的实用性都会影响信息交流与接受活动，信息用户对信息作用的认识和利用程度也会影响他们的参与热情，另外，信息传播前的社会宣传活动，也会对信息接收起重要作用。

农民为接收信息所拥有的信息接收设备的数量和水平，积极参与信息传递与接受活动的热情和参与行动，用户拥有报纸、杂志、书籍等信息载体的平均数量，是影响信息接收过程的第一个关口，也是促进信息施效的第一组控制因素。

#### 6.2.2.2 农民信息素质与信息转化效率

由于信息产品是人脑活动的产物，对于已经收到的农业信息，必须经过自身加工、转化，才能被理解、被接受。可见，信息的接收和接受是两个完全不同的概念，由信息"接收"到"接受"的转化与农业信息接收者的信息素质成正比。就农业信息用户个人来说，信息素质主要是教育培训的结果，除此之外，信息用户对信息的领悟和理解等因素，同样影响信息转化效率。

$$信息转化率 = 理解接受的信息/收到的农业信息 \times 100\%$$

提高农业信息用户的信息素质，就要提高农民教育水平，改革农村学校教育体制，重视职业中学的教学内容改革和教学方式改革，提高教学质量，培养更多能应用现代信息技术手段、掌握现代农业技术知识、懂经营管理的一代新型农业人才。国家通过"阳光工程"和"农广校"的远程教育，实施了对农村人口城市化就业培训与农业技术传播和推广，但仍需采用更多的形式，通过更多的渠道，让农民接触到更多的科学文化知识和农业信息，使农民的信息素质在生产使用中不断提高。

可见，在信息施效系统中农业信息用户的信息素质直接关系到信息转化，提高农民的文化知识水平，加强对农民的信息培训，做好农业信息的社会宣传工作，是我们控制信息施效的第二组要素。

#### 6.2.2.3 农民的信息决策与信息筛选

理解和接受的农业信息不一定都能得到应用，用户实际运用的信息是十分有限的，发挥作用的信息只是转化信息的一部分。一项新信息的运用，经常意味着一个新项目的投资，决策者必须对新项目的投资和取得的效用之间进行比较，对新的行动方案作出有说服力的定性及定量评价，才能决定方案的取舍。

农业信息决策中农业信息用户就是把信息生效所需要的条件与自己所具备的条件相匹配，根据自己的经验、知识对各种可使用的信息进行分析比较，经常还需要与亲朋好友进行讨论，听取多方面的意见，对信息进一步筛选和过滤决定取舍。

信息决策者与信息使用者的信息分析应用能力、决策环境、信息作用条件有关，构成了农业信息施效的第三组条件。

#### 6.2.2.4 信息决策服务与信息决策支持率

作为一个良好的农业信息服务系统的接受者，农业信息用户这时就可以把经过筛选的信息和自己所拥有的条件、实施目标、可以承受的风险等问题交给相应的信息管理服务中心，由专家帮助裁决。由于专家具有长期的工作经验，掌握一套科学的定性定量分析方法，对于有些问题还会进行专门的考察和实际调查，最后能够交给农业信息用户一个详细的信息实施方案，或者一个明确的决策结果。

目前，县城是农村和城市的结合部，是农村人进行交易、就医等活动的场所，尤其"村村通"公路之后，农民活动的范围扩大了，活动频率提高了，找专家咨询更加方便了，所以县级农业信息服务中心必然成为农业信息服务系统的重点建设机构。县级农业信息服务中心需要具有网络信息管理服务和直接为农民信息服务的双重职能。为了实现两个职能，必须解决好目前县级农业信息服务中心的人员数量、设备条件、资金数量不足的问题。在农业信息服务系统所涉及的各级各类农业信息服务机构中，政府的县级农业信息服务中心是任务最重要、责任最重大的农业信息服务机构，应该成为国家对农业支持的重点投资对象，大力支持县城农业信息服务所需要的人才、物质手段，把县级农业信息服务建设作为新农村建设的重要建设平台。

$$信息决策支持率 = 决策实施的信息 / 接受转化的信息 \times 100\%$$

直接为农民信息决策提供支持性服务的信息管理服务中心的数量和服务质量是提高农业信息实施效率的第四组应该控制的作用因素。

#### 6.2.2.5　农业信息施效条件与信息应用效率

经过决策农业信息进入具体应用阶段，信息应用条件直接关系信息效果。信息应用条件包括信息内容、信息施效所需要的物质条件、信息作用规模和风险出现的概率等，其结果表现为由效果、成本和净收益构成的信息应用效率。

不同内容的农业信息为农民带来的经济收入有所不同，在某种农产品市场供不应求时，提高产品产量的各种技术信息是帮助农民增收最有效的手段，在农产品市场已经处于饱和甚至过剩状态时，提高产量的信息就不能为农民带来经济效益，不可能产生好的结果。当前是我国农业结构调整的重要阶段，农产品质量信息、加工信息、特种或新品种信息、出口信息均能为农业信息带来更大的经济价值。

信息施效取决于所需物质条件的难易程度和成本。埃冈·纽伯格（1966）在研究信息效率时把经济系统划分为信息子系统和生产子系统，生产子系统包括一切产品及服务。在这里我们借助埃冈·纽伯格的划分方法，信息要素的施效需要生产子系统的要素参与，这些生产要素构成信息施效的条件。不同的信息需要生产子系统中不同的要素参与，每个地区、每个农户拥有和取得这些参与生产要素的难易程度不同，构成农业信息施效的成本条件的差别。如果某项信息施效需要多种生产因素参与，但农业信息用户又难以取得，这样信息效率就比较低，甚至不能生效。例如，某项农产品加工信息，该加工项目需要进口设备，需投资30万元，如果该设备进口难以顺利取得许可证，或者需要从银行贷款，但银行融资条件很苛刻，即使在市场上很有获利前景的加工项目也难以实现。

信息作用规模。信息的特点是不仅生产成本高，而且不易被使用者理解和接受。而一旦被使用者理解和接受，掌握了应用的知识和技巧，却并不随信息应用规模的扩大增加成本，反而能取得明显的规模经济收益。事实上，由于我国农民数量众多，土地资源有限，农户生产规模过小，造成农户对农业信息购买和接受成本相对过高，远远不能达到完全的规模经济收益，制约着农业信息施效。由此，在农业信息普及推广中，国家要特别重视降低农业信息的供给成本和农户掌握应用的成本，借助在农村已经形成的各种经济合作组织，通过组织化扩大信息的应用规模，提高农民的信息应用效果。

信息风险出现的概率。信息的价值在于"新"，"新"就是未被人使用过，或者使用者少，因此，任何一项新信息的实施都会带来一定的风险，若应用者经验不足，带来风险的可能性就更大。一类风险可能是信息本身造成的，如信息不完整、因时间而价值递减甚至时过境迁完全失去作用，甚至可能误导使用者；另一类风险是由农业信息用户对实施条件的控制不力造成的，应用中会出现的各种新情况，解决不及时便会造成严重的损失。

从经济学观点来看，农业信息用户应用农业信息所追求的是信息经济收入，它是应用信息产生的净收益：

$$净收益 = 信息实施总效益 - 信息实施成本 - 信息风险$$

对于农业信息管理者要考察不同种类的农业信息为用户带来的信息应用效率：

$$信息应用效率 = (信息实施总效益 - 信息实施成本 - 信息风险)/信息实施成本 \times 100\%$$
$$信息实施总效益 = 信息实施单位效率 \times 实施规模$$

因此，农业信息内容、农业信息作用的条件、信息施效规模、信息风险构成农业信息施效的第五组因素。

#### 6.2.2.6 农业信息效果的反馈

根据信息应用效果的测定和计算，把计算结果反馈给农业信息系统的管理者，管理者通过对整个施效过程的全面分析，以提高下一时期的信息应用效果。

来自农业信息微观用户的经济效果，应该由专门机构根据科学方法测算，经济效果信息必须直接来源于生产应用领域里来，使效果信息真实、可靠，避免由基层农业信息服务管理部门层层上报，可能产生虚报、夸大的问题。

## 6.3 网络入户的信息施效

### 6.3.1 网络入户的条件分析

农业信息施效的前提是信息到达应用领域，信息从信源经过信道到达信宿才能形成完整的信息流循环。在 2005 年 5 月笔者就河北省农业信息需求进行了问卷调查，调查结果显示，在河北省只有 5.5% 的农村有农业信息服务站，5.35% 的农户家庭有计算机，因此信息的"进村入户"仍然是农业信息化向纵深发展的难题，网络延伸的"最后一公里"问题成为阻碍农业信息施效的症结。

由于农户获取网络信息是有成本的，需要购买计算机、支付上网费用，搜索和鉴别信息需要花费一定的时间和精力，从经济学的观点来看这些支出"值得"时，农户才会作出投资决策。"值得"的判定就是进行价值估计的过程，从价值工程的观点来看，农业信息价值体现在信息的功能与成本的对比中。

价值工程计量关系式：

$$V = \frac{F}{C} \qquad (6-1)$$

$V$ 是产品的价值；$F$ 是产品的功能或者效用；$C$ 是实现产品功能的成本。

$V=1$ 是农民信息投资的底线，这一条件可以理解为盈亏平衡点，在这一点上假定农民的资金没有其他用途；事实上，必须考虑到农民信息化投资的机会成本，超越机会成本的投资才能使农民投资分布得到优化。

机会成本（Opportunity Cost）用 $OP$ 表示，农民信息投资优化的条件则是：$V > OP$。即当农业信息应用中取得的经济效果还没有达到使农民投资优化的条件时，农民对农业信息只有需求的愿望，而不会转化成信息投资行动。因此，提高农业信息投资的价值 $V$，成为农业信息施效的研究重点。

### 6.3.2 网络入户信息施效的影响因素

根据价值工程的科学管理方法，农业信息施效的价值分析应该沿着功能（用 $F_i$ 表示）和成本（用 $C_i$ 表示）两个维度展开。

#### 6.3.2.1 农业信息功能的影响因素

（1）农业信息的数量（$F_1$）。

农业信息的数量是指网络信息资源是否丰富。信息数量的计量不能简单用"条"或者占用存储空间来表示，信息的数量是符合一定质量要求的信息数目，符合一定的质量要求之后，信息越简明越好，越丰富越好。由于信息的搜寻是有成本的，无用的信息越多危害越大，因此信息的数量不能用其载体的大小来表示，也不能以外在的形式来衡量。这就要求信息服务部门应该根据农民需要组织信息供给，据我们对河北省农民信息需求调查显示，信息需求的优先序见表6.1。

表6.1　　　　　　　　农民信息需求优先序

| 优先序 | 信息项目 | 信息需求选择比例（%） |
|---|---|---|
| 1 | 农业科技信息 | 65.82 |
| 2 | 农业政策信息 | 63.29 |
| 3 | 农产品市场需求信息 | 49.37 |
| 4 | 气象与灾害预报信息 | 44.73 |
| 5 | 特种种植、养殖信息 | 37.97 |
| 6 | 农产品供求预测信息 | 35.44 |
| 7 | 医疗保健信息 | 29.11 |
| 8 | 农业生产资料信息 | 28.27 |
| 9 | 家庭生活信息 | 21.52 |

续表

| 优先序 | 信息项目 | 信息需求选择比例（%） |
|---|---|---|
| 10 | 职业技术培训信息 | 20.68 |
| 11 | 财经、金融信息 | 19.83 |
| 12 | 外出务工信息 | 16.46 |

(2) 农业信息的质量（$F_2$）。

信息的质量是指信息内容的完整性、时效性和成熟度。信息的完整性是指信息能否独立发挥作用，或者信息的发出者对信息的反馈有无后续服务，以保证信息施效的充分条件；时效性是信息的特性之一，信息的价值是时间的减函数，信息的价值随时间不断降低，且失效的信息还会误导使用者，其价值就成为负值；信息的成熟度是指信息的准确性，科技成果要反复验证，一项农业技术要经过实验室—试验田—大田试验过程。信息既要及时又要准确，风险小，不确定性小，信息的质量就高。

(3) 信息的可靠性（$F_3$）。

信息的可靠性是指信息应用中不确定性小、风险小。尽管信息可以减少行动的不确定性，但是信息是人对客观规律的认识与把握，受着人的认识能力的限制，会造成信息内容的不完备性。信息本身与风险同在，它构成信息特性的一部分；信息的风险也可能由信息施效条件的不完备造成，适于甲地的农业信息在乙地可能会出现不确定的结果。

(4) 信息的方向（$F_4$）。

信息的方向构成信息内容本身。农业信息的方向有两个约束条件：第一，信息与当地农业资源的适应性；第二，信息与市场需求的适应性。

农业是一个资源依赖型产业，土、水、气、光、热等要素与农业生物组成一个复杂的系统，具有地域性和不可复制性的特点。一定的地域条件有一个最佳的农业生物种类选择，不同的农业生物环境产出的农产品有着数量和质量的重要区别。这就要求在充分掌握农业资源信息的基础上，做好针对不同农业资源的综合农业区划工作，对主要农作物进行科学的地域安排、合理布局。

农民从事农业生产的直接目的是取得经济利益，不同农业品种和农业经济活动的不同环节其市场盈利空间不同。农业信息的价值需要通过信息为生产者带来的经济利益来体现。从当今农业发展的趋势来看，农产品流通和加工领域的盈利空间远远大于生产领域的盈利空间；稀、优、特产品的盈利空间大于大宗农产品；高质量的农产品盈利空间大于普通农产品。

农业信息的方向是由农业资源和农产品市场需求两方面因素决定的，它是使两个约束条件得到最大满足的最优组合。

(5) 农业信息产品容易被认识和实施的程度（$F_5$）。

农业信息效果具有间接性、后效性和不确定性的特点。因此，农业信息的价值不容易被直接观察到，对于不同的使用者其价值可能不同。对于很少接触农业信息的农户，对信息价值估计的难度更大一些。农业信息功能首先要被使用者认识和理解，信息才能作用于农业经济过程，体现其价值。农业信息产品的价值识别是由两方面决定的：一是信息使用者的信息素质，二是信息产品本身"易化"程度。

信息的价值是应用者信息素质的增函数，个人的信息素质越高，利用信息的能力就越强。信息素质是教育和培养的结果，因此，提高农民的信息素质，要从农村中小学教育抓起，提高教学质量，教学中重视现代信息技术的有关课程，在农村开展各种形式的继续教育和技术培训。

信息产品的"易化"是指容易被消费者认识和使用的程度。"易化"是信息产品生产出来之后经过后续加工的结果，就像物质产品要经过包装、营销、广告宣传一样，信息产品也要在生产出来之后为接近消费者、便于消费者的认识和使用再做进一步加工。由于信息的生产者一般是高知阶层的科技人员，在信息产品中可能包含大量的科技术语，作为农业信息使用者的农民信息素质较低，信息产品的"易化"、"熟化"就更加重要。事实证明，在市场经济条件下，寻求信息产品在不同阶段的商品化经营方式，是网络信息接近消费者的有效方式。

(6) 农业信息设备易使用的程度（$F_6$）。

信息设备易使用是指设备适合农民现在的操作水平，在使用中技术维护要求不高，例如，计算机操作简单化，运行中性能稳定，销售厂家提供良好的售后服务、详细的说明书、网上的技术指导等。就目前来看，从设计制造、技术维护和售后服务均不能达到要求。

### 6.3.2.2 农业信息成本的影响因素

(1) 农业信息的获取成本（$C_1$）。

获取农业信息所需要的各项费用主要有：设备价格，如计算机的价格；网络使用费用；所需要的有偿农业信息的价格。农业信息的获取成本区别于使用成本，获取成本是固定成本，而使用成本与信息应用规模成反比，探索农户生产基础上的规模化经营方式，做好区域性农业品种规划、流通及加工的社会化、组织化，可以有效地降低产品的使用成本。

(2) 搜寻农业信息难易的程度（$C_2$）。

信息的搜寻与查找是当前没有真正解决的问题，尽管有些搜索引擎功能十分强大，往往输入一个关键词会出现十几万甚至上百万条的搜索结果，但过量的信息缺乏层次感，使我们大有深陷信息海洋之苦，既浪费了时间，又带来查询的苦恼，因此需要专门开发适合农业特点和农民语言习惯的搜索引擎。

（3）设备维护所需的技术服务供给（$C_3$）。

当前，计算机网络仍然存在着安全性风险问题，病毒泛滥、盗版猖獗、程序设计上存在漏洞等。目前计算机网络的使用还需要专门的技术指导，相对于文化程度较低的农民，需要更为全面的技术服务。而农村计算机技术供给不足，需要培养大量的科技服务人才，向广大农村普及信息技术知识，为农民提供充分的设备维护所需的技术服务。

（4）使用农业信息的风险与损失（$C_4$）。

网络的虚拟环境增大了虚假信息乘虚而入的可能性，且虚假信息的误导对农业造成的损失大于其他行业。俗话说"人误地一时，地误人一年"，一旦被虚假信息坑害，就会对农民全年的收入造成重大损害。除此之外，信息本身的缺陷和使用条件不充分，都会使信息的施效大受影响。

综上所述，对于农业信息的价值计算可以用以下关系式表示：

$$V = \frac{F_1 + F_2 + F_3 + F_4 + F_5 + F_6}{C_1 + C_2 + C_3 + C_4} \tag{6-2}$$

当计算的 $V$ 值大于农业信息投资的机会成本时，农户对于农业信息设备的购买则为理性的决策。否则，根据经济学原理农民不应该进行该项投资。

## 6.3.3 网络入户信息施效的作用机制

农业信息施效是一个多因素组成的系统工程，各因素之间的关系沿着功能与成本两个方向可以不断地细化和分解。分析这些因素之间的互动关系，需要把这些因素按照内部逻辑关系有机地接合起来，我们便能更清楚地看到农业信息施效的整体和局部的相互关系。

通过农业信息施效系统分析（见图6.2）可以直观地看到决定农业信息效果的功能和成本两大区域，$F$ 是功能区的标志，$C$ 则说明该元素在成本区，下标数字的个数表示该元素所在的层次，数字表示所在的支系。它能帮助我们准确、明了地看出影响信息效果的因素相互之间的作用机制，而且农业信息施效系统的总目标是分层、逐级实现的。图6.2中从左到右是一个从抽象到具体、从目标到措施的递进过程，为了创造性地实现系统的目标，可以从任何一个环节打开作为目标改善的分析区域，一步步构想实现该目标是否有更加有效、更加新颖的替代手段。

为了提高农业信息的实施效果，在功能与成本的配合手段上，应该按照价值工程中提高价值的5种途径进行，在保证用户功能需求的基础上，创造性地提出解决方案。

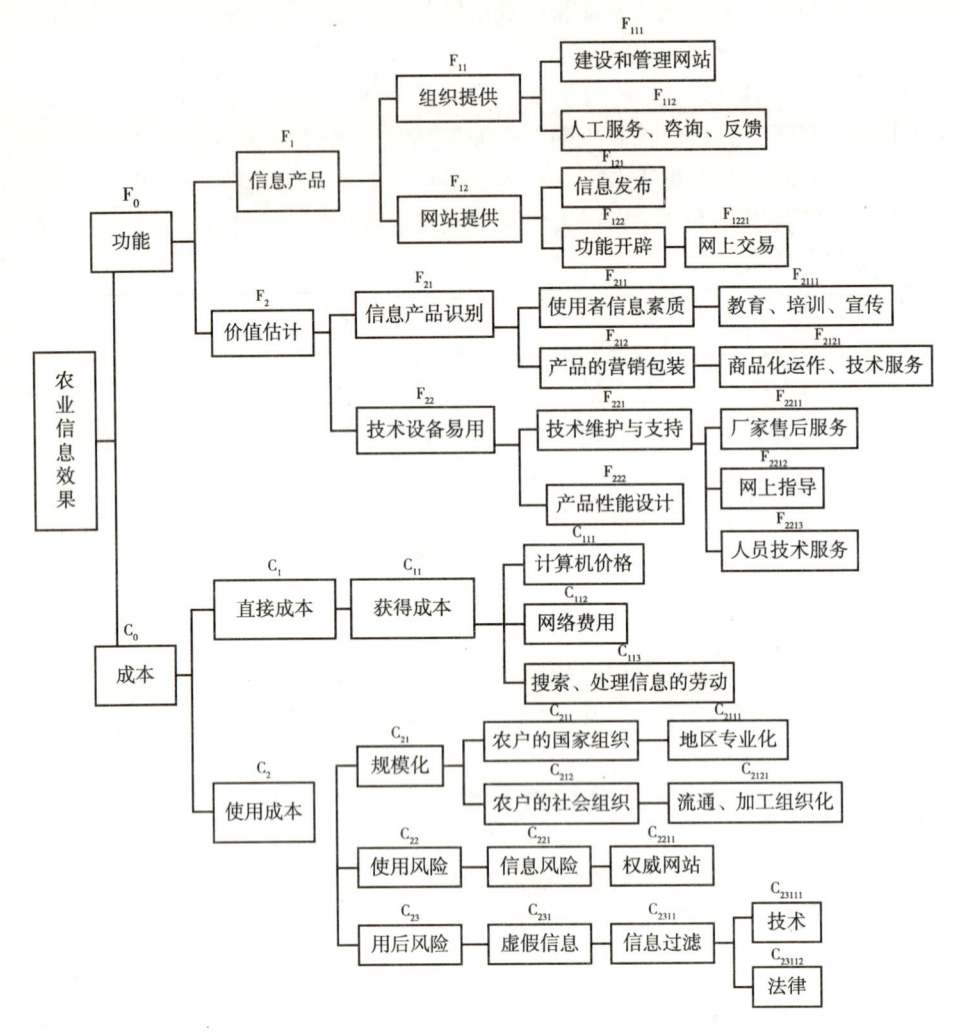

图 6.2 信息施效子系统因素分析与作用机制

对于创新方案的决策当然要经过定量评价、可行性论证和方案优选,具体的定量评价方法的选择和推理,有待今后进一步研究。如对于不同级别的各分支分别给出权数,依据科学方法测算出每一个 $F$ 和 $C$ 状态值,就可以构造出农业信息施效系统的定量评价模型。

### 6.3.4 网络入户的分析结论

利用价值工程的分析方法对农业信息施效进行的因素分析,使我们对影响农业信息施效的主要因素有了比较清楚地认识:提高农业信息的实施效果应该从效用和成本的配合上提出多种创新性构想。农业信息施效系统分析图对农业信息施效系统进行了比较全面、深入地描绘，它把农业信息效果作为施效系统的总目标，按照系统内各种因素的内在逻辑关系形成逐级实现的、分层次的目标体系。每一级都可以根据研究的需要被打开，按照更加科学的分析方式，增加新内容，这就为创造性的实现农业信息施效总目标提供了多种可行方案。另外，如果对于系统的因素给出状态值，对于不同级别的分支给出权数时，就可以推演出农业信息施效系统的定量评价模型。从目前的资料来看，对于农业信息效果的定量分析还是空白，进一步的研究势在必行，本书提出了一个可以量化的构想，对于农业信息效果的定量评价应该是有益的探讨。

## 6.4 本章小结

（1）农业信息施效是信息为使用者带来效益的过程，是一个动态概念，因此，它是一个多种因素影响的施效系统。农业信息效果是信息施效的结果，施效包括效果。

（2）农业信息施效的过程包括信息"转化"、"结合"、"创造"三个重要环节，是农业信息在应用领域里被信息用户转化、与其他生产要素结合、共同创造出新的生产力，是信息价值的实现过程。

（3）农业信息在施效系统内一般要经过接收、吸收、决策、决策支持、效果产出、结果反馈六个阶段。

（4）农业信息施效机制是通过接收（参与）效率、转化效率、决策支持效率、应用效率等"四个效率"实现的。

（5）通过对信息施效过程的深入分析，在六个主要阶段中总结出农业信息施效的五组控制因素。五组控制因素主要包括：农户的信息接收设备和参与积极性、对农民的教育培训、提高决策者的分析应用能力、社会提供更加优惠的融资、人才、技术转让等条件，解决土地转让方式扩大信息应用规模，商业保险公司的介入和国家为促进农业信息施效实行风险担保等，五组要素为促进施效提供了应用措施介入的有效作用点。

（6）以网络入户为切入点，应用"价值工程"的科学管理思想作为分析工具，从功能和成本两个方面分析了网络为农民带来的"价值"，得出了网络入户的条件、主要影响因素、影响功能和成本的各种因素的作用机制，得出促进网络信息施效的措施。

# 第7章

# 系统的动力机制与运行模式

通过对农业信息生产、传播、施效三个子系统的分析,完成了对农业信息服务系统结构的考察。本章进一步研究农业信息服务系统的动力机制和运行模式,解决系统建设必需的资金、人才和物质技术设备的来源,探讨系统要素的配置方式和管理体制。

## 7.1 农业信息服务系统建设动力的来源

### 7.1.1 农业信息服务系统动力机制的含义

农业信息服务系统的动力是指农业信息服务系统建设、运行和发展所需的资金、人力、技术和物资设备。农业信息服务系统的动力机制是指在系统总目标的作用下,农业信息服务系统的参与主体,为系统提供动力来源的过程中,系统各主体之间、主体与非主体要素之间相互联系、相互作用的规则、程序和制度。

### 7.1.2 农业信息服务系统的动力供给主体

由于农业在国民经济中的基础地位,农业信息服务系统动力基础十分深厚,建设主体十分广泛,主要包括10种主体,可归为四大类。10种主体主要有:中央政府、各级地方政府、农业行政管理部门、农业信息管理与服务机构、涉农部门、农业信息商品企业、社会公益组织和个人、农业中介组织、农业企业和农户。第一类,可以概括为政府主体,与各级政府有关的组织(包括以上提到的1-5种);第二类,市场主体(第6种);第三类,公益主体(第7~8种);第四类,用户主体(第9~10种)。

## 7.1.3 农业信息服务系统的动力来源

农业信息服务系统的建设主体对农业信息运动所期望的目标是形成主体行力的动机，是系统动力产生的原因。

（1）中央政府要行使对农业经济管理的职能。政府的重要经济职能之一是使国民经济各部门平衡发展。首先，农业产业的停滞和落后与国民经济快速发展不适应；其次，政府的社会管理职能要使社会上不同阶层、不同团体之间利益均衡，保持社会和谐和稳定。而农民收入过低是一种社会不安定因素，政府必然十分关注农民经济收入的提高；最后，政府有国家经济安全的职能，尤其是我国加入WTO之后，中国农产品市场面临着国外廉价农产品的市场竞争威胁，若想保护农产品市场安全，需为农业输入信息要素，提高我国农产品的市场竞争力。因此，政府建设农业信息服务系统责任重大、动机充分。

（2）各级地方政府除了具有与中央政府相同的部分职能以外，农业信息服务系统为地方农业发展注入科学、技术、市场信息要素，有利于增加地方财政收入，减少贫困人口，改变农业生产方式，提高环境质量，缓解就业压力。且地方农业经济发展状况是地方政府行政的重要政绩之一，利用先进技术改造传统产业是地方领导的管理创新，也有利于管理者本人的职位升迁。

（3）农业行政管理部门是系统建设的重要推动者，也是农业信息服务系统的重要用户。对农业信息管理与服务机构来说，农业信息服务系统是其直接的工作对象，是为之奋斗的事业，系统是否完善、能否高效运行直接反映了其工作成果，为追赶先进国家和地区，其工作动力十分充足。

（4）各级涉农部门与农业存在直接或间接的各种关系，其工作成果往往就是农业的产前、产中和产后服务产品，如农业科研部门、气象部门、教育部门等。它们在工作中积累了大量的农业信息，在农业生产过程、产品销售和加工过程中及时应用这些信息，才能充分体现涉农部门工作成果的价值。

（5）农业信息服务部门是系统建设的实施者，由于国家提供的建设资金与广大农户的信息需求之间存在很大缺口，因此此部门需沟通与社会上各部门之间的关系，进一步调动社会力量为系统做好提供物质技术基础、配备人才，建设信息网站等工作，形成上下贯通的各级信息服务组织系统，完成本部门、本地方的信息资源整合。对信息系统建设的下级机构提供技术咨询和业务指导，尤其在农业信息服务系统建设的初期，此部门是系统建设的开拓者和铺路人。

（6）系统建设的市场主体指提供信息商品的农业信息企业和农村经纪人。他们以盈利为目的，从事特定领域的信息搜寻、加工和信息商品营销活动，把社会上对农业信息需求转化为自己的利润。农业信息企业是农业信息市场上最活跃的信息生产、加工、扩散的主体,实践中它尽可能降低信息成本,减少投资,提高信息效率,满足不同用户的需求,使信息服务利润最大化。由于农业信息能为他们带来直接经济利益,他们是农业信息开发和利用中不可缺少的重要力量。

(7) 公益主体指社会公益组织和个人。社会公益组织和个人具有高尚的社会公德心,他们以善良、正义、同情心为行事原则,扶弱济贫,他们希望社会更和谐,不同阶层、不同行业的人共同分享经济增长成果,每个人都能过上幸福的生活。他们对农民这个社会弱势群体高度关注和深刻同情,在农业信息服务系统目标的感召下,为农业服务系统建设提供劳动、资金、知识、技术等。

(8) 农业中介组织是农民自发组织的自助性、互利性组织,主要由各种形式的农民合作社、行业协会或者社会团体组成。一般以本地生产同一农业品种的劳动者组成,目的是交流经验、互通信息,虽是每家分散经营,但在一定程度上同意让渡一部分自主权,分享组织形成的规模化收益。农业中介组织是农业信息服务系统的受益者,可以节省他们搜集和加工信息的成本,因此他们热心参与系统建设。

(9) 农业企业直接经营农产品生产、加工和运输,它们是农业信息的重要用户。农业企业和农户一样处在农业生产、流通、加工活动的第一线,主要是资金数量、规模大小区别于农户。农业企业一般拥有较雄厚的资金,在经营中与众多的农户相联系,信息意识强,更易于接受信息商品化服务。所不同的是企业一般有专门的部门用于信息搜寻和分析,甚至有一定的研究与开发能力,它们会积极主动地发出信息需求信号,能较好地利用各种信息渠道。通过近几年沿海地区农业信息服务系统建设的实践证明,它们很容易成为系统建设资金的重要补充力量,是系统建设的积极推动者。

(10) 农户是农业信息服务系统建设的服务重点。尽管农户有搜集和使用信息的积极性,但是在信息能力和经济条件的双重限制下,经常处于潜在的信息需求状态,需要加强宣传和刺激,增加他们接受教育和培训的机会,通过信息输入,增强经济支付能力,将会有效地提高他们的信息购买力。农户的信息需求一旦启动,将会使农业信息的生产和流通快速增长,信息由产品形态向商品形态迅速转化。

农业信息服务系统的动力来源如图 7.1 所示。

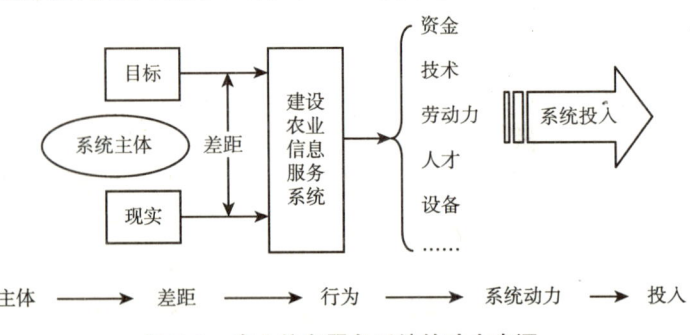

**图 7.1 农业信息服务系统的动力来源**

### 7.1.4 系统目标的统领作用是形成合力的基础

尽管农业信息服务系统是由多元主体组成的,但是系统建设的总目标对不同利益主体形成凝聚力。系统建设的总目标是使农业信息成为农业经济发展最重要的支持要素,达到促进农业结构调整,实现农业现代化,增加农民经济收入的目的。不同的利益主体在农业信息服务系统共同目标下,可以通过加强沟通与合作,充分利用各自所掌控的农业信息资源,形成功能分化、各司其职的利益共同体,使来自不同主体、有着不同大小、方向的分力,凝合成推动系统实现总目标的最大合力,促进系统的高效运行。

## 7.2 农业信息服务系统的运行模式

系统运行模式是指为系统提供动力的过程中系统主体之间的结合方式。农业信息作为农村公共品,确立了国家在建设和管理中的主导地位,然而,我国农村人口规模庞大,国家提供资金的能力有限,单纯依靠国家难以保证系统建设巨大的资源需要。随着我国市场经济体制的逐步完善,市场在资源配置中的基础性作用日益突出,而且各地方政府的财政状况和不同地区农户的经济实力存在较大差别,农业信息服务系统建设必须充分依靠科学管理和制度创新,走一条与国情相符合的道路。

### 7.2.1 政府推进模式

国家计划推进模式是指根据国家制定的农业信息服务系统建设规划,由中央政府和地方政府的行政管理机构,按照计划方案使用财政、人事、教育等部门提供信息服务系统建设所需要的各种人力、物力和财力资源,对系统进行统一建设和管理。实质上此模式是农业信息的国家供给制,由国家决定农业信息对农民需求的满足程度和满足方式,行政手段是农业信息服务系统管理的唯一手段。其作用机制如图 7.2 所示。

国家计划推进动力模式的优势在于国家可以运用所掌握的行政权力,短时间内集中大量的人力、物力、财力,保证系统建设所需的各种资源,建设速度快。国家计划推进的局限性也十分明显,行政管理手段往往缺乏弹性,容易造成资源浪费,难以满足社会多样化需求,信息服务质量没有保证、实用性差,虚假成分多,致使服务效果不理想。

图 7.2 国家计划推进模式

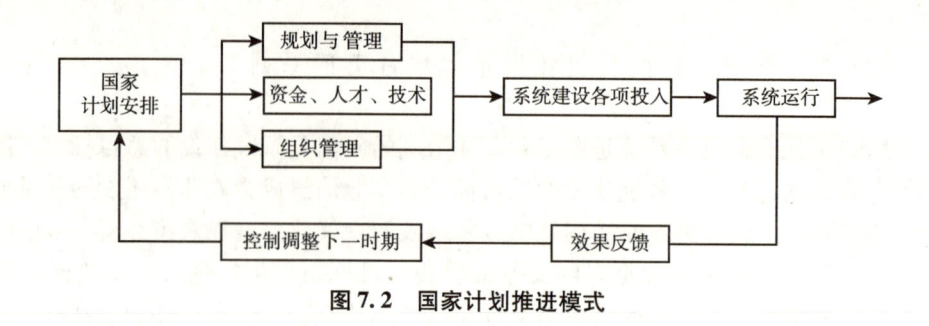

## 7.2.2 市场推进模式

供给和需求是市场上相互依赖的两个基本要素，根据两者力量的相对强弱，可以分为供给推动为主和需求拉动为主两种市场模式。

（1）供给推动模式。

农业信息企业以营利为目的，具有提供商品化农业信息的充足动力，农业信息企业会根据市场需要自觉组织信息的搜集、加工和营销活动。信息企业首先考虑的是利润，必然十分重视市场需求，销售方式灵活，有利于信息生产的经济效果。但是，农民收入低，农业生产经营规模小，虽然对信息需求强烈，但是支付意愿低、支付能力差，农业信息企业以利润为目标，不会投资开发那些周期长、见效慢、收益小或者具有较大外部性的农业信息项目，这就会造成信息使用上的不公平，农业信息服务系统建设速度过于缓慢（见图7.3）。

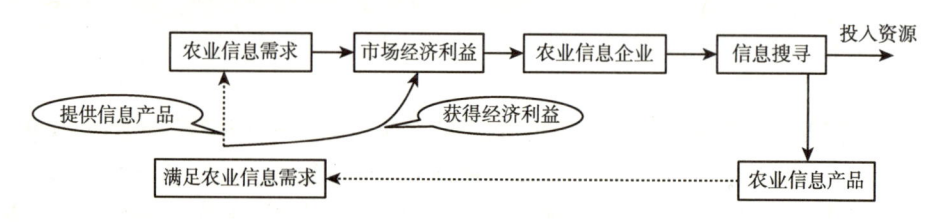

图 7.3 供给推动模式

（2）需求拉动模式。

需求拉动模式是指农业信息用户在外界压力和内在动力的作用下，为自身的生存和发展主动获取信息，或者用户对农业信息搜集、加工、传播和应用活动。在市场经济条件下，农民对于市场价格十分敏感，在20世纪90年代后期出现大宗农产品相继过剩之后，生产什么？到哪里出售？直接决定着农民的经济利益，有些农民或农业企业主动向农业信息的产生和储存部门提出要求，或者自主从事经验总结、科学研究和新产品开发活动（见图7.4）。

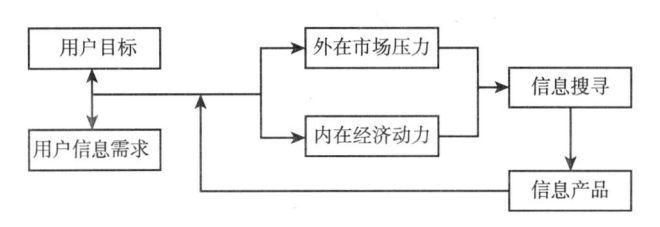

图 7.4 市场需求拉动模式

市场需求拉动模式是市场经济下发展信息市场的基础,在激烈的市场竞争下,农业企业和农户为了使自身的经济状况不断得到改善,越来越认识到农业信息是生产经营过程的支持性要素。但是从农业信息用户的实际情况来看,农业企业虽然资金相对比较雄厚,信息意识强,但是它们毕竟数量很少。对于一般农户由于经济力量弱、经营规模十分微小、文化素质差,尽管他们对农业信息需求有强烈的愿望,但他们自主搜集农业信息的能力不足,信息的搜集成本过高,信息需求得不到满足。因此,依靠农业信息用户的自主需求发展农业信息服务系统,不符合我国实际。

## 7.2.3 政府与市场相结合的混合动力模式

从前面分析可见,供给推动和需求拉动是系统的两种最基本的动力。当需求拉动作为系统的主要动力来源时,当需要微观经济主体具有强大的经济支付能力,具有对这些需求进行集中和整合的社会组织系统,我国农村现阶段并不具备这些条件。当供给推动作为系统的主要动力来源时,又分为政府的计划供给模式和信息企业市场供给模式,它们各有自己的优势和局限性,适合于不同的社会体制、经济技术基础。按照国家计划由政府给予农业信息体系建设强有力的外部推动,能够在短时期内集中优势资源完成特定的任务。可是,往往不能保证资源的使用效率和系统产出的效果;市场推动模式更强调了农业微观经济主体的需求意愿和支付能力,市场推动的微观基础牢固,对信息需求的不同情况具有创造性强、适应性强的特点,这是一种引导式的、逐步的信息服务系统发育过程。但是,市场以需求为基础,不仅速度慢,而且市场推动模式信息企业以经济利益为唯一的选择标准,会以牺牲农业信息产品使用的公平为代价,经济实力强的地区和经济条件好的农户会优先使用,而那些经济落后地区和经济能力差的农户农业信息需求得不到满足,这必然会造成信息使用结果的"马太效应",这是我们不希望看到的结果。事实表明,经济能力差的省份和地区正是农业的主产区,大量经济收入很低的农民集中分布在这里,如我国的中、西部地区。增强我国农业的产出能力,提高低收入人群的经济收入水平,正是农业信息系统建设的目的。因此，在各地区农业信息服务系统管理中，根据不同地区的实际情况，选择政府与市场有效结合的不同形式，为政府计划推进与市场主体推进相结合的模式进行制度创新留下了广阔的空间。探索形成适合本地区的、把各个不同的主体的积极性调动起来，以形成共同合力的各种模式，成为适合我国国情的现实选择。

假定政府与市场两种动力供给结合模式用 AB 线段表示，线段的两端 A 表示只有政府一种动力的模式，B 表示只有市场一种动力的模式，AB 线段之间代表了具有政府与市场结合的所有方式，那么政府供给动力和市场供给动力的特性是一个沿着线段的一端向另一端不断变化的过程，AB 两种模式的特性在线段上均匀分布，我们可以称之为政府与市场结合的光谱模型（见图 7.5）。

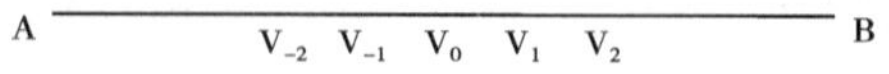

A ——————— $V_{-2}$ $V_{-1}$ $V_0$ $V_1$ $V_2$ ——————— B

**图 7.5　政府与市场结合的光谱模型**

线段的中点 $V_0$ 假定为政府与市场的动力提供各占一半的制度，$V_1$ 和 $V_{-1}$ 分别表示另一种与 $V_0$ 可区别的政府与市场的结合方式，以此类推，线段上均匀地分布着 N 种政府与市场结合的不同动力模式，每一种都对应着一种制度选择。以 $V_0$ 为基点，线段的左半部分表示政府主导的各种制度选择，线段的右半部分表示市场为主导的各种制度选择。之所以这样区分是因为决定制度选择的主要因素也具有均匀分布的数量特征，不同地区政府的财政实力呈现连续的变化特征，他们能够用于对农业信息服务系统建设的资金支持是由政府的财力决定的；在农民收入较低的情况下，同一地区的农民也有比较明显的经济收入差别，假定这种收入差别也是连续性变化的。因此，不同地区应该有不同的制度选择，不同经济收入的农民在政府与市场相结合的模式中，总能找到自己所需要的农业信息服务方式。显然，如果缺乏信息支付能力，所得到的农业信息可能只是政府提供的那部分，且政府面对本地区所有农户只能提供共性较强的信息产品；如果付出一定的价格，就会从信息企业的市场供给中得到较多的农业信息商品，信息需求得到较大满足。

## 7.2.4　不同模式分析与比较

表 7.1 表明，政府推进式以政府为建设主体，由于政府是社会资源最大的垄断者，它可以利用手中的权力在较短的时间内调集大量的资金、人才和技术，全面推动系统建设。但是，政府是由不同级别的官僚构成的，不同级别的行政组织之间的层层委托代理关系，往往会出现相互推诿、责任不清、考核困难、监督不力的情况，导致管理效率低下，系统建设成本过高。在市场推进的两种模式下，供给推动和需求拉动是相互依存、相互影响的，不同之处在于哪种力量处于主导地位，市场表现更主动。供给推动的条件是信息商品市场具有巨大的获利空间，

当信息企业凭借其资金、技术和市场优势，把农业信息作为商品来经营时，能获得足够的经济利益，利益是信息企业从事信息商品活动的起点和终点。其结果是那些不能带来盈利的信息商品不会出现在市场上，包括给农民带来巨大收益的信息，而信息产品的特殊性恰恰在于共享性；市场上商品分配又是依据经济支付能力为规则，那些贫穷落后的农户也被排除在外，造成新的"信息鸿沟"。需求拉动式是以农业信息用户为市场主导，自行组织起来搜寻信息的行为，好处是农民最了解自己的需求，不会造成资源浪费，但是，当采用集中购买方式时，由于农业分散经营的特性，需要农村形成相应的经济组织为条件，做到规模化使用；若只面对单个农户，使信息搜寻就很不经济，结果是需求被抑制，需求拉动难以成为信息市场的重要力量，依靠市场需求拉动会延缓农业信息服务系统的速度。混合动力式综合以上三种模式的特点，而且根据结合的光谱模型来看，有多种可供选择的结合方式。因此需要根据各地实际情况，探索有效整合复杂要素的管理体制，降低结合成本。

表 7.1　　　　　　　　农业信息服务系统运行模式比较

| 模式 | | 主体 | 动力来源 | 优点 | 缺点 |
|---|---|---|---|---|---|
| 政府推进式 | | 国家—政府 | 经济和社会利益 | 速度快、规模大、结果公平 | 成本高、效益差、品种不足、易产生官僚主义 |
| 市场驱动 | 供给推动 | 信息企业 | 企业利益 | 效率高、成本低 | 数量不足、信息鸿沟 |
| | 需求拉动 | 农业企业和农户 | 用户利益 | 适用性强、资源节约 | 不能形成规模需求 |
| 混合动力式 | | 政府、市场、公益、用户 | 混合利益 | 动力多元化、总体力量大 | 结合难度大 |

结合国外经验和我国实际，我们应该选择混合动力的推动模式，由国家主导联合社会多种力量共同推动，这样可以较快地集中社会资源，加快农业信息服务系统建设的步伐。

## 7.3　政府主导多主体联合推动模式

### 7.3.1　政府主导的理论基础

#### 7.3.1.1　农业信息的公共产品性质
（1）公共产品的定义。
按照萨缪尔森的定义，公共产品就是所有成员集体享用的集体消费品，社会全体成员可以同时享用该产品；而每个人对该产品的消费都不会减少其他社会成员对该产品的消费。或者说"公共产品是这样一些产品，无论每个人是否愿意购买它们，它们带来的好处不可分割的散布到整个社区里"。该定义揭示了公共产品所具有的消费中非排他性（Nonexclusive）和非竞争性（Nonrival）两大特征。

（2）公共产品的两个主要特性。

非排他性是指产品一旦被提供出来，就不能排除任何人对它不付代价的消费。北京大学黄恒学认为非排他性包含三层含义，任何人都不可能不让别人消费它，即使有些人有心独占对它的消费，但是或者在技术上是不可行的，或者在技术上可行但成本却过高，因而是不值得的；任何人自己都不得不消费它，即使有些人可能不情愿，但却无法对它加以拒绝；任何人都可以恰好消费相同的数量。非竞争性是指一旦公共产品被提供，增加一个人的消费不会减少其他任何消费者的收益；也不会增加社会成本，其新增加消费者使用该产品的边际成本为零。

（3）公共产品的其他特点。

除了公共产品所具备的这两个基本特征以外，公共产品还具有其他几个方面的特征：①生产具有不可分性，即要么向集体内所有的人提供，要么不向任何人提供。②规模效益大。规模经济往往是公共产品产生的一个重要的原因。③初始投资特别大，而随后所需的经营资本额却较小。④生产具有自然垄断性。⑤对消费者收费不易，或者收费本身所需成本过高。⑥其消费具有社会文化价值。

由于这些特征往往并不是同时出现的，只是具备这些特征的一部分，因此对于公共产品有不同的分类。表7.2根据公共产品定义中有关的两个基本特征来区分。

表7.2　　　　　　　　　　　公共产品的分类

| 竞争性 | 排他性 | | |
|---|---|---|---|
| | | 有 | 无 |
| | 有 | [1] 私人产品 | [2] 公共资源 |
| | 无 | [3] 俱乐部产品 | [4] 纯公共产品 |

除了第一类是私人产品外，其他三类都是公共产品。第四类同时具备两个基本特征叫做纯公共产品，第二、第三类叫做准公共产品，它们或者在消费上具有非竞争性，但是可以比较容易排他的俱乐部产品，或者在消费上具有竞争性，但是却无法有效排他的公共资源。

#### 7.3.1.2 政府提供公共品的理论依据

由于准公共产品具有利益的外溢性，在市场机制下由私人提供就会供应不足,从而带来效率损失。

如图 7.6 所示,图中的 $dd$ 为准公共产品的私人边际效用曲线,$DD$ 为社会边际效益曲线,它们之间的垂直距离是该产品的外部效益。供给曲线(边际成本曲线)为 $SS$,符合效率准则的产出水平应该是 $Q_0$,但是在市场机制下,私人购买该产品是按照个人收益最大化原则行事,使得市场的最大产出水平是 $Q_1$,($Q_0 - Q_1$)就是准公共产品的外部经济性所导致的市场供给不足的数量。因此,政府应该采取诸如由政府生产、生产补贴等措施,使产品的供应量达到 $Q_0$ 的水平。这就是准公共产品生产政府干预的理论依据。

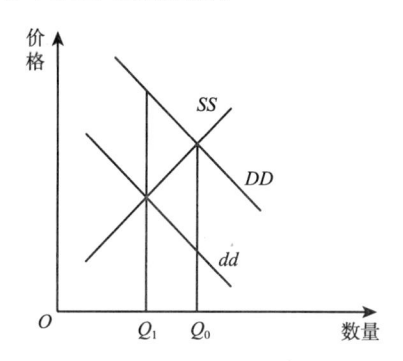

图 7.6 公共产品市场供给不足的理论依据

## 7.3.2 农业信息服务的市场化发展趋势

根据对我国动力机制模式选择的论证,并且引用公共产品理论的分析,充分证明了政府在农业信息服务系统建设中是首当其冲的开路先锋,政府必须首先提供农业信息供给的平台,农业信息系统的其他主体才能更好地发挥作用。但是,仅仅依靠中央政府的力量是不够的,中央政府必须联合各级地方政府、市场主体、社会上多主体,形成共同推动的作用力才能把农业信息传输通道贯穿到千家万户。

(1) 信息需求的多样性是农业信息商品化的客观基础。

政府提供公共品是以人们最普遍的使用为最高原则,因此,政府在供给农业信息公共品时,是以农民对信息产品的需求一致性为假定前提的。其实,农民对信息产品的需求与对其他产品的需求一样,具有多样化、个性化的特点。决定农业信息需求多样性因素主要是由农民的信息素质的差异、农民经济收入水平的差异、农业生产条件的差异等。

信息素质的差异性决定了对信息价值评价的差异,信息素质越高或者更确切地说,信息能力强的那些人,应用信息对其带来的效用就高,因此,同样的一条信息，对于信息素质高的人它的价值就大，对于农业信息素质低的人它的价值就小。对信息价值评价的差异正是消费者愿意为信息产品支付价格的差异。信息素质高的用户由于使用信息能给他带来较大的经济利益，所以他们认为支付较高的价格也是值得的；对于信息素质较低的那部分用户，因为信息为他们带来的经济利益小，出价就较低。对于这种情况可以用图 7.7 表示。

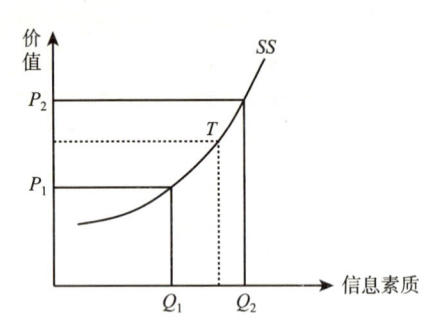

**图 7.7　信息素质与农业信息产品价值评价的关系**

面对信息素质较低的用户，同样的信息输入，所产生的效用较小，他对信息价值的评价较低，认为信息应该在 $P_1$ 的价格下供给，$P_1$ 是他们愿意付出的价格水平。SS 表示市场供给曲线，在 $P_1$ 价格水平下农业信息的生产厂商愿意提供的信息数量是 $Q_1$；对于信息素质较高的那部分用户，对信息的价值评价为 $P_2$，这是他们愿意为信息付出的价格，$P_2$ 价格下市场供给的信息数量为 $Q_2$。社会的公共产品供给投资不会以最低需求意愿的那部分人愿意支付的代价为核算标准 ($P_1 \times Q_1$)，也不会以最高需求意愿的人愿意支付的代价为标准，提供社会资金量 ($P_2 \times Q_2$)，社会提供公共农业信息产品最有效率的点一定在价格水平 $P_1$ 到 $P_2$ 之间和数量在 $Q_1$ 到 $Q_2$ 之间的位置。社会提供公共品的数量由于经济能力、行政能力、政府偏好等原因决定的，很有可能实际提供信息投资的点偏离最有效率的点，假定社会对于信息产品实际总投资假设为 $T$，那么：($P_1 \times Q_1$) > $T$ > ($P_2 \times Q_2$)。显然，这时社会提供的公共信息量会使得信息素质低的那部分人感到供过于求，社会资源浪费；对于信息素质高的那部分人则他们的需求欲望仍然没有得到满足，他们的信息饥渴依然存在。

　　造成以上现象的根本原因是社会上只有一个供给者，如果有多个供给者，提供不同层次的农业信息产品供给，对信息需求群体按照信息素质的高低分别提供不同数量、不同品种的信息产品，不但社会总的满足程度会提高，信息资源会得到更充分的利用，实践中最有效率的供给体制正是市场经济体制。因此，把信息作为商品来供应，信息生产和传播的资源配置中引入市场机制，能够使社会的满足程度提高。

另外，农业公共信息服务受到经济能力的制约和使用规模的考虑，农业资源禀赋的差异和生产小品种农产品的人，他们的需求欲望就不能得到有效的满足。因此，从农民对农业信息需求的实际情况来看，仅有公共信息供给是不够的，多渠道、多种方式的农业信息供给才能满足农业信息需求的多样性。

（2）农业信息商品化是最有效率的信息管理体制。

为使农业信息的多样化需求得到满足，需要农业信息的商品化供给。农业信息企业投资的条件有两个：第一，企业具有提供农业信息产品的能力；第二，能够在农业信息行业中取得利润。第一个条件主要是社会技术进步的结果，社会上必须有信息加工的技术、人才，现在信息技术的发展已经完全具备了这个条件；第二个条件是企业内部因素决定的，企业家通过有效的组织信息资源，努力降低成本，提高产品质量，以一定的价格向社会提供信息产品。在社会需求价格一定时，厂商能够在给定价格下的成本水平生产，社会需求价格与成本的差价就是厂商的盈利。

从图 7.8 中可以看出，供给成本曲线在经过 $A$ 点之后就以低于社会需求价格进行生产，$A$ 点的产量是盈亏平衡点产量，是厂商所能够忍受的最小规模，它必须降低成本、扩大销售，争取更多的盈利，即厂商生产产量经过 $A$ 点之后生产成本就沿着供给成本曲线移动，在扩大信息产品供给的过程中，增加盈利总水平。当这个行业具有一定的盈利空间时，必然有更多的厂家进入，社会信息需求也在不断扩大，市场经济下的竞争机制开始发挥作用。当厂商面临着其他厂商进入的竞争压力时，为了生存和扩大盈利，就要扩大市场份额、降低自己的成本，采用更有效率的生产方式，结果是农业信息生产能够以最有效率的方式进行，这正是我们引入市场机制的目的。

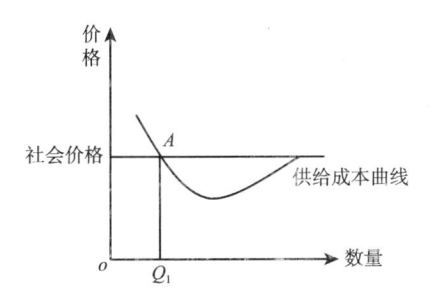

**图 7.8　农业信息市场供给的均衡**

商用信息是信息企业利用市场机制的作用领域。社会上的信息可以分为保密信息、商用信息及公用信息，国家政府的信息机构提供给农业生产的商用信息和公用信息，民营信息机构经营的是商用信息，商用信息是适合市场供给的商品化信息。信息商品化的目的是要提高信息生产与扩散中的资源利用效率，通过信息市场拓展信息通道，使信息的横向资源配置达到全方位、多角度、宽领域，而且通过有偿地出售信息和有偿地提供信息服务，使信息生产机构和经营信息服务的企业拥有更大的经济实力，能够更充分地开发和利用信息资源。把信息的价格作为引导资源有效流动的指示信号，提高资源的利用效益。

#### 7.3.2.1 农业信息服务商品化是必然趋势

信息商品化指标经常被作为衡量信息社会化的重要标志。社会信息效率就是表示信息商品化的指标，专家认为它既可以表示信息市场发育的成熟度，又可以衡量社会信息化程度。

$$\eta = \frac{A_m}{A_n}$$

$\eta$ 表示社会信息效率，$A_m$ 表示有偿信息服务的投入，$A_n$ 表示无偿信息服务投入。从这个指标的内容来看，商品化信息所占的比例越高，则社会的信息需求得到的满足程度就越大，社会信息产业也就越发达，社会信息供给的效率越高。

信息的商品化供应之所以这样受到重视，是与市场规律在资源有效配置中不可替代的作用分不开的。市场的竞争机制会促使信息企业努力降低成本，提高产品质量，超越对手，取得超额利润。客观上，能够使消费者的多种需求得到最大满足。

国家提供信息是国家信息能力的重要标志，表示国家控制信息流、为农业提供最基本信息基础的能力。在农业信息服务系统建设的初期，信息系统只有投入没有产出，国家是信息基础设施建设的主导力量；在农业信息系统有了初步的基础之后，系统开始具备产出的能力，农业信息的经济效果比较直接和明显，信息生产的商品化就势在必行。厂商的商业性介入，能够使社会资源在农业信息生产中得到优化配置。因此，农业信息管理的市场机制在系统建设阶段是重要的辅助措施，在系统的正常运行阶段是主导性的管理形式。

### 7.3.3 社会公益帮助是系统建设的重要补充力量

在本书第5章引用了山东省东营市农业信息传播的案例，该案例在成功运用社会公益力量提供的大量资金和人员方面也积累了成功经验。他们通过"政府引导、社会参与、市场运作、民办公助、资源共享、系统集成"，形成了"政府+协会+专家+传媒+农民会员"的"科技下乡"长效运行机制。

东营市科技局牵头兴办了农业科技信息协会。东营市已经有461个专业合作组织，其中由农民自主兴办的占 88.9%，涉农部门兴办的占 5.64%，供销社兴办的占 3.68%，龙头企业兴办的占 1.75%。这 461 个专业合作组织中包括农户 4.15 万户、农民 12.46 万人，分别占全市农户的 13.39% 和农民人数的 12.52%。这些专业合作组织的领导者、组织者、积极分子正是在农业科技信息协会的热心人，他们成为后来农业科技信息在农民中传播的基层会员。活跃在东营市的这些专业合作组织主要是以农民中的科技能人和科技示范户为中心，这些人具备两个条件：一是较好地掌握了专项技术，产品质量高，经济效益显著；另一个条件是他们有热情，愿意带领周边的农户共同致富，把致富经验贡献给大家共享，通过建设示范基地等办法，把先进的、适应的技术迅速推广。

农业科技信息协会作为农业信息服务系统的一种形式，这些组织的会员既是信息的搜集者、接受者，也是信息的传播者、使用者、受益者。许多专业合作组织与科研单位和大专院校建立了稳定的协作关系，科研机构将自己最新的研究成果拿到专业合作组织来试验、推广，使科研单位有了自己所需要的试验、实习基地，缩短了科研周期，提高了科技成果转化率；同时也使农民有机会快速学习和掌握先进的知识和技术，形成了产学研一体化的农业科研推广机制。

调查中发现，各地的农业专业协会除了协会内部科技能人的经验介绍、示范工程之外，他们还定期不定期地举办各种层次、各种形式的免费培训班，如河北省秦皇岛市海港区北港镇的林果协会，每年都聘请农业专家、大学教授为协会成员举办讲座，对生产、加工经营中遇到的难题现场解答、讨论，对于他们引进新品种、解决生产中的问题，起到了重要作用。

## 7.4 政府的干预边界与战略选择

### 7.4.1 政府干预边界

#### 7.4.1.1 系统建设期政府主导，系统正常运行期市场主导

在建设期间和建成后系统正常运行期，农业信息服务系统的管理目标和内容也应不同。在系统建设期，政府应该首先做好规划，确定建设的阶段性目标和时间安排，并为达到目标筹集必要的资金、设备、技术、人才等。系统的建设期只有投入，没有产出，政府起着决定性作用；在系统建成后，系统有了正常产出和较好的服务效果，管理的目标是维护系统的高效运行，最大限度地满足用户需求，管理措施中政府的作用就应该减少，市场作用逐渐增强，发挥市场机制在资源配置中的优势，通过商家对市场需求的深度开发，满足用户的多样化需求。

### 7.4.1.2 政府的职能在不同地区应有所不同

我国东部地区经济发展较快，地区财政力量较强，农民思想灵活，多种经营比重大，农村与城市经济联系较多，农民平均经济收入水平高于中西部，这些优越条件使东部地区有可能在农业信息系统建设中得到较多的社会支持和帮助，政府在东部地区的管理手段应该更加灵活，尽可能争取社会多方力量的支持。而西部地区情况与之相反，系统建设对国家的依赖性就会较强，国家应该投放较多的资金，管理手段上政府干预的范围和程度也就更大。

### 7.4.1.3 政府主导并不一定由政府直接经营

不管建设期还是正常运行期，不管在东部还是西部地区，强调政府干预的重要作用并不是说政府直接经营该项目。事实证明，政府经营公共产品项目成本高、效率低，政府的权力还可能在公共产品项目管理中被滥用，滋生腐败等。因此，即使在项目的建设期间，即使在经济较落后的西部地区，政府的主导作用也主要体现在项目规划、政策制定和资金保障方面，而建设期的项目管理中应该引入市场竞争机制，例如招标，以利于节约资源、保证质量、提高效率。

由此可见，除了根据系统建设的不同阶段选择不同的管理模式，在不同地区也应该选择不同的动力模式。市场经济中看不见的手具有不可替代的作用，只要是能引入市场竞争机制的地方，就应该尽可能限制政府直接供给和经营公共产品的企图。

## 7.4.2 政府主导的战略重点

在政府主导、联合推进共同建设农业信息服务系统模式下，中央财政资金配置的重点应该放在县、乡、村基层，尤其是经济比较落后的中西部地区。从目前国家财政收支分配制度看，中央和地方的财权与事权不对称，在中央集中了较多的财政收入的同时，由于没有相应的辅之以大规模的转移支付，造成地方财政特别是县、乡级财政的困难。

据有关资料对国家贫困县财政支出研究表明，在我国县乡财政运行压力日渐增大的现实下，伴随着基层财政支出职能的收缩，形成财政体制转轨过程中的职能"缺位"，县乡财政对于"农林水气事业费"的开支，以"甩包袱"的形式将财政支出压力抛给了各财政供养单位，让创造农村公共物品和公共服务的基层政府职能部门"自谋生路"。如农业技术推广站、农机管理服务站、水利站、畜牧兽医站等大多靠向农民提供有偿服务维持日常运转，财政部分或全部地淡出对该类部门的供养。

鉴于县乡财政提供公共品的能力所限，农业信息服务系统建设所需要的资金必须由中央政府和省级政府解决，而且以中央政府财政安排为主；而且要优先保证中西部地区，中央政府应该有比东部发达地区更大的支持力度，保障国家对农业信息服务系统运行的第一推动力，使系统能够有效地运转起来。

## 7.5 政府主导、联合推进模式的案例

河北省唐山市东南的乐亭县是传统的粮棉生产大县，在20世纪90年代我国大宗农产品开始出现过剩时，县委、县政府就开始了利用农业信息引导结构调整的尝试，从国内外引进果菜新品种，培养农村经纪人，建立与市场直接的信息联系通道，粮食和经济作物的比例由1994年的8∶2调整到2005年的3∶7，成为全国"果菜十强县"。由于在农业结构调整中转变快、收益大，曾得到温家宝总理的充分肯定。

(1) 政府利用农业信息优势确立当地的主导产业，制定农产品区划和布局调整方案。

就一个县域的农业信息分布来看，县委、县政府和县农牧局集中了农业信息的政策资源、技术资源和人才资源。从1994年始县委、县政府责成由农牧局对当地资源展开全面调查，对市场需求做出长期预测，提交研究报告，确定"引导农民发展什么"。他们决定打破粮棉大县的农业生产传统格局，依靠"政策推动、科技带动、利益驱动"，根据当地有几百年鲜桃种植传统的资源优势，把蔬菜、果品作为当地农业主导产业，以县城为中心，做出了"东果西菜"的地域布局规划，

(2) 政府培训农民经纪人，建立生产地与市场地的信息直通车。

为了使农业结构调整为农民带来效益，必须解决产品销售市场问题。乐亭县委、县政府组织专家论证当地农产品的市场定位，解决农业生产与市场的信息联系方式。乐亭县地处北京、天津、唐山、秦皇岛四市环抱之中，与城市消费地距离近，交通便利，铁路、公路直通东三省，果菜可鲜活直接运抵以上大中城市。他们没有随波逐流发展农业产业化加工项目，而是根据本地的地理位置优势，把农业生产品种定位在鲜桃和蔬菜生产上，为了确保新鲜果品、蔬菜的市场销售，把支持当地农业龙头企业定位在流通项目上。

为了促进果菜在大中城市销售，县政府抓了两件大事，一是培育经纪人队伍，二是建设当地市场。免费培训了5000多名农民经纪人，在北京、天津、广州、唐山、秦皇岛等城市批发市场销售本县产品，提高从业水平，对考核合格的经纪人发放资格证书和营业执照，按照资金、场地、信誉等情况，将经纪人划分

为 4 个信誉等级，每年开展十佳经纪人评选活动，发挥典型示范作用。同时设立举报电话，由群众对经纪人进行监督。由于管理严格，措施得力，市场运作规范，全县 80% 以上的果菜是通过本地经纪人销往外县的，起到了内联千家万户、外引各地客户的作用。他们直接将客户介绍到田间地头，为买卖双方牵线搭桥，方便了交易，开拓了市场，通过他们的活动，沟通了市场信息，平衡了不同地区市场价格，带动了与其相关的第三产业的发展。

在政府引导下，当地投资 8000 万元建立了国家一级农产品批发市场——"冀东果菜批发市场"，成立了与农业部信息中心、国家内贸局十亿网和河北省农业厅信息网直接联通的市场信息中心，每天向果农、经纪人及来当地批发果菜的客户免费发布农业信息。对于外地来乐亭运输果菜的车辆一律免查免验，开辟了北京、东北两条绿色通道。依托批发市场，利用京唐港大力实施"南进北出"战略，形成了"买全国、卖全国"的大流通格局。不仅保障了当地农产品的顺畅销售，而且吸引了唐山秦皇岛地区 20 多个县市的菜农进行交易，在全国 20 多个大中城市建立了信息网点和 21 个批发市场，形成了全国性的农产品集散地，有的产品已经打入俄罗斯市场和日本市场。

（3）政府投资引进新品种、新技术，向农民推广示范。

引进新产品新技术不仅投资大，而且任何一个品种都有地域适应性，引进和试种风险大。乐亭县政府出资、出人，通过多种渠道与国外知名种子集团和国内大中专院校、科研院所建立经常性联系，引进名优特新品种。县里专门成立了种子（种苗）科研及管理机构，对引进品种把关定向，经实验确定无风险再向农民示范推广。近几年他们成功引进国内外新品种 130 多个，SOD 爱吉果、以色列彩椒、优质白黄瓜、法国草莓、晚久保桃、中华寿桃、美国短毛黑貂、芬兰狐、无角多赛特羊、河豚等新优种养品种。县农牧局投资 100 万元，建成了高标准的良种繁育场，拥有波尔多山羊和无角多赛特等基础种羊 210 只。引进试种试养成功取得经验后，通过县、乡、村三级科技推广网络示范推广。

（4）政府组织针对提高农民素质的培训。

为提高农民素质，由县政府组织每年免费培训农民 10 万人次，常规技术培训做到 100%，获得绿色证书的农民每年新增 2000 人，基本达到了"一户一个明白人"。同时把全县涉农部门科技人员划分为 10 个组，实行技术承包到户，开通农技"110"热线，由农艺师及时帮助农民解决技术难题。

（5）政府组织无公害农产品管理，帮助农民创名牌。

县政府制定了无公害生产方案，确定无公害生产示范区，禁止使用剧毒和高残留农药，公布生产无公害果菜的标准化信息，专门成立了无公害蔬菜检测中心，购置较先进的检测设备，加强农产品质量检测体系建设，建立了一套规范的农产品检测制度，严格实行乡级检验、县级复验和市场准入制度。国家有标准的，按国家标准执行，没有标准的，按照国际惯例和国家有关部门要求制定地方标准，由于品种先进、标准制定和执行严格，有 8 项果品的当地标准被确定为国家标准。政府组织无公害产品的统一商标注册，统一包装，统一销售，由于政府对市场管理严格、规范，当地建成了环京津绿色优质农产品生产供应基地。已经与北京 30 多家大型批发市场、大型超市、学生营养餐供应点签订了无公害供销协议，与全国 26 个省、市、自治区建立了贸易关系。在韩国设立了办事处，为开拓国际市场打下了坚实基础。

案例总结：河北省乐亭县的经验说明，政府组织农业信息供给，应抓住农业新品种的引进推广和农产品市场销售两大环节。政府主导，市场为辅，中介组织和社会公益力量广泛参与，农民积极自助，多种力量共同参与建设是我国农业信息服务系统运行模式的现实选择。

## 7.6 本章小结

（1）农业信息服务系统的动力是指农业信息服务系统建设与运行所需要的持续不断的资金来源、物资设备、技术和人才供给，它是系统存在和正常运行的客观基础。

（2）政府推进、市场推进、政府与市场相结合是农业信息服务系统建设的三大基本模式。政府与市场相结合的光谱模型表明，政府与市场的结合方式像光谱一样均匀地分布在一个线段上，并且每一种结合方式多对应着一种制度选择，因此，只要坚持管理创新，就会出现政府与市场结合的多种动力模式。

（3）农业信息的公共产品性质是政府为主导提供农业信息服务的理论依据，而农业信息服务的商品化不仅能更好地满足信息需求多样化，也是最有效率的信息管理体制。政府主导、联合推动的建设模式能有效增加农业信息供应数量，解决当前农业信息供给的严重短缺问题。

（4）在政府与市场联合推动系统建设的工作中，一定要注意政府干预的边界，才能把政府的资源调配优势与市场的效率优势都能得以体现。

# 第 8 章

# 农业信息服务系统综合评价

系统评价是对系统科学管理与决策的重要基础。通过评价能正确地反映农业信息服务系统的建设成果,有利于对系统的科学调控和监督,使农业信息服务部门及时了解系统的运行状况、主要影响因素和存在的问题,便于横向和纵向比较,找出系统的薄弱环节,促进系统功能不断完善。

## 8.1 评价指标体系的构建

评价指标体系是系统综合评价的基础,为了使指标体系能集中反映农业信息服务系统的主要特征和层次结构,需要确定指标体系设计的原则和目的,对系统内部相互关联、相互制约的因素进一步条理化、层次化,做到评价指标体系科学性、合理性、实用性相结合。

### 8.1.1 指标体系设计的原则

(1) 系统性原则。

农业信息服务系统具有多层次、多因素的特点,指标体系的设计不仅要反映构成系统的要素状态,还要能反映系统与要素、子系统之间及系统与环境之间相互影响的互动关系,这样才能表达系统的本质特征和整体性能。

(2) 目的性原则。

评价指标体系应该对应评价的目的和任务。任何事物都存在多方面的特性,选择不同的侧面,或者按照不同的标志对指标分类,得出的结果就会大不相同。因此,评价指标体系要充分体现评价者开展评价活动的意图。通过评价鼓舞鞭策农业信息服务系统建设主体,积极导向各地方相关部门开展工作。

(3) 普适性原则。

评价指标体系的制定要在全国不同地区具有比较广泛的通用性,也能适用于不同规模不同级别的区域评价。系统的普适性要能包容不同地区客观基础条件的差异,也允许对指标选择性使用或根据情况对指标赋予不同的权数。

(4) 独立性原则。

同层次的指标之间没有包含关系,不重复,每一个指标都独立地反映事物某一方面的特征。

(5) 可操作性原则。

指标的设计要尽量简明,含义易于理解,指标个数精简,便于计算。不论是定量还是定性指标,要便于取得资料,尽量与国家规定的指标内容、口径相一致,能够直接从统计部门取得资料或者通过计算可得。

## 8.1.2 评价的目的

(1) 为国家实现对系统的调控和监督管理提供客观依据。

系统评价就是要客观反映各级农业信息服务组织在系统建设、系统维护以及处理系统与环境的关系中取得的成绩和存在的问题,为决策者确定下一步调控重点、制定具体的管理措施提供依据。

(2) 通过评价使系统目标清晰化、具体化。

系统评价本身是对系统实施战略管理的重要组成部分,因此它具有鲜明的战略导向性。系统评价的目的就是通过对系统运行状态和效果的计量,进一步明确目标。评价本身会形成一套评价标准,它是进行系统评价的重要工具。这套标准必然会向评价单位的管理者和各岗位的信息服务人员传递战略信号,将组织要达到的总目标与组织内部各部门的目标、每个服务人员所在岗位的目标直接联系起来,从而形成评价农业信息服务组织单位内部的目标传导机制。其结果是把国家要求的目标准确、无歧义地传递给组织内部各级管理者和全体信息服务人员,通过重新配置资源,优势资源最终会流向实现战略目标的关键领域。

(3) 通过评价形成竞争机制。

系统评价结果有两个作用:一是使评价单位对照评价标准对本单位工作的成绩及存在的问题有更加清醒的认识,为下一步保持成绩、克服工作中的障碍和不足找出努力方向;二是通过与其他单位比较,配合相应的激励约束机制,就会在各个不同地区的农业信息服务组织之间形成相互学习、相互竞争的机制。大量事实说明,外部竞争有利于组织内部形成一致对外的凝聚力。各农业信息服务单位为了在同比单位之间争取更好的排名,各单位领导就会自觉地变压力为动力,率领本单位员工形成团队之间的竞赛。这就给领导者和全体员工提供了团结一致、挖掘潜能、展示智慧的机会，有利于消除组织内部的矛盾和冲突，充分调动各级管理者和全体员工的积极性，促进系统建设与发展。

### 8.1.3 指标筛选

指标体系设计作为评价工作的基础，直接关系到评价结果的可信度。为了使评价结果尽量准确客观，又尽可能地减少评价工作量，需要对指标体系的正确性、科学性、重要性和代表性进行甄别和筛选。在参考 2001 年信息产业部制定的国家信息化指标体系的基础上，初步设计了一套农业信息服务系统评价指标体系构成方案，然后对指标体系进行对比筛选。筛选具体步骤是：首先对每一个指标对照设计原则进行修正、完善、决定取舍，对于经过个人初步筛选后的指标体系，以座谈、信函和拜访的方式征询专家意见，包括统计专家、农业信息化专家和农业信息服务工作人员的意见，再结合一定的数学原理，进一步修正和取舍，最后选定这套指标体系。

#### 8.1.3.1 对于专家意见不一致问题的处理

由于专家本身知识结构、经验及价值取向的不同，专家意见并不是完全一致的。我们在征求专家意见时，对每项指标除了进行详细的说明之外，还在该指标的后面设计一个打分栏，把重要程度分为 5 级，5、4、3、2、1 分别代表该指标极其重要、很重要、重要、一般、不重要，让专家对该指标的重要程度进行打分。

（1）先计算该指标重要程度的综合平均数值 $\bar{E}_j$。

$$\bar{E}_j = \frac{1}{p} \sum_{i=1}^{5} E_j n_{ij} \quad (8-1)$$

假如共有 $m$ 个指标需要评价，$j = 1, 2, \cdots, m$；共邀请 $p$ 个专家进行评议。关于指标重要程度 5 个等级的指标值用 $E$ 表示，$E_j = 1, 2, 3, 4, 5$；$n$ 为对某一指标具有相同意见的专家人数，$\sum_{i=1}^{p} n_i = p$；$n_{ij}$ 表示第 $j$ 个指标评为某级别重要程度（$i$）的专家个数。

（2）用标准差计算专家意见的离散程度。

$$\sigma_j = \sqrt{\frac{1}{p} \sum_{i=1}^{5} (E_j - \bar{E}_j)^2 n_{ij}} \quad (8-2)$$

$\sigma_j$ 表示专家对第 $j$ 个指标重要程度评分的分散程度。$\sigma_j$ 数值越小表示专家意见越集中，该数值越大则表示专家对该指标分歧越大。

(3) 计算变异系数 $v_j$。

$$v_j = \frac{\sigma_j}{\bar{E}_j} \qquad (8-3)$$

$v_j$ 表示用专家意见平均重要程度数值专家意见的协调程度。$v_j$ 的数值越小表示专家对某指标重要程度的意见比较一致，平均重要程度的代表性较高。否则，专家意见分歧较大，也可能指标含义不清楚，需要进一步修改。

#### 8.1.3.2 淘汰重要指标中不具代表性的指标

用最小均方差法把那些在不同评价对象中指标数值差异很小的指标淘汰掉，即使这个指标大家都认为很重要，如果被评价对象都具有这个方面的共同特征，那么这个指标对于评价结果不起作用。

#### 8.1.3.3 去除线性相关程度较高的指标

经过筛选保留下来的指标相关性越小越好，表示指标代表事物某特征的唯一性。可以利用极大不相关法，把几个不同地区的资料作样本，求出样本的相关矩阵，计算某指标与其他之间的相关系数，去除相关阵，删除相关性较大的指标。

经过筛选，再以一些地区的实际资料作样本，去除一些代表性不强和重复程度较高的指标，从而确定了评价目标下包括 5 个一级指标，17 个二级指标，59 个三级指标农业信息服务系统评价指标体系。

### 8.1.4 农业信息服务系统综合评价指标体系

#### 8.1.4.1 系统综合评价指标体系框架

农业信息服务系统综合评价指标体系框架如表 8.1 所示。

#### 8.1.4.2 指标解释

评价目标：对某区域农业信息服务系统建设的完善程度和系统正常运行情况进行综合评价，评价目标一旦确定，也就界定了评价的范围和内容。

一级指标解释：一级指标共有 5 个，战略地位指标、生产子系统指标、传播子系统指标、施效子系统指标和系统环境指标，反映系统的战略地位、系统结构、系统基础环境 3 个方面。(1) 战略地位指标，农业信息服务系统作为一个人为的社会经济系统，系统建设需要人才、技术、资金等资源的大量投入，各级政府对系统的战略定位，直接关系到系统建设资源能否得到保证。(2) 生产子系统指标，生产子系统指标是一个综合性指标，这个指标反映农业信息的来源是

表8.1　　　　　　　农业信息服务系统综合评价指标体系框架

| 评价目标 | 一级指标 | 二级指标 | 三级指标 |
| --- | --- | --- | --- |
| 农业信息服务系统综合评价指标体系 | 战略地位 | 政府重视程度 | 信息项目规划 |
| | | | 项目领导协调能力 |
| | | | 系统建设总投资 |
| | 生产子系统 | 信息源 | 机构信息源 |
| | | | 人物信息源 |
| | | | 实物信息源 |
| | | | 科技信息源 |
| | | | 文献信息源 |
| | | 信息采集 | 采集指标设计 |
| | | | 采集点覆盖率 |
| | | | 采集设备先进性 |
| | | | 采集周期 |
| | | 信息加工 | 加工技术先进性 |
| | | | 加工标准化程度 |
| | | | 加工深度与质量 |
| | | 信息存量与利用 | 万人均区域内数据库资源 |
| | | | 万人均区域外数据库资源 |
| | | | 万人均网站 |
| | | | 数据库访问量 |
| | 传播子系统 | 传播组织体系 | 万人均县级以上信息服务者 |
| | | | 万人均基层信息员 |
| | | | 基层服务站比率 |
| | | 传播资源整合 | 电视农业节目播出比重 |
| | | | 县、乡信息服务大厅比率 |
| | | | 广播农业节目播出比重 |
| | | | 村图书室比率与利用情况 |
| | | | 传播与下乡服务设施及利用 |
| | | | 科技示范园规模和个数 |
| | | | 电话语音服务 |
| | | 传播方式创新 | 人际传播发展情况 |
| | | | 组织传播发展情况 |
| | | | 传播方式创新典型数 |

续表

| 评价目标 | 一级指标 | 二级指标 | 三级指标 |
|---|---|---|---|
| 农业信息服务系统综合评价指标体系 | 传播子系统 | 网络传播 | 县级以上服务中心平均计算机数 |
| | | | 乡村农业公共服务专用计算机数 |
| | | | 网站内容丰富程度与更新速度 |
| | | | 网络安全运行率 |
| | 施效子系统 | 信息接收设施 | 每百农户拥有电视机 |
| | | | 有线电视入户率 |
| | | | 每百农户拥有电话数 |
| | | | 每百农户拥有计算机数 |
| | | 农民信息素质 | 农民参加培训积极性和效果 |
| | | | 农民主动咨询信息情况 |
| | | | 平均受教育年限 |
| | | 决策支持服务 | 辅助决策工作量 |
| | | | 辅助决策水平 |
| | | | 农业电子商务 |
| | | 系统产出 | 经济效益 |
| | | | 生态效益 |
| | | | 社会效益 |
| | 系统环境 | 通信基础环境 | 通信基础设施 |
| | | | 人均宽带拥有量 |
| | | | 电波覆盖率 |
| | | 政策环境 | 财政补贴和奖励 |
| | | | 金融优惠贷款 |
| | | 法律环境 | 数据标准化规范 |
| | | | 信息安全法律、信息化法律法规 |
| | | 农业经营环境 | 规模化经营 |
| | | | 农业合作社发展 |
| | | | 产业化经营 |

一个从资源到产品的创造性生产过程，这种创造性生产受着多种因素的影响。从信息源到信息采集加工，直至最后形成各种载体形式的信息产品存量，它是信息运动的基础，也是系统产生效益的决定性因素。（3）传播子系统指标，传播子系统指标的性质和地位与生产子系统指标一样，是构成系统循环的关键一环。该

指标所要表明的是信息传播和传递能力,以及信息产品从点向面的扩散效率。虽然现代信息技术使信息传播的效率极高,但是,由于我国农民经济收入水平低,计算机作为必备的网络终端显得太"昂贵",目前难以进入农民家庭,网络传播的优势还不能充分发挥。农业信息传播服务需要对传统的信息传播资源进行有效整合,通过传播方式的创新,提高农业信息向农户的传播扩散能力。(4)施效子系统指标,性质与地位等同生产与传播子系统指标。施效子系统表明的是信息用户对信息获取和利用情况,信息服务不仅可以帮助农民提高信息素质,方便农民查询所需要的信息,而且,可以帮助农民优选方案、辅助决策。施效的结果是系统产出,对使用者、自然环境、社会进步都能带来效益。(5)系统环境指标,环境是系统运行的外在影响因素,与系统内部形成输入输出的交换关系,系统的设计和功能改善要与之相适应。系统环境包括网络基础设施环境、政策环境、法律法规环境和农业经济发展环境。

二级指标与三级指标解释:

(1)政府重视程度指标,信息系统建设作为农村公共品供给,其主要建设主体是国家。政府重视就能为系统建设提供重要指导,并且协调系统建设所需要的多部门协作关系,提供系统建设所需资金。该指标下的三级指标:①信息项目规划指标,表示该地区是否具有农业信息服务系统发展规划并把它纳入当地经济与发展规划当中;②项目领导协调能力,表示该项目领导跨部门协调和调动资源的能力;③区域内各级政府对系统建设总投资。

(2)农业信息源指标。信息源的培养和分类建设才能保证信息来源充足,农业信息源下属的三级指标有5个。①农业机构信息源,指与产生农业信息机构的业务联系和信息交流活动。如与联合国粮农组织(FAO)的联系,与国内外农业部及各级农业管理部门、农业合作社、农业产业化企业、农业协会、农业科研机构、农业高等院校等的联系;②农业人物信息源,如农业专家和科技人员、农业行政管理人员、农村致富先进典型;③农业实物信息源,如从农业生物体直接采集图片、录音、录像、文字资料;④农业科技成果产出率和转化率,如每百名农业科技人员每年平均科技成果数,科技成果应用于实际生产的数量;⑤农业文献信息源,如农业图书、报纸、专利、期刊、文摘、农业会议文献、农业标准文献、农业统计资料、产品介绍等。

(3)信息采集指标,指对信息源的利用和取得信息的情况。包括4个下属的三级指标。①采集指标设计的科学性;②采集点的覆盖率;③采集设备的先进性;④采集周期,表示能否按照科学的采集方法进行周期性采集,保持数据的连续性。

(4)信息加工指标。信息的加工直接关系到数据的有用程度,包括3个三级指标。①加工技术先进性,如数据分析与处理系统、利用数据挖掘技术、外文信

## 第8章 农业信息服务系统综合评价

息资料的编译;②加工数据标准化程度;③加工深度与质量。

(5) 信息存量与利用率指标,包括三级指标4个。①区域内每万人平均农业数据库资源数量;②共享区域外农业数据库资源数量;③每万人平均农业网站;④数据库访问数量,如平均每天访问人数。

(6) 传播组织体系指标,包括三级指标3个。①每万农村人口平均县级以上农业信息服务人员数;②区域内设农业信息服务站的乡和村占乡村数的比例;③每万农村人口中平均乡、村两级基层信息员数。

(7) 信息传播资源整合指标,下属的三级指标7个。①电视农业节目播出比重;②县、乡级科技服务大厅个数;③广播中农业节目播出比重;④区域内有村级图书室的村庄占村庄数的比例;⑤服务单位信息传播设备数量与利用率,如速印机、下乡服务专用车辆与服务次数;⑥科技示范园个数和规模;⑦电话语音服务。

(8) 信息传播方式创新指标,下属的三级指标3个。①人际传播指标,如开会、广播等基层信息员开展技术推广、信息播报情况;②组织传播指标,利用农业各种协会、合作组织等传播信息情况;③传播方式创新的成功模式和先进典型数。

(9) 网络传播指标。①省、市、县专用于农业信息服务的计算机台数;②乡、村专用于农业信息公共服务的计算机数;③信息发布制度化水平;④网站内容更新周期;⑤网络安全维护技术指标,如网络系统无故障运行天数。

(10) 农民信息接收设施指标。①每百户农民拥有电视数;②每百户有电视家庭有线电视接入率;③每百户农民拥有电话数(包括固定电话和移动电话);④每百户农民拥有收音机数;⑤每百户农民拥有计算机数;⑥计算机入网率。

(11) 农民信息素质指标。①积极获取信息,表示农民积极参加培训、会议情况培训;②自觉获取信息,指农民主动到信息服务站点咨询情况;③教育水平,指农村劳动力文化教育水平。

(12) 决策支持服务指标。①信息服务机构辅助农民决策方案数;②决策支持能力和水平,如方案优选系统、农业专家系统的使用情况;③农民信息发布与电子商务开展情况,如网上采购和网上销售的比率。

(13) 系统产出效益指标。根据信息要素的结合性特点,以及信息在转变农业生产方式方面的独特优势,往往使得系统产出效果的评估比较困难。系统产出效益可分为经济效益、社会效益和生态效益3个三级指标,①经济效益可以通过经济增长模型计算信息要素的贡献率,测算出信息要素的经济产出值;②生态效益的价值可以参照治污成本来估算;③社会效益是一个定性指标,难以计算出具体的数值,可以组织不同领域专家评估。

(14) 网络基础环境指标。主要是支持信息资源开发、网络建设、信息传递的基础性公共信息服务设施建设情况。①通信基础设施指标，如邮电通信设备、光缆铺设里程；②人均宽带拥有量指标，宽带接入指用 ADSL、LAN 等技术，下传速度为 512K 以上的网络接入方式，反映基础设施的实际通信能力；③电波覆盖率，各类电台、电视台电波覆盖范围。

（15）政策环境指标。①对各级农业信息服务系统建设的各项补贴和奖励，如农民购买计算机补贴，对先进地区的奖励、税收减免等优惠；②金融支持指标，对农业信息服务专项优惠贷款、针对农业信息风险的保险或者其他保障措施。

（16）法律法规环境。①国家或部门出台的农业信息技术统一规范；②信息安全法律法规，比如防病毒、防非法侵入、网络监控、检测评估及信任体系等信息安全法律措施。

（17）农业经营环境指标。主要是指农业经营环境和农民组织化程度的提高会促进信息服务的发展。①规模化经营；②合作化组织；③产业化发展。

## 8.2 农业信息服务系统评价模型

### 8.2.1 评价模型的选择

农业信息服务系统建设是一个内部构成复杂、外部涉及因素较多的复杂系统工程，通过多层次指标体系的设置，能反映出各因素之间的隶属关系。为了客观反映不同指标的层次关系和重要性的差别，采用层次分析法计算出各层次指标的权重，能方便地确定对系统有重大影响的因素；然后运用模糊综合评价法把专家对指标的评语定量化，最后计算出某区域农业信息服务系统的综合评价值。

### 8.2.2 用 AHP 确定综合评价指标权重的建模过程

层次分析法（The Analytic Hierarchy Process，AHP），是 20 世纪 70 年代美国运筹学家萨蒂（T. L. Saaty）教授提出的，它是一种定性与定量相结合的分析方法，适用于多目标决策分析。该方法的主要特点是将决策者的经验定量化，适用于评价目标结构复杂而指标数据不全的情况。

AHP 法建模的主要步骤：
（1）建立递阶层次结构模型。
AHP 方法要求首先把问题条理化、层次化，即根据问题的性质和要达到的目标，将问题分解成不同的基本因素，按照有关因素的属性和关系构造出一个自上而下、从评价目标到问题解决方案的层次结构模型。最高层是评价目标，只有一个元素；中间层是构成目标的子目标层，可以由若干层次组成；最底层的上一层为准则层；最底层包括实现目标的各种措施或方案，所以最底层也叫指标层或方案层。本书的指标体系共有四层，分别是目标层（O层）——子目标层（A层）——准则层（B层）——指标层（C层）。

（2）构造判断矩阵。

为了反映子目标层因素在目标衡量中的比重，以及准则层或指标层的某因子相对于上一层因素的归属目标所占的比重，萨蒂等人建议采取对因子两两比较建立成对矩阵，这就是判断矩阵。

假设要比较 $n$ 个因子 $X = \{x_1, x_2, \cdots, x_n\}$ 对因素 $Z$ 的影响，每次取两个因子 $x_i$ 和 $x_j$ 比较，$a_{ij} = x_i/x_j$，全部比较的结果用矩阵 $A = (a_{ij})_{n \times n}$ 表示，则 $A$ 为 $Z - X$ 之间的成对比较矩阵，也就是判断矩阵。

由于 $x_i$ 与 $x_j$ 对 $Z$ 的影响是 $a_{ij}$，因此，$x_j$ 与 $x_i$ 对 $Z$ 的影响就是 $a_{ji} = x_j/x_i = 1/a_{ij}$，$a_{ii} = 1$，$a_{ij} > 0$。这样就比较方便地构造出判断矩阵。

在进行因子比较时，为了方便判断和衡量因子之间的重要程度的差异，用数字 1~9 及其倒数进行标度，如表 8.2 所示。

表 8.2　　　　　　　　　　指标重要程度分级标度对照表

| 标度 | 定义 |
| --- | --- |
| 1 | 表示两个因素相比，有相同的重要程度 |
| 3 | 表示两个因素相比，前者比后者稍重要 |
| 5 | 表示两个因素相比，前者比后者明显重要 |
| 7 | 表示两个因素相比，前者比后者强烈重要 |
| 9 | 表示两个因素相比，前者比后者极端重要 |
| 2，4，6，8 | 表示上述相邻判断的中间值 |
| 倒数 | 若因素 $i$ 与因素 $j$ 的重要性之比为 $a_{ij}$，那么因素 $j$ 与 $i$ 的重要性之比为 $a_{ji} = 1/a_{ij}$，$a_{ii} = 1$ |

注：本表转引孙东川，林福永. 系统工程引论. 清华大学出版社，2004：210。

对于评价指标因子之间判断重要性程度之比的赋值有多种方法。可以由决策者给出，也可以与分析者通过技术咨询获得，或者通过熟悉该问题的专家独立的给出，本书采用专家咨询的方式获得。

（3）进行一致性检验。

由于判断矩阵是由矩阵中的因素对同一目标重要性的比较标度，因此，这些指标之间应该具有传递性。即：

$$a_{ij} = \frac{a_{ik}}{a_{jk}}(i,j,k = 1,2,\cdots,n) \quad (8-4)$$

但是，当人们对复杂事物的各因素采取两两比较时，所得的判断矩阵一般不能直接保证矩阵元素之间的一致性，为了使判断矩阵具有可信度和准确性，必须进行一致性检验。

当平均随机一致性指标 $R.I$ 和一致性指标 $C.I$ 的比值满足：$C.R = C.I/R.I < 0.10$ 时，则判断矩阵具有可接受的一致性。否则，需要对判断矩阵重新赋值，修正后再检验，直到一致性检验通过为止。

对判断矩阵的一致性检验指标 $C.I$ 的计算：

$$C.I = \frac{\lambda_{max} - n}{n - 1} \quad (8-5)$$

平均随机一致性指标 $R.I$ 是为了放宽对高阶矩阵的一致性要求，引入其来校正一致性检验指标的。在本书计算中应用的是萨蒂给出的矩阵阶数 $n = 1 \sim 11$，用 $100 \sim 500$ 个样本计算的随机一致性指标 $R.I$，如表 8.3 所示。

表 8.3　　　　　　　　　平均随机一致性指标 $R.I$ 值

| 矩阵阶数 | 1 | 2 | 3 | 4 | 5 | 6 | 7 | 8 | 9 |
|---|---|---|---|---|---|---|---|---|---|
| $R.I$ | 0.00 | 0.00 | 0.58 | 0.96 | 1.12 | 1.24 | 1.32 | 1.41 | 1.45 |

注：本表转引孙东川，林福永. 系统工程引论. 清华大学出版社，2004：211。

（4）确定权重向量。

对于经过一致性检验的矩阵，计算出特征根，最大特征根值满足 $\lambda_{max} = n$，其所对应的唯一一个非负特征向量经过归一化处理后，得到各个指标的权重向量 $W = (w_1, w_2, \cdots, w_n)^T$。

一般来说经过上述计算，就可以进行层次单排序。

（5）组合权重的计算——层次总排序及一致性检验。

层次总排序是各层次中每个元素对于上一层次某因素的相对重要性系数，在层次单排序的基础上，需要计算出各层次的总排序值，就是计算出指标层各因素相对总目标的重要性系数。

总排序系数是自上而下将单层重要性系数合成。假定上层 $A$ 有 $m$ 个元素 $A_1, A_2, \cdots, A_m$，且层次总排序权重向量 $a_1, a_2, \cdots, a_m$，下层 $B$ 有 $n$ 个元素 $B_1, B_2, \cdots, B_n$，则按 $B_j$ 对 $A_i$ 个元素的单排序权向量的列向量为 $b_{ij}$，层次总排序计算步骤如表 8.4 所示。

表 8.4　　　　　　　　　层次总排序计算步骤

| 层次 | $A_1$ | $A_2$ | ... | $A_m$ | B 层总排序权重向量 |
|---|---|---|---|---|---|
|  | $a_1$ | $a_2$ | ... | $a_m$ |  |
| $B_1$ | $b_{11}$ | $b_{12}$ | ... | $b_{1m}$ | $W_1 = \sum a_j b_{1j}$ |
| $B_2$ | $b_{21}$ | $b_{22}$ | ... | $b_{2m}$ | $W_2 = \sum a_j b_{2j}$ |
| M | M | M | ... | M | M |
| $B_n$ | $b_{n1}$ | $b_{n2}$ | ... | $b_{nm}$ | $W_n = \sum a_j b_{nj}$ |
| $\lambda_{max}$ | \multicolumn{4}{l|}{计算出最大特征根} |  |
| C.I | \multicolumn{4}{l|}{$C.I = \dfrac{\lambda max - n}{n-1}$} | 检验是否 $C.R < 0.1$ |
| C.I | \multicolumn{4}{l|}{一致性检验比率 $C.R = \dfrac{C.I}{R.I} = \sum_j^m a_j CI_j / \sum_j^m a_j RI_j$} |  |

由于农业信息服务系统评价指标体系的隶属关系结构是独立性质的，即每个上层各个因素都有各自独立的、完全不同的下级因素，因此，它属于完全独立的层次结构模型。当下层元素 $B_k$ 与上层元素 $A_j$ 无关系时，取 $b_{kj}=0$，因此，当层次总排序时，下层元素的组合权数其实只是与所隶属的唯一一个上层元素的权数组合。

层次总排序后所有指标层因素的组合权数之和等于 1。根据层次总排序的含义，把指标层因素的组合权重排序，就可以推定某因素对总指标的影响程度，从而找出对总目标有重要影响的主要因素。

### 8.2.3 用 FCE 确定指标等级隶属度的建模过程

模糊综合评判（Fuzzy Comprehensive Evaluation，FCE）是模糊决策中的一种计算方法，模糊决策的基本模型是在 1965 年由美国控制论专家查德（L. A. Zadeh）和被称为"动态规划之父"的贝尔曼（R. E. Bellman）教授一起提出来的，他们首先提出用隶属函数描述模糊概念，创立了模糊集合论，从而为刻画事物的模糊特征提供了数学工具。模糊综合评判的原理是应用模糊关系合成理论，对受到多种因素制约的事物和对象，将一些边界不清、不易定量的因素定量化，按照多项模糊规则参数对备选方案进行模糊评判，再根据综合评判的结果对各备选方案进行比较排序，选出最好方案的一种方法。

农业信息服务系统的指标体系包含着大量的定性和定量指标，对于定性指标人们常常用一个表示"范围"的评语来表示，如"好"、"一般"等，不是精确的数值；即使是那些可以得到数值的定量指标，由于农业信息服务系统要适应不同地区的经济社会和自然情况，也存在难以直接对比的问题。因此，向专家征询指标评价意见时，把指标设计为五个等级让专家选择，既能够使问题简单化，也符合模糊评价的基本原理。而且，模糊评价得出的隶属度向量还能反映专家对指标等级不同意见的程度。

简单来说，模糊综合评价是通过构造等级模糊子集，把反映被评价事物的模糊指标通过确定隶属度进行量化，然后利用模糊变换原理对各指标综合。

农业信息服务系统多级综合评判模型的构造步骤如下：

（1）把因素论域按照某种属性分成 $s$ 个子集。

$$U = \bigcup_{j=1}^{s} U_j \quad (j = 1, 2, \cdots, s)$$

根据需要对 $s$ 个子集继续细分，从而形成由多级集合因素构成的分析对象，这与现实中复杂系统的结构更加近似。

$$U_j = (U_{j1}, U_{j2}, \cdots, U_{jt})$$

本书对农业信息服务系统要进行三级评判。因此，就有总目标集合1个、子目标子集5个（$s=5$）和准则子集17个（$s=17$）。这样划分之后，对于指标层集合就可以按照单级模糊综合评价的方法进行。

**由5个子目标集构成总目标集合：**

$U = (U_1, U_2, U_3, U_4, U_5) = $（战略地位，生产子系统，传播子系统，施效子系统，系统环境）。

**由17个规则层子集分别构成5个子目标集：**

$U_1 = (U_{11}) = $（政府重视程度）；

$U_2 = (U_{21}, U_{22}, U_{23}, U_{24}) = $（农业信息源，信息采集，信息加工，信息存量与利用）；

$U_3 = (U_{31}, U_{32}, U_{33}, U_{34}) = $（传播组织体系，传播资源整合，传播方式创新，网络传播）；

$U_4 = (U_{41}, U_{42}, U_{43}, U_{44}) = $（信息接收设施，农民信息素质，决策支持服务，系统产出）；

$U_5 = (U_{51}, U_{52}, U_{53}, U_{54}) = $（网络基础环境，政策环境，法律环境，农业经营环境）。

**由59个指标层因素构成17个规则层子集：**

$U_{11} = (U_{111}, U_{112}, U_{113}) = $（信息规划，项目领导协调能力，系统建设总投资）；

$U_{21} = (U_{211}, U_{212}, U_{213}, U_{214}, U_{215}) = $（机构信息源，人物信息源，实物信息源，科技信息源，文献信息源）；

$U_{22} = (U_{221}, U_{222}, U_{223}, U_{224}) = $（采集指标，采集点，采集设备先进性，采集

周期）；

$U_{23} = (U_{231}, U_{232}, U_{233}) = $（加工技术先进性，加工标准化率，加工深度与质量）；

$U_{24} = (U_{241}, U_{242}, U_{243}, U_{244}) = $（每万农村人口平均农业数据库量，每万农村人口平均共享区域外数据库量，每万农村人口平均区域内农业网站，区域内数据库访问量）；

$U_{31} = (U_{311}, U_{312}, U_{313}) = $（每万农村人口平均县级以上信息服务人数，每万农村人口平均乡和村基层信息员人数，基层服务站点比率）；

$U_{32} = (U_{321}, U_{322}, U_{323}, U_{324}, U_{325}, U_{326}, U_{327}) = $（电视农业节目比重，广播农业节目比重，电话语音服务，科技示范园规模与个数，科技服务大厅，村图书室比率，其他传播服务设备）；

$U_{33} = (U_{331}, U_{332}, U_{333}) = $（人际传播，组织传播，创新典型数）；

$U_{34} = (U_{341}, U_{342}, U_{343}, U_{344}) = $（县级以上服务机构计算机台数，乡、村专用农业公共服务计算机台数，网站内容更新，网络安全运行率）；

$U_{41} = (U_{411}, U_{412}, U_{413}, U_{414}) = $（每百户拥有电视，有线电视接入率，每百户拥有电话，每百户拥有入网计算机）；

$U_{42} = (U_{421}, U_{422}, U_{423}) = $（农民参加培训，主动咨询，平均文化程度）；

$U_{43} = (U_{431}, U_{432}, U_{433}) = $（辅助决策数，决策支持水平，农业电子商务）；

$U_{44} = (U_{441}, U_{442}, U_{443}) = $（经济效益，生态效益，社会效益）；

$U_{51} = (U_{511}, U_{512}, U_{513}) = $（通信基础设施，人均宽带，电波覆盖率）；

$U_{52} = (U_{521}, U_{522}) = $（财政补贴，金融贷款）；

$U_{53} = (U_{531}, U_{532}) = $（技术规范，网络安全法规）；

$U_{54} = (U_{541}, U_{542}, U_{533}) = $（规模化经营，合作社数，产业化经营）。

（2）确定评语集。

确定评语等级集合 $V = (v_1, v_2, \cdots, v_m)$，共 $m$ 个因素，每一个集合对应一个模糊子集，一般建议取 [3, 7] 中的整数。取 5 级评语（高，较高，一般，较低，低）以及所对应的数值如表 8.5 所示。

表 8.5　　　　　　　　　　　评语集与分值对照表

| 评语集 | 高 | 较高 | 一般 | 较低 | 低 |
| --- | --- | --- | --- | --- | --- |
| 分数 | 90~100 | 70~90 | 50~70 | 30~50 | 10~30 |

（3）计算隶属度。

计算专家对各个评价指标给出的等级评判模糊子集的隶属情况。对不同专家分别给出的估计结果平均并归一化。

即：某因素的隶属度 = 判断指标属于某等级 $v_j$ 的专家个数/专家总数

$j=1, 2, \cdots, 5$;$v_j$ 就是评语集的 5 个等级。

(4) 首先对规则层 17 个子集进行单因素评价,建立模糊关系矩阵 $R$。建立了模糊关系矩阵后,要逐个对被评价事物的因素 $u_i$ 进行量化,即确定从单因素来看被评价事物对各等级子集的隶属度:

$$R = \begin{pmatrix} r_{11} & r_{12} & \cdots & r_{1m} \\ r_{21} & r_{22} & \cdots & r_{2m} \\ \vdots & \vdots & & \vdots \\ r_{n1} & r_{n1} & \cdots & r_{nm} \end{pmatrix}_{n \times m} \quad (8-6)$$

$r_{ij}$ 表示评价事物从因素 $u_i$ 来看对 $v_j$ 等级模糊子集的隶属度。

(5) 确定评价因素的模糊权向量 $W = (w_1, w_2, \cdots, w_n)$。

在模糊综合评价中,权向量 $W$ 中的元素 $w_i$ 本质上是因素 $u_i$ 对因素模糊子集的隶属度,合成之前要归一化。本书前面已经通过 AHP 方法计算出了每层要素的单要素权向量,可以直接使用前面的计算结果。

(6) 选择合成算子将权向量 $W$ 与被评价事物的模糊关系矩阵合成,得到各被评价事物的模糊综合评价结果向量 $B$。

模糊综合评级的模型为:

$$B = W \cdot R = (w_1, w_2, \cdots w_n) \cdot \begin{pmatrix} r_{11} & \cdots & r_{1m} \\ \vdots & \ddots & \vdots \\ r_{n1} & \cdots & r_{nm} \end{pmatrix} = (b_1, b_2, \cdots, b_m) \quad (8-7)$$

$b_j$ 表示被评价对象从整体看对 $v_j$ 等级模糊子集的隶属程度。通过以上步骤可以得到指标层的单因素评价结果。

(7) 计算准则层和子目标层子集的综合评价结果。

计算准则层上各因素的评价结果时,把 $U_j$ 看做是一个综合因素,用 $B$ 作为它的单因素评价结果,可得到隶属关系矩阵:

$$R = \begin{pmatrix} B_1 \\ B_2 \\ \vdots \\ B_S \end{pmatrix} = \begin{pmatrix} b_{11} & \cdots & b_{1m} \\ \vdots & \ddots & \vdots \\ b_{s1} & \cdots & b_{sm} \end{pmatrix} = \begin{pmatrix} r_{11} & \cdots & r_{1m} \\ \vdots & \ddots & \vdots \\ r_{s1} & \cdots & r_{sm} \end{pmatrix} \quad (8-8)$$

设综合模糊因素 $U_j(j=1, 2, \cdots, s)$ 的模糊权向量为 $W = (w_1, w_2, \cdots, w_s)$,则二级模糊综合评价模型为:

$$W \cdot R = (w_1, w_2, \cdots, w_s) \cdot \begin{pmatrix} r_{11} & \cdots & r_{1m} \\ \vdots & \ddots & \vdots \\ r_{s1} & \cdots & r_{sm} \end{pmatrix} = (b_1, b_2, \cdots, b_m) \quad (8-9)$$

同理，可以计算出三级或者更高级的模型。

（8）对于最后得到的目标层的多级模糊评价向量，与各级评语对应的数据构成的等级量化向量相乘，得到最终综合评价值。

（9）对模糊评价结果分析。

由于每一个评价事物的模糊评价结果都表现为一个模糊向量，模糊评价结果比较精确，评价包含了更丰富的信息，因此，对综合评价值的分析应该结合模糊评价向量进行。

## 8.3 用 AHP 确定评价指标体系的指标权重

按照农业信息服务系统评价的指标体系框架，系统评价总目标（$O$ 层）下属的一级指标 5 个，这 5 个一级指标构成了子目标层（$A$ 层，其元素用 $a_{ij}$ 表示）、由 17 个二级指标构成了准则层（$B$ 层，其元素用 $b_{ij}$ 表示）和 59 个三级指标构成了指标层（$C$ 层，其元素用 $x_{ij}$ 表示）。一级指标的权重定义为一级权重（即 $A$ 层元素对总目标 $O$ 的权重），二级指标的权重定义为二级权重（即 $B$ 层元素相对应的 $A$ 层指标的权重），三级指标的权重定义为三级权重（即 $C$ 层指标元素对应的 $B$ 层相应指标的权重）。

### 8.3.1 一级权重计算

农业信息服务系统总目标（$O$ 层）下属的 5 个一级指标分别是：$a_1$——战略地位；$a_2$——生产子系统；$a_3$——传播子系统；$a_4$——施效子系统；$a_5$——系统环境。$A$ 层一级指标相对于总目标的权重向量为 $W_i$。一级指标判断矩阵与权重的计算如表 8.6 所示。

表 8.6　　　　　　　　　　一级指标判断矩阵与权重

| $O$ | $a_1$ | $a_2$ | $a_3$ | $a_4$ | $a_5$ | $W_i$ |
|---|---|---|---|---|---|---|
| $a_1$ | 1 | 1/5 | 1/7 | 1/3 | 2 | 0.0562 |
| $a_2$ | 5 | 1 | 1/5 | 4 | 5 | 0.2394 |
| $a_3$ | 7 | 5 | 1 | 4 | 9 | 0.5521 |
| $a_4$ | 3 | 1/4 | 1/4 | 1 | 3 | 0.1121 |
| $a_5$ | 1/2 | 1/5 | 1/9 | 1/3 | 1 | 0.0402 |

从表 8.6 中计算求得：$\lambda_{\max} = 5.3474$，$C.I = 0.0869$，$R.I = 1.12$，$CR = 0.0776$。

因为 $CR<0.1$，该判断矩阵通过一致性检验。

### 8.3.2 二级权重计算

二级权重表示 $B$ 层各二级指标相对于其所属的 $A$ 层一级指标的重要程度。在计算出层次单排序之后，二级指标还要计算组合权重，确定 $B$ 层指标对总目标的重要程度。

（1）战略地位权重向量分配。

战略地位指标只有一个二级指标——政府重视程度 $b_{11}$，因此，权重为 1，即 $w_{11}=1$，组合权重 $=1\times 0.0562 = 0.0562$。

（2）生产子系统权重向量分配。

生产子系统指标包括 $b_{21}$——农业信息源；$b_{22}$——农业信息采集；$b_{23}$——农业信息加工；$b_{24}$——农业信息存量与利用等 4 个二级指标。生产子系统的二级指标判断矩阵与权重计算如表 8.7 所示。

表 8.7　　　　生产子系统的二级指标判断矩阵与权重

| $a_2$ | $b_{21}$ | $b_{22}$ | $b_{22}$ | $b_{24}$ | $W_{2i}$ |
|---|---|---|---|---|---|
| $b_{21}$ | 1 | 1/5 | 1/7 | 1/6 | 0.0426 |
| $b_{22}$ | 5 | 1 | 1/6 | 1/8 | 0.1158 |
| $b_{23}$ | 7 | 6 | 1 | 3 | 0.5628 |
| $b_{23}$ | 6 | 4 | 1/3 | 1 | 0.2788 |

从表 8.7 中计算求得：$\lambda_{\max}=4.2505$，$C.I=0.0835$，$R.I=0.96$，$CR=0.0928$。因为 $CR<0.1$，该判断矩阵通过一致性检验。

生产子系统的二级指标组合权重如表 8.8 所示。

表 8.8　　　　生产子系统的二级指标组合权重

| $w_2$ | $w_{21}$ | $w_{22}$ | $w_{23}$ | $w_{24}$ |
|---|---|---|---|---|
| 0.2394 | 0.0102 | 0.0277 | 0.1347 | 0.0667 |

（3）传播子系统权重向量分配。

传播子系统指标 $b_3$ 下包括 $b_{31}$——传播组织体系；$b_{32}$——传播资源整合；$b_{33}$——传播方式创新；$b_{34}$——网络传播等 4 个二级指标。传播子系统的二级指标判断矩阵与权重的计算如表 8.9 所示。

表 8.9　　　　　　传播子系统的二级指标判断矩阵与权重

| $a_3$ | $b_{31}$ | $b_{32}$ | $b_{33}$ | $b_{34}$ | $W_{3i}$ |
|---|---|---|---|---|---|
| $b_{31}$ | 1 | 1/7 | 2 | 1/3 | 0.0874 |
| $b_{32}$ | 7 | 1 | 9 | 4 | 0.6392 |
| $b_{33}$ | 1/2 | 1/9 | 1 | 0.2 | 0.0518 |
| $b_{34}$ | 3 | 1/4 | 5 | 1 | 0.2216 |

从表 8.9 中计算求得：$\lambda_{max} = 4.073$，$C.I = 0.0243$，$R.I = 0.96$，$CR = 0.027$。

因为 $CR < 0.1$，该判断矩阵通过一致性检验。

传播子系统指标的组合权重的计算如表 8.10 所示。

表 8.10　　　　　　传播子系统指标的组合权重

| $w_3$ | $w_{31}$ | $w_{32}$ | $w_{33}$ | $w_{34}$ |
|---|---|---|---|---|
| 0.5521 | 0.0483 | 0.3529 | 0.0286 | 0.1223 |

（4）施效子系统指标权重向量分配。

施效子系统指标 $b_4$ 下包括 $b_{41}$——信息接收设施；$b_{42}$——农民素质；$b_{43}$——决策支持服务；$b_{44}$——系统产出效益等 4 个二级指标。施效子系统的二级指标判断矩阵与权重的计算如表 8.11 所示。

表 8.11　　　　　　施效子系统的二级指标判断矩阵与权重

| $a_4$ | $b_{41}$ | $b_{42}$ | $b_{43}$ | $b_{44}$ | $W_{4i}$ |
|---|---|---|---|---|---|
| $b_{41}$ | 1 | 5 | 7 | 9 | 0.673 |
| $b_{42}$ | 1/5 | 1 | 1/2 | 3 | 0.1111 |
| $b_{43}$ | 1/7 | 2 | 1 | 5 | 0.1703 |
| $b_{44}$ | 1/9 | 1/3 | 1/5 | 1 | 0.0455 |

从表 8.11 中计算求得：$\lambda_{max} = 4.2057$，$C.I = 0.0686$，$R.I = 0.96$，$CR = 0.0762$。

因为 $CR < 0.1$，该判断矩阵通过一致性检验。

施效子系统指标的组合权重的计算如表 8.12 所示。

表 8.12　　　　　　施效子系统指标的组合权重

| $w_4$ | $w_{41}$ | $w_{42}$ | $w_{43}$ | $w_{44}$ |
|---|---|---|---|---|
| 0.1121 | 0.0754 | 0.0125 | 0.0191 | 0.0055 |

(5) 系统环境指标权重向量。

系统环境指标包括 $b_{51}$——网络基础环境；$b_{52}$——政策环境；$b_{53}$——法律环境；$b_{54}$——农业经营环境等 4 个二级指标。环境子系统的二级指标判断矩阵与权重的计算如表 8.13 所示。

表 8.13　　　　　环境子系统的二级指标判断矩阵与权重

| $a_5$ | $b_{51}$ | $b_{52}$ | $b_{53}$ | $b_{54}$ | $W_{5i}$ |
|---|---|---|---|---|---|
| $b_{51}$ | 1 | 3 | 4 | 5 | 0.5462 |
| $b_{52}$ | 1/3 | 1 | 2 | 3 | 0.2323 |
| $b_{53}$ | 1/4 | 1/2 | 1 | 2 | 0.1377 |
| $b_{53}$ | 1/5 | 1/3 | 0.5 | 1 | 0.0838 |

从表 8.13 中计算求得：$\lambda_{max}=4.0511$，$C.I=0.017$，$R.I=0.96$，$CR=0.0189$。因为 $CR<0.1$，该判断矩阵通过一致性检验。

系统环境的二级指标组合权重的计算如表 8.14 所示。

表 8.14　　　　　　系统环境的二级指标组合权重

| $w_5$ | $w_{51}$ | $w_{52}$ | $w_{53}$ | $w_{54}$ |
|---|---|---|---|---|
| 0.0402 | 0.0220 | 0.0093 | 0.0055 | 0.0034 |

### 8.3.3　三级权重计算

三级权重表示 $C$ 层各个三级指标相对于其所属 $B$ 层二级指标的重要程度。在计算出三级指标的层次单排序之后，还要计算三级指标的组合权重，确定 $C$ 层指标对总目标的重要程度。

(1) 政府重视程度指标权重向量分配。

政府重视程度指标包括 $c_{111}$——系统规划；$c_{112}$——项目领导协调能力；$c_{113}$——总投资等 3 个三级指标。政府重视程度的三级指标判断矩阵与权重的计算如表 8.15 所示。

表 8.15　　　　　政府重视程度的三级指标判断矩阵与权重

| $b_{11}$ | $c_{111}$ | $c_{112}$ | $c_{113}$ | $W_{c1i}$ |
|---|---|---|---|---|
| $c_{111}$ | 1 | 1/5 | 1/7 | 0.0719 |
| $c_{112}$ | 5 | 1 | 1/3 | 0.2790 |
| $c_{113}$ | 7 | 3 | 1 | 0.6491 |

从表 8.15 中计算求得：$\lambda_{max} = 3.0649$，$C.I = 0.0324$，$R.I = 0.58$，$CR = 0.0559$。
因为 $CR < 0.1$，该判断矩阵通过一致性检验。
政府重视程度三级指标的组合权重的计算如表 8.16 所示。

表 8.16　　　　　政府重视程度三级指标的组合权重

| $w_{11}$ | $w_{c11}$ | $w_{c12}$ | $w_{c13}$ |
| --- | --- | --- | --- |
| 0.0562 | 0.0040 | 0.0157 | 0.0365 |

（2）农业信息源指标权重向量分配。

农业信息源指标包括 $c_{211}$——机构信息源；$c_{212}$——人物信息源；$c_{213}$——实物信息源；$c_{214}$——科技信息源；$c_{215}$——文献信息源等 5 个三级指标。农业信息源的三级指标判断矩阵与权重的计算如表 8.17 所示。

表 8.17　　　　　农业信息源的三级指标判断矩阵与权重

| $b_{21}$ | $c_{211}$ | $c_{212}$ | $c_{213}$ | $c_{214}$ | $c_{215}$ | $W_{c2i}$ |
| --- | --- | --- | --- | --- | --- | --- |
| $c_{211}$ | 1 | 3 | 2 | 1/8 | 1/5 | 0.0835 |
| $c_{212}$ | 1/3 | 1 | 1/4 | 1/9 | 1/7 | 0.0334 |
| $c_{213}$ | 1/2 | 4 | 1 | 1/8 | 1/5 | 0.0689 |
| $c_{214}$ | 8 | 9 | 8 | 1 | 3 | 0.5416 |
| $c_{215}$ | 5 | 7 | 5 | 1/3 | 1 | 0.2726 |

从表 8.17 中计算求得：$\lambda_{max} = 5.3162$，$C.I = 0.0791$，$R.I = 1.12$，$CR = 0.0706$。
因为 $CR < 0.1$，该判断矩阵通过一致性检验。
农业信息源的三级指标组合权重的计算如表 8.18 所示。

表 8.18　　　　　农业信息源的三级指标组合权重

| $w_{21}$ | $w_{c21}$ | $w_{c22}$ | $w_{c23}$ | $w_{c24}$ | $W_{c25}$ |
| --- | --- | --- | --- | --- | --- |
| 0.0102 | 0.0009 | 0.0003 | 0.0007 | 0.0055 | 0.0028 |

（3）农业信息采集指标权重向量分配。

农业信息采集指标包括 $c_{221}$——采集指标科学性；$c_{222}$——采集点覆盖；$c_{223}$——采集设备；$c_{224}$——采集周期等 4 个三级指标。信息采集的三级指标判断矩阵与权重的计算如表 8.19 所示。

表 8.19　　　　　　　信息采集的三级指标判断矩阵与权重

| $b_{22}$ | $c_{221}$ | $c_{222}$ | $c_{223}$ | $c_{224}$ | $W_{c3i}$ |
|---|---|---|---|---|---|
| $c_{221}$ | 1 | 3 | 5 | 7 | 0.5650 |
| $c_{222}$ | 1/3 | 1 | 3 | 5 | 0.2622 |
| $c_{223}$ | 1/5 | 1/3 | 1 | 3 | 0.1175 |
| $c_{224}$ | 1/7 | 1/5 | 1/3 | 1 | 0.0553 |

从表 8.19 中计算求得：$\lambda_{max}=4.117$，$C.I=0.039$，$R.I=0.96$，$CR=0.0433$。因为 $CR<0.1$，该判断矩阵通过一致性检验。

信息采集的三级指标组合权重的计算如表 8.20 所示。

表 8.20　　　　　　　信息采集的三级指标组合权重

| $w_{22}$ | $w_{c31}$ | $w_{c32}$ | $w_{c33}$ | $w_{c34}$ |
|---|---|---|---|---|
| 0.0277 | 0.0156 | 0.0073 | 0.0033 | 0.0015 |

（4）信息加工指标的权重向量分配。

信息加工指标包括 $c_{231}$——加工技术先进程度；$c_{232}$——加工数据标准化；$c_{233}$——加工深度与质量等 3 个三级指标。信息加工三级指标判断矩阵与权重的计算如表 8.21 所示。

表 8.21　　　　　　　信息加工三级指标判断矩阵与权重

| $b_{23}$ | $c_{231}$ | $c_{232}$ | $c_{233}$ | $W_{c4i}$ |
|---|---|---|---|---|
| $c_{231}$ | 1 | 3 | 1/5 | 0.1884 |
| $c_{232}$ | 1/3 | 1 | 1/7 | 0.081 |
| $c_{233}$ | 5 | 7 | 1 | 0.7306 |

从表 8.21 中计算求得：$\lambda_{max}=3.0649$，$C.I=0.0324$，$R.I=0.58$，$CR=0.0559$。因为 $CR<0.1$，该判断矩阵通过一致性检验。

信息加工三级指标组合权重的计算如表 8.22 所示。

表 8.22　　　　　　　信息加工三级指标组合权重

| $w_{23}$ | $w_{c41}$ | $w_{c42}$ | $w_{c43}$ |
|---|---|---|---|
| 0.1347 | 0.0254 | 0.0281 | 0.0984 |

(5) 信息存量与利用指标权重向量分配。

农业信息存量与利用指标包括 $c_{241}$——人均数据库资源；$c_{242}$——人均区域外共享数据库资源；$c_{243}$——人均网站；$c_{244}$——数据库访问量等4个三级指标。信息存量与利用的三级指标判断矩阵与权重的计算如表8.23所示。

表8.23　　　　　信息存量与利用的三级指标判断矩阵与权重

| $b_{24}$ | $c_{241}$ | $c_{242}$ | $c_{243}$ | $c_{244}$ | $W_{c5i}$ |
|---|---|---|---|---|---|
| $c_{241}$ | 1 | 5 | 9 | 7 | 0.6504 |
| $c_{242}$ | 1/5 | 1 | 5 | 4 | 0.2176 |
| $c_{243}$ | 1/9 | 1/5 | 1 | 1/3 | 0.0448 |
| $c_{244}$ | 1/7 | 1/4 | 3 | 1 | 0.0872 |

从表8.23中计算求得：$\lambda_{max}=4.2313$，$C.I=0.0771$，$R.I=0.96$，$CR=0.0857$。因为 $CR<0.1$，该判断矩阵通过一致性检验。

信息存量与利用的三级指标组合权重的计算如表8.24所示。

表8.24　　　　　信息存量与利用的三级指标组合权重

| $w_{24}$ | $w_{c51}$ | $w_{c52}$ | $w_{c53}$ | $w_{c54}$ |
|---|---|---|---|---|
| 0.0667 | 0.0029 | 0.0145 | 0.0030 | 0.0058 |

(6) 传播组织体系指标的权重向量。

传播组织体系指标包括 $c_{311}$——万人均县级以上信息服务人数；$c_{112}$——万人均基层信息员；$c_{113}$——基层建站比率等3个三级指标。传播组织体系的三级指标判断矩阵与权重的计算如表8.25所示。

表8.25　　　　　传播组织体系的三级指标判断矩阵与权重

| $b_{31}$ | $c_{311}$ | $c_{312}$ | $c_{313}$ | $W_{c6i}$ |
|---|---|---|---|---|
| $c_{311}$ | 1 | 1/5 | 1/7 | 0.0719 |
| $c_{312}$ | 5 | 1 | 1/3 | 0.2790 |
| $c_{313}$ | 7 | 3 | 1 | 0.6491 |

从表8.25中计算求得：$\lambda_{max}=3.0649$，$C.I=0.0324$，$R.I=0.58$，$CR=0.0559$。因为 $CR<0.1$，该判断矩阵通过一致性检验。

传播组织体系的三级指标组合权重的计算如表8.26所示。

表 8.26　　　　　传播组织体系的三级指标组合权重

| $w_{31}$ | $w_{c61}$ | $w_{c62}$ | $w_{c63}$ |
|---|---|---|---|
| 0.0483 | 0.0035 | 0.0135 | 0.0314 |

（7）传播资源整合指标的权重向量分配。

传播与资源整合指标包括 $c_{321}$——电视节目播出比重；$c_{322}$——信息服务大厅；$c_{323}$——广播节目播出比重；$c_{324}$——村图书室比率；$c_{325}$——服务设施；$c_{326}$——科技示范园；$c_{327}$——电话语音服务等 7 个三级指标。传播资源整合的三级指标判断矩阵与权重的计算如表 8.27 所示。

表 8.27　　　　　传播资源整合的三级指标判断矩阵与权重

| $b_{32}$ | $c_{321}$ | $c_{322}$ | $c_{323}$ | $c_{324}$ | $c_{325}$ | $c_{326}$ | $c_{327}$ | $w_{c7i}$ |
|---|---|---|---|---|---|---|---|---|
| $c_{321}$ | 1 | 3 | 5 | 6 | 7 | 8 | 9 | 0.4144 |
| $c_{322}$ | 1/3 | 1 | 3 | 5 | 6 | 7 | 8 | 0.2516 |
| $c_{323}$ | 1/5 | 1/3 | 1 | 2 | 5 | 7 | 8 | 0.1421 |
| $c_{324}$ | 1/6 | 1/5 | 1/2 | 1 | 4 | 5 | 7 | 0.0978 |
| $c_{325}$ | 1/7 | 1/6 | 1/5 | 1/4 | 1 | 2 | 4 | 0.0438 |
| $c_{326}$ | 1/8 | 1/7 | 1/7 | 1/5 | 1/2 | 1 | 3 | 0.0310 |
| $c_{327}$ | 1/9 | 1/8 | 1/8 | 1/7 | 1/4 | 1/3 | 1 | 0.0194 |

从表 8.27 中计算求得：$\lambda_{max}$ = 7.711，$C.I$ = 0.1185，$R.I$ = 1.32，$CR$ = 0.0898。

因为 $CR$ < 0.1，该判断矩阵通过一致性检验。

传播资源整合的三级指标组合权重的计算如表 8.28 所示。

表 8.28　　　　　传播资源整合的三级指标组合权重

| $w_{32}$ | $w_{c71}$ | $w_{c72}$ | $w_{c73}$ | $w_{c74}$ | $w_{c75}$ | $w_{c76}$ | $w_{c77}$ |
|---|---|---|---|---|---|---|---|
| 0.3529 | 0.1462 | 0.0888 | 0.0501 | 0.0345 | 0.0155 | 0.0109 | 0.0068 |

（8）传播方式创新指标的权重向量分配。

传播方式创新指标包括 $c_{331}$——人际传播；$c_{332}$——组织传播；$c_{333}$——创新典型等 3 个三级指标。传播方式创新的三级指标判断矩阵与权重的计算如表 8.29 所示。

## 第8章 农业信息服务系统综合评价

表 8.29　　　　传播方式创新的三级指标判断矩阵与权重

| $b_{33}$ | $c_{331}$ | $c_{332}$ | $c_{333}$ | $W_{c8i}$ |
| --- | --- | --- | --- | --- |
| $c_{331}$ | 1 | 1/5 | 3 | 0.1830 |
| $c_{332}$ | 5 | 1 | 8 | 0.7418 |
| $c_{333}$ | 1/3 | 1/8 | 1 | 0.0752 |

从表 8.29 中计算求得：$\lambda_{max}$ = 3.0441，$C.I$ = 0.022，$R.I$ = 0.58，$CR$ = 0.038。

因为 $CR$ < 0.1，该判断矩阵通过一致性检验。

传播方式创新的三级指标组合权重的计算如表 8.30 所示。

表 8.30　　　　传播方式创新的三级指标组合权重

| $w_{33}$ | $w_{c81}$ | $w_{c82}$ | $w_{c83}$ |
| --- | --- | --- | --- |
| 0.0286 | 0.0052 | 0.0212 | 0.0022 |

（9）网络传播指标的权重向量分配。

网络传播指标包括 $c_{341}$——均县级以上计算机数；$c_{342}$——乡、村公共服务计算机数；$c_{343}$——网络内容更新；$c_{344}$——网络安全等 4 个三级指标。网络传播的三级指标判断矩阵与权重的计算如表 8.31 所示。

表 8.31　　　　网络传播的三级指标判断矩阵与权重

| $b_{34}$ | $c_{341}$ | $c_{342}$ | $c_{343}$ | $c_{344}$ | $w_{c9i}$ |
| --- | --- | --- | --- | --- | --- |
| $c_{341}$ | 1 | 1/5 | 1/9 | 1/8 | 0.0399 |
| $c_{342}$ | 5 | 1 | 1/4 | 1/3 | 0.1393 |
| $c_{343}$ | 9 | 4 | 1 | 2 | 0.5019 |
| $c_{344}$ | 8 | 3 | 1/2 | 1 | 0.3190 |

从表 8.31 中计算求得：$\lambda_{max}$ = 4.0964，$C.I$ = 0.0321，$R.I$ = 0.96，$CR$ = 0.0357。

因为 $CR$ < 0.1，该判断矩阵通过一致性检验。

网络传播的三级指标组合权重的计算如表 8.32 所示。

表 8.32　　　　网络传播的三级指标组合权重

| $w_{34}$ | $w_{c91}$ | $w_{c92}$ | $w_{c93}$ | $w_{c94}$ |
| --- | --- | --- | --- | --- |
| 0.1223 | 0.0049 | 0.0170 | 0.0614 | 0.0390 |

(10) 信息接收设施指标的权重向量分配。

信息接收设施指标包括 $c_{411}$——百户均拥有电视机；$c_{412}$——有线电视接入率；$c_{413}$——百户拥有电话率；$c_{414}$——百户入网计算机数等 4 个三级指标。信息接收设施的三级指标判断矩阵与权重的计算如表 8.33 所示。

表 8.33　　　　　　信息接收设施的三级指标判断矩阵与权重

| $b_{41}$ | $c_{411}$ | $c_{412}$ | $c_{413}$ | $c_{414}$ | $W_{c10i}$ |
|---|---|---|---|---|---|
| $c_{411}$ | 1 | 4 | 3 | 1/4 | 0.2203 |
| $c_{412}$ | 1/4 | 1 | 1/2 | 1/8 | 0.0588 |
| $c_{413}$ | 1/3 | 2 | 1 | 1/6 | 0.0958 |
| $c_{414}$ | 4 | 8 | 6 | 1 | 0.6251 |

从表 8.33 中计算求得：$\lambda_{max}$ = 4.0813，$C.I$ = 0.0271，$R.I$ = 0.96，$CR$ = 0.0301。

因为 $CR < 0.1$，该判断矩阵通过一致性检验。

信息接收设施的三级指标组合权重的计算如表 8.34 所示。

表 8.34　　　　　　信息接收设施的三级指标组合权重

| $w_{41}$ | $w_{c101}$ | $w_{c102}$ | $w_{c103}$ | $w_{c104}$ |
|---|---|---|---|---|
| 0.0754 | 0.0166 | 0.0010 | 0.0072 | 0.0471 |

(11) 信息素质指标权重向量分配。

信息素质指标包括 $c_{421}$——农民积极参加培训；$c_{422}$——主动咨询信息；$c_{423}$——教育水平等 3 个三级指标。信息素质的三级指标判断矩阵与权重的计算如表 8.35 所示。

表 8.35　　　　　　信息素质的三级指标判断矩阵与权重

| $b_{42}$ | $c_{411}$ | $c_{422}$ | $c_{423}$ | $w_{c11i}$ |
|---|---|---|---|---|
| $c_{421}$ | 1 | 5 | 7 | 0.7306 |
| $c_{422}$ | 1/5 | 1 | 3 | 0.1884 |
| $c_{423}$ | 1/7 | 1/3 | 1 | 0.0810 |

从表 8.35 中计算求得：$\lambda_{max}$ = 3.0649，$C.I$ = 0.0324，$R.I$ = 0.58，$CR$ = 0.0559。

因为 $CR < 0.1$，该判断矩阵通过一致性检验。

信息素质的三级指标组合权重的计算如表 8.36 所示。

表 8.36　　　　　　　　信息素质的三级指标组合权重

| $w_{42}$ | $w_{c111}$ | $w_{c112}$ | $w_{c113}$ |
|---|---|---|---|
| 0.0125 | 0.0091 | 0.0024 | 0.0010 |

（12）决策支持服务指标的权重向量分配。

决策支持服务指标包括 $c_{311}$——辅助决策方案数；$c_{112}$——辅助决策能力；$c_{113}$——农业电子商务等 3 个三级指标。决策支持服务的三级指标判断矩阵与权重的计算如表 8.37 所示。

表 8.37　　　　　　决策支持服务的三级指标判断矩阵与权重

| $b_{43}$ | $C_{431}$ | $C_{432}$ | $C_{433}$ | $W_{c12i}$ |
|---|---|---|---|---|
| $C_{431}$ | 1 | 1/7 | 1/5 | 0.0719 |
| $C_{432}$ | 7 | 1 | 3 | 0.6491 |
| $C_{433}$ | 5 | 1/3 | 1 | 0.279 |

从表 8.37 中计算求得：$\lambda_{max} = 3.0649$，$C.I = 0.0324$，$R.I = 0.58$，$CR = 0.0559$。

因为 $CR < 0.1$，该判断矩阵通过一致性检验。

决策支持服务的三级指标组合权重的计算如表 8.38 所示。

表 8.38　　　　　　决策支持服务的三级指标组合权重

| $w_{43}$ | $w_{c121}$ | $w_{c122}$ | $w_{c123}$ |
|---|---|---|---|
| 0.0191 | 0.0014 | 0.0124 | 0.0053 |

（13）系统产出效益指标权重向量分配。

系统产出效益指标包括 $c_{441}$——经济效益；$c_{442}$——生态效益；$c_{443}$——社会效益等 3 个三级指标。系统产出效益的三级指标判断矩阵与权重的计算如表 8.39 所示。

表 8.39　　　　　　系统产出效益的三级指标判断矩阵与权重

| $b_{44}$ | $C_{441}$ | $C_{442}$ | $C_{443}$ | $W_{c13i}$ |
|---|---|---|---|---|
| $C_{441}$ | 1 | 5 | 3 | 0.637 |
| $C_{442}$ | 1/5 | 1 | 1/3 | 0.1047 |
| $C_{443}$ | 1/3 | 3 | 1 | 0.2583 |

从表 8.39 中计算求得：$\lambda_{max} = 3.0385$，$C.I = 0.0193$，$R.I = 0.58$，$CR = 0.0332$。

因为 $CR < 0.1$，该判断矩阵通过一致性检验。

系统产出效益的三级指标组合权重的计算如表 8.40 所示。

表 8.40　　　　　系统产出效益的三级指标组合权重

| $w_{44}$ | $w_{c131}$ | $w_{c132}$ | $w_{c133}$ |
| --- | --- | --- | --- |
| 0.0055 | 0.0035 | 0.0006 | 0.0014 |

（14）网络基础设施环境指标的权重向量分配。

网络基础环境指标包括 $c_{511}$——通信基础环境；$c_{512}$——人均宽带拥有量；$c_{513}$——电波覆盖率等 3 个三级指标。通信基础环境的三级指标判断矩阵与权重的计算如表 8.41 所示。

表 8.41　　　　　通信基础环境的三级指标判断矩阵与权重

| $b_{51}$ | $c_{511}$ | $c_{512}$ | $c_{513}$ | $W_{c14i}$ |
| --- | --- | --- | --- | --- |
| $c_{511}$ | 1 | 3 | 1/5 | 0.1884 |
| $c_{512}$ | 1/3 | 1 | 1/7 | 0.081 |
| $c_{513}$ | 5 | 7 | 1 | 0.7306 |

从表 8.41 中计算求得：$\lambda_{max} = 3.0649$，$C.I = 0.0324$，$R.I = 0.58$，$CR = 0.0559$。

因为 $CR < 0.1$，该判断矩阵通过一致性检验。

通信基础环境的三级指标组合权重的计算如表 8.42 所示。

表 8.42　　　　　通信基础环境的三级指标组合权重

| $w_{51}$ | $w_{c141}$ | $w_{c142}$ | $w_{c143}$ |
| --- | --- | --- | --- |
| 0.0220 | 0.0041 | 0.0018 | 0.0161 |

（15）政策环境指标的权重向量分配。

政策环境指标包括财政政策环境和金融政策环境两个三级指标。政策环境的三级指标判断矩阵与权重的计算如表 8.43 所示。

# 第 8 章　农业信息服务系统综合评价

表 8.43　　　　　　　政策环境的三级指标判断矩阵与权重

| $b_{52}$ | $c_{521}$ | $c_{522}$ | $W_{c15i}$ |
| --- | --- | --- | --- |
| $c_{521}$ | 1 | 5 | 0.8333 |
| $c_{522}$ | 1/5 | 1 | 0.1667 |

所有的不超过二阶的正互反矩阵都是一致矩阵，所以二阶或者二阶以下的矩阵不用检验一致性。从表 8.43 中计算求得：$\lambda_{\max}=2$，$C.I=0$，$R.I=0$。

政策环境的三级指标组合权重的计算如表 8.44 所示。

表 8.44　　　　　　　政策环境的三级指标组合权重

| $w_{52}$ | $w_{c151}$ | $w_{c152}$ |
| --- | --- | --- |
| 0.0093 | 0.0077 | 0.0016 |

（16）法律环境指标的权重向量分配。

法律环境指标的下属指标包括数据标准法规和信息安全法律。法律环境指标的三级指标判断矩阵与权重的计算如表 8.45 所示。

表 8.45　　　　　　　法律环境指标的三级指标判断矩阵与权重

| $b_{53}$ | $c_{531}$ | $c_{532}$ | $W_{c16i}$ |
| --- | --- | --- | --- |
| $c_{531}$ | 1 | 2/5 | 0.1667 |
| $c_{532}$ | 5 | 1 | 0.8333 |

从表 8.45 中计算求得：$\lambda_{\max}=2$，$C.I=0$，$R.I=0$。

法律环境的三级指标组合权重的计算如表 8.46 所示。

表 8.46　　　　　　　法律环境的三级指标组合权重

| $w_{53}$ | $w_{c161}$ | $w_{c162}$ |
| --- | --- | --- |
| 0.0055 | 0.0009 | 0.0046 |

（17）农业经营环境指标的权重向量分配。

农业经营环境指标包括 $c_{311}$——规模化经营；$c_{112}$——合作社发展；$c_{113}$——产业化经营等 3 个四级指标。农业经营环境的三级指标指标判断矩阵与权重的计算如表 8.47 所示。

表 8.47　　　　　农业经营环境的三级指标指标判断矩阵与权重

| $b_{54}$ | $c_{541}$ | $c_{542}$ | $c_{543}$ | $W_{17i}$ |
|---|---|---|---|---|
| $c_{541}$ | 1 | 1/7 | 1/5 | 0.0719 |
| $c_{542}$ | 7 | 1 | 3 | 0.6491 |
| $c_{543}$ | 5 | 1/3 | 1 | 0.279 |

从表 8.47 中计算求得：$\lambda_{max} = 3.0649$，$C.I = 0.0324$，$R.I = 0.58$，$CR = 0.0559$。

因为 $CR < 0.1$，该判断矩阵通过一致性检验。

农业经营环境指标的三级指标组合权重的计算如表 8.48 所示。

表 8.48　　　　　农业经营环境指标的三级指标组合权重

| $w_{54}$ | $w_{171}$ | $w_{172}$ | $w_{173}$ |
|---|---|---|---|
| 0.0034 | 0.0002 | 0.0022 | 0.0009 |

### 8.3.4 层次总排序一致性检验

经过以上步骤完成了层次的单排序、层次总排序和关于层次单排序的一致性检验，各判断矩阵都有较为满意的一致性，但是，当从总体上考察时，各层次的非一致性仍有可能积累起来，引起最终分析结果较为严重的非一致性。因此，层次总排序也需要一致性检验。

检验仍像层次总排序那样由高层向低层逐层进行。按照检验公式：

$$C.R = \frac{C.I}{R.I} = \sum_{j}^{m} a_j CI_j / \sum_{j}^{m} a_j RI_j \qquad (8-10)$$

（1）A 层总排序的一致性检验。

$$C.R = \frac{\sum_{j}^{n} w_j C.I._j}{\sum_{j}^{n} w_j R.I._j} = (0.0562 \times 0 + 0.2394 \times 0.0835 + 0.5521 \times 0.0243 +$$

$0.1121 \times 0.0686 + 0.0402 \times 0.0170)/(0.0562 \times 0 + 0.2394 \times 0.96 + 0.5521 \times 0.96 + 0.1121 \times 0.96 + 0.0402 \times 0.96) = 0.0479/0.9060 = 0.0529$

$C.R < 0.1$，检验通过。

（2）B 层总排序的一致性检验。

对 $B_1$ 的检验：$B_1$ 总排序权重 $w_{11} = 1$，下面只有一个矩阵，其 $C.R$ 值就是原来的值,因此,在单排序一致检验通过时的 $C.R$ 值,就是总排序的 $C.R$ 值。

$C.R = 0.056 \times 1 = 0.056$

$C.R < 0.1$,检验通过。

对 $B_2$ 的检验:与对 $A$ 层检验同样的道理,代入以下公式可得:

$$C.R = \frac{\sum_{j}^{n} w_j C.I._j}{\sum_{j}^{n} w_j R.I._j} = 0.0543$$

$C.R < 0.1$,检验通过。

对 $B_3$ 的检验: $C.R = \dfrac{\sum_{j}^{n} w_j C.I._j}{\sum_{j}^{n} w_j R.I._j} = 0.0065$

$C.R < 0.1$,检验通过。

对 $B_4$ 的检验: $C.R = \dfrac{\sum_{j}^{n} w_j C.I._j}{\sum_{j}^{n} w_j R.I._j} = 0.0374$

$C.R < 0.1$,检验通过。

对 $B_5$ 的检验: $C.R = \dfrac{\sum_{j}^{n} w_j C.I._j}{\sum_{j}^{n} w_j R.I._j} = 0.0541$

$C.R < 0.1$,检验通过。

### 8.3.5 结果输出

(1) 农业信息服务系统综合评价指标单排序权重表,如表 8.49 所示。
(2) 农业信息服务系统综合评价指标合成权重值与指标排序,如表 8.50 所示。

### 8.3.6 对排序结果的分析

运用层次分析法最终得出了农业信息服务系统评价指标体系合成权重及排位,可以十分清晰地看出指标体系中各层次指标相对于总目标的重要性,对于我们在系统管理中面对纷繁复杂的现象理清思路,抓住主要矛盾,有重点地观察和解决问题提供了理论依据。

表 8.49　　　　农业信息服务系统综合评价指标单排序权重

| 目标层 | 子目标层 指标名称 | 单排序权重 | 准则层 指标名称 | 单排序权重 | 指标层 指标名称 | 单排序权重 |
|---|---|---|---|---|---|---|
| 农业信息服务系统综合评价指标体系 | 战略地位 | 0.05620 | 政府重视程度 | 0.0562 | 信息项目规划 | 0.0719 |
| | | | | | 项目领导协调能力 | 0.2790 |
| | | | | | 系统建设总投资 | 0.6491 |
| | 生产子系统 | 0.2394 | 信息源 | 0.0426 | 机构信息源 | 0.0835 |
| | | | | | 人物信息源 | 0.0334 |
| | | | | | 实物信息源 | 0.0689 |
| | | | | | 科技信息源 | 0.5416 |
| | | | | | 文献信息源 | 0.2726 |
| | | | 信息采集 | 0.1158 | 采集指标设计 | 0.5650 |
| | | | | | 采集点覆盖率 | 0.2622 |
| | | | | | 采集设备先进性 | 0.1175 |
| | | | | | 采集周期 | 0.0553 |
| | | | 信息加工 | 0.5628 | 加工技术先进性 | 0.1884 |
| | | | | | 加工标准化程度 | 0.0810 |
| | | | | | 加工深度与质量 | 0.7306 |
| | | | 信息存量与利用 | 0.2788 | 万人均区域内数据库资源 | 0.6504 |
| | | | | | 万人均区域外数据库资源 | 0.2176 |
| | | | | | 万人均网站 | 0.0448 |
| | | | | | 数据库访问量 | 0.0872 |
| | 传播子系统 | 0.5521 | 传播组织体系 | 0.0874 | 万人均县级以上信息服务者 | 0.0719 |
| | | | | | 万人均基层信息员 | 0.2790 |
| | | | | | 基层服务站比率 | 0.6491 |
| | | | 传播资源整合 | 0.6392 | 电视农业节目播出比重 | 0.4144 |
| | | | | | 县、乡信息服务大厅比率 | 0.2516 |
| | | | | | 广播农业节目播出比重 | 0.1421 |
| | | | | | 村图书室比率与利用情况 | 0.0978 |
| | | | | | 传播与下乡服务设施及利用 | 0.0438 |
| | | | | | 科技示范园规模和个数 | 0.0310 |
| | | | | | 电话语音服务 | 0.0194 |

续表

| 目标层 | 子目标层 指标名称 | 单排序权重 | 准则层 指标名称 | 单排序权重 | 指标层 指标名称 | 单排序权重 |
|---|---|---|---|---|---|---|
| 农业信息服务系统综合评价指标体系 | 传播子系统 | 0.5521 | 传播方式创新 | 0.0518 | 人际传播发展情况 | 0.1830 |
| | | | | | 组织传播发展情况 | 0.7418 |
| | | | | | 传播方式创新典型数 | 0.0752 |
| | | | 网络传播 | 0.2216 | 县级以上服务中心平均计算机数 | 0.0399 |
| | | | | | 乡村农业公共服务专用计算机数 | 0.1393 |
| | | | | | 网站内容丰富程度与更新速度 | 0.5019 |
| | | | | | 网络安全运行率 | 0.3190 |
| | 施效子系统 | 0.1121 | 信息接收设施 | 0.673 | 每百农户拥有电视机 | 0.2203 |
| | | | | | 有线电视入户率 | 0.0588 |
| | | | | | 每百农户拥有电话数 | 0.0958 |
| | | | | | 每百农户拥有计算机数 | 0.6251 |
| | | | 农民信息素质 | 0.1111 | 农民参加培训积极性和效果 | 0.7306 |
| | | | | | 农民主动咨询信息情况 | 0.1884 |
| | | | | | 平均受教育年限 | 0.0810 |
| | | | 决策支持服务 | 0.1703 | 辅助决策工作量 | 0.0719 |
| | | | | | 辅助决策水平 | 0.6491 |
| | | | | | 农业电子商务 | 0.2790 |
| | | | 系统产出 | 0.0455 | 经济效益 | 0.6370 |
| | | | | | 生态效益 | 0.1047 |
| | | | | | 社会效益 | 0.2583 |
| | 系统环境 | 0.0402 | 通信基础环境 | 0.5462 | 通信基础设施 | 0.1884 |
| | | | | | 人均宽带拥有量 | 0.0810 |
| | | | | | 电波覆盖率 | 0.7306 |
| | | | 政策环境 | 0.2323 | 财政补贴和奖励 | 0.8333 |
| | | | | | 金融优惠贷款 | 0.1667 |
| | | | 法律环境 | 0.1377 | 数据标准化规范 | 0.1667 |
| | | | | | 信息安全法律、信息化法律法规 | 0.8333 |
| | | | 农业经营环境 | 0.0838 | 规模化经营 | 0.0719 |
| | | | | | 农业合作社发展 | 0.6491 |
| | | | | | 产业化经营 | 0.2790 |

表 8.50　农业信息服务系统综合评价指标合成权重值与指标排序

| 目标层 | 子目标层 指标名称 | 权重与排序 | 准则层 指标名称 | 合成权重与排序 | 指标层 指标名称 | 合成权重 ∑x=1 | 排序 |
|---|---|---|---|---|---|---|---|
| 农业信息服务系统综合评价指标体系 | 战略地位 | 0.0562 (4) | 政府重视程度 | 0.0562 (6) | 信息项目规划 | 0.0040 | 36 |
| | | | | | 项目领导协调能力 | 0.0157 | 17 |
| | | | | | 系统建设总投资 | 0.0365 | 8 |
| | 生产子系统 | 0.2394 (2) | 信息源 | 0.0102 (13) | 机构信息源 | 0.0009 | 55 |
| | | | | | 人物信息源 | 0.0003 | 58 |
| | | | | | 实物信息源 | 0.0007 | 56 |
| | | | | | 科技信息源 | 0.0055 | 30 |
| | | | | | 文献信息源 | 0.0028 | 42 |
| | | | 信息采集 | 0.0277 (9) | 采集指标设计 | 0.0156 | 18 |
| | | | | | 采集点覆盖率 | 0.0073 | 26 |
| | | | | | 采集设备先进性 | 0.0033 | 39 |
| | | | | | 采集周期 | 0.0015 | 48 |
| | | | 信息加工 | 0.1347 (2) | 加工技术先进性 | 0.0254 | 12 |
| | | | | | 加工标准化程度 | 0.0284 | 11 |
| | | | | | 加工深度与质量 | 0.0984 | 2 |
| | | | 信息存量与利用 | 0.0667 (5) | 万人均区域内数据库资源 | 0.0029 | 41 |
| | | | | | 万人均区域外数据库资源 | 0.0145 | 20 |
| | | | | | 万人均网站 | 0.0030 | 40 |
| | | | | | 数据库访问量 | 0.0058 | 29 |
| | 传播子系统 | 0.5521 (1) | 传播组织体系 | 0.0483 (7) | 万人均县级以上信息服务者 | 0.0035 | 37～38 |
| | | | | | 万人均基层信息员 | 0.0135 | 21 |
| | | | | | 基层服务站比率 | 0.0314 | 10 |
| | | | 传播资源整合 | 0.3529 (1) | 电视农业节目播出比重 | 0.1462 | 1 |
| | | | | | 县、乡信息服务大厅比率 | 0.0888 | 3 |
| | | | | | 广播农业节目播出比重 | 0.0501 | 5 |
| | | | | | 村图书室比率与利用情况 | 0.0345 | 9 |
| | | | | | 传播与下乡服务设施及利用 | 0.0155 | 19 |
| | | | | | 科技示范园规模和个数 | 0.0109 | 23 |
| | | | | | 电话语音服务 | 0.0068 | 28 |

续表

| 目标层 | 子目标层 | | 准则层 | | 指标层 | | |
|---|---|---|---|---|---|---|---|
| | 指标名称 | 权重与排序 | 指标名称 | 合成权重与排序 | 指标名称 | 合成权重 $\sum x=1$ | 排序 |
| 农业信息服务系统综合评价指标体系 | 传播子系统 | 0.5521 (1) | 传播方式创新 | 0.0286 (8) | 人际传播发展情况 | 0.0052 | 32 |
| | | | | | 组织传播发展情况 | 0.0212 | 13 |
| | | | | | 传播方式创新典型数 | 0.0022 | 45 |
| | | | 网络传播 | 0.1233 (3) | 县级以上服务中心平均计算机数 | 0.0049 | 33 |
| | | | | | 乡村农业公共服务专用计算机数 | 0.0170 | 14 |
| | | | | | 网站内容丰富程度与更新速度 | 0.0614 | 4 |
| | | | | | 网络安全运行率 | 0.0390 | 7 |
| | 施效子系统 | 0.1121 (3) | 信息接收设施 | 0.0754 (4) | 每百农户拥有电视机 | 0.0166 | 15 |
| | | | | | 有线电视入户率 | 0.0010 | 51~52 |
| | | | | | 每百农户拥有电话数 | 0.0072 | 27 |
| | | | | | 每百农户拥有计算机数 | 0.0471 | 6 |
| | | | 农民信息素质 | 0.0125 (12) | 农民参加培训积极性和效果 | 0.0091 | 24 |
| | | | | | 农民主动咨询信息情况 | 0.0024 | 43 |
| | | | | | 平均受教育年限 | 0.0010 | 51~52 |
| | | | 决策支持服务 | 0.0191 (11) | 辅助决策工作量 | 0.0014 | 49~50 |
| | | | | | 辅助决策水平 | 0.0124 | 22 |
| | | | | | 农业电子商务 | 0.0053 | 31 |
| | | | 系统产出 | 0.0055 (15~16) | 经济效益 | 0.0035 | 37~38 |
| | | | | | 生态效益 | 0.0006 | 57 |
| | | | | | 社会效益 | 0.0014 | 49~50 |
| | 系统环境 | 0.0402 (5) | 通信基础环境 | 0.0220 (10) | 通信基础设施 | 0.0041 | 35 |
| | | | | | 人均宽带拥有量 | 0.0018 | 46 |
| | | | | | 电波覆盖率 | 0.0161 | 16 |
| | | | 政策环境 | 0.0093 (14) | 财政补贴和奖励 | 0.0077 | 25 |
| | | | | | 金融优惠贷款 | 0.0016 | 47 |
| | | | 法律环境 | 0.0055 (15~16) | 数据标准化规范 | 0.0009 | 53~55 |
| | | | | | 信息安全法律、信息化法律法规 | 0.0046 | 34 |
| | | | 农业经营环境 | 0.0034 (17) | 规模化经营 | 0.0002 | 59 |
| | | | | | 农业合作社发展 | 0.0022 | 44~45 |
| | | | | | 产业化经营 | 0.0009 | 53~55 |

从子目标层来看，传播子系统最重要，其次是生产子系统、施效子系统，最后是战略地位和系统环境。传播子系统的重要性达到55.21%，可以说它直接关系到系统建设的成败，因此，应该把建设重点放在传播子系统。

从准则层指标来看，在17个指标中排在前三位的是传播资源整合、信息加工和网络传播，三个指标的权重总和超过60%，单是传播资源整合一个指标就占所有17个指标总和的1/3以上。因此，应该特别重视对传播资源的整合，综合利用传统的传播渠道加强农业信息的传播力度，再就是应该加强信息加工和网络传播力量，信息加工直接关系到农业信息为使用者创造价值的大小，网络传播有着不可替代的技术优势，它是农业信息传播方式的发展方向，这三项指标应该作为系统建设与管理的重点。

继续深入分析系统内部的各种要素，根据对指标层59个指标的总排序，排在前5位的指标是电视农业节目播出比重＞信息加工深度与质量＞县、乡级农业信息服务大厅建设＞网站信息丰富程度与更新＞广播农业节目播出比重。电视和广播是农民现有的信息接收终端，当前信息传播必须立足传统信息传播通道的利用；信息服务大厅的建设为农业信息服务人员与农民面对面交流搭建了平台，通过交流，可以帮助农民解决生产决策中遇到的难题，教导农民辨别真假种子农药等，它的综合性服务特征，决定了各地建设农业信息服务大厅的重要性；网络信息质量和网站信息丰富程度直接决定了网络的价值，现代信息技术的价值不仅在于快速传播大量信息，更重要的是传播了什么信息，能为农民创造更大的市场价值。

分析指标的重要程度可知，排在前10位的指标是：电视农业节目播出比重＞信息加工深度与质量＞县乡级农业信息服务大厅建设＞网站内容丰富程度与更新速度＞广播农业节目播出比重＞每百户拥有计算机数＞网络安全运行率＞系统建设总投资＞村图书室比率即利用＞基层信息服务站点比率。在这些指标中属于农业信息传播子系统的占了7项，属于生产子系统、施效子系统和战略地位各占一项。总结这10个主要指标发现，按照系统运行秩序，对农业信息服务系统管理主要应该从以下四个方面开展工作：第一，通过制度创新等各种措施千方百计增加系统建设总投资，它是系统外部资源输入的集中体现，尤其是农业信息作为公共产品供给，理应增加国家资金支持；第二，吸引高级专业人才、采用现代先进的加工处理技术和方法，提高对农业信息加工的深度和精度，按照农民需要和各地区农业环境条件的差异，提供高质量农业信息产品，使农民能充分利用当地资源优势，生产出具有市场竞争优势的农产品，解决农民生产什么的决策难题；第三，农业信息传播资源的有效率利用和各种信息传播方式的立体交叉覆盖，不仅让农民经济、方便地获取信息，而且通过科技服务大厅、基层信息服务站点和在村庄普及图书室的办法，为农民提供面对面信息交流的场所，有利于农民之间在获取信息、鉴别信息、筛选有用信息的方式方法上相互促进，激发农民学科学、用科学的热情，促进信息向行动的转化，有利于从实质性内涵上建设社会主义新农村；第四，推进计算机网络进村入户的进程，一是在农村加强宣传、现场示范、办短期培训班等方式，让农民了解网络，提高信息能力，消除对网络的陌生感和一些负面影响，再就是加强对农业网站的管理，提高政府主办的农业信息网站的权威性和可信任程度，能为农民提供重要的、丰富的信息产品，探讨各种有效措施保障信息诚信和网络安全运行，降低信息风险，吸引农民购机入网，使农业信息成为农民生产生活决策的重要工具和手段。

当然，抓主要矛盾与全面管理是相辅相成的，系统的优势就在于要素的整体性、组织化、相互联系和相互作用的规则，因此，也不能忽视次要因素的作用，它们往往是系统正常运行的基础和媒介，是系统发挥作用的必要环节。从农业信息服务系统中提炼出这59个因素作为评价指标体系，每一个因素都有其特定的功能和目的，形成对其他要素的支持或制约作用，因此要把对农业信息服务系统的科学管理建立在辩证唯物主义基本原理的基础之上。

## 8.4 应用综合评价模型的实证分析

运用评价指标体系和系统综合评价模型对河北省农业信息服务系统进行模拟评价，以验证模型在实际应用中的有效性。该指标体系和综合评价模型适用于县级以上区域和全国农业信息服务系统的综合评价。

### 8.4.1 实证资料来源

确定隶属函数是模糊模型计算的基础，确定隶属函数的方法有很多，如模糊统计法、二元对比排序、三分法、请有经验的专家或工程技术人员打分等，本书采用专家打分的方法。所用资料来源于参加2005年全国农业信息化会议专家的现场调查和对部分专家以电子邮件或信函方式的问卷调查。共发放问卷30份，每份包括"对农业信息服务系统评价指标体系设计的专家意见"、"对评价指标设计的重要程度标度的专家意见"和"对河北省农业信息服务各项指标评价的专家意见"共三份，收回"对指标体系设计的专家意见"30份，收回"对评价指标设计的重要程度标度的专家意见"26份，收回"对河北省农业信息服务各项指标评价的专家意见"30份，经过与专家多次沟通，实际收回的问卷整理后均可使用。

## 8.4.2 计算说明

（1）三级评价过程。

根据前面已经建立的农业信息服务系统多级模糊评价模型和计算步骤，按照多级模糊评价基本原理，对指标体系按照从下到上的原则，首先对规则层子集进行单级模糊评价（初级评判），形成对规则层指标的单级评价值矩阵；然后对子目标层进行对二级模糊评价，把经过初级评判的规则集计算结果合成，形成二级模糊评价的隶属关系矩阵，引入规则层指标对相应的子目标层指标的权重向量，计算出二级综合评价值；接着把计算的二级评价值合成为三级模糊评价关系矩阵，引入子目标层指标相对于总目标的权重向量，计算出三级评价结果，就是对总目标的模糊综合评价结果。

（2）最终综合评价值。

由于对总目标的模糊评价结果是一个总目标属于不同评价等级的隶属度向量，为了便于对评价结果进行横向和纵向比较，最后，把评语集中各等级对应的计算分值 [3，4，5，6，7] 与总目标的模糊评价向量合成，形成最终综合评价值。

（3）权重向量。

在各级评价过程中都要引入模糊权向量 $W = (w_1, w_2, \cdots, w_n)$ 与模糊关系矩阵合成，模糊权向量要求使用前归一化。因此，我们可以直接使用前面 AHP 计算的单层次排序向量。为了对权向量查找方便，我们把它们归结为表格形式，即：表 8.49 农业信息服务系统综合评价指标单排序权重表。

## 8.4.3 对规则层子集进行单级模糊评价

（1）对政府重视程度指标 $U_{11}$ 的评判。

根据模型 $U_{11} = (U_{111}, U_{112}, U_{113}) = $（信息规划，项目领导协调能力，系统建设总投资）；专家对 $U_{11}$ 下的三项指标打分构成的模糊评价矩阵为 $R_{11}$：

$$R_{11} = \begin{pmatrix} 26/26 & 0 & 0 & 0 & 0 \\ 5/26 & 18/26 & 3/26 & 0 & 0 \\ 2/26 & 13/26 & 6/26 & 5/26 & 0 \end{pmatrix}$$

三级指标 $U_{111}$，$U_{112}$，$U_{113}$ 相对于政府重视程度指标的权重向量：

$$W_{11} = (0.0719 \quad 0.2790 \quad 0.6491)$$

由于是权数和指标值构成的模糊矩阵合成，因此采用常规矩阵相乘的规则，得到 $U_{11}$ 的单级指标评价值矩阵为 $B_{11}$：

$$B_{11} = WR = \begin{pmatrix} 0.0719 & 0.2790 & 0.6491 \end{pmatrix} \begin{pmatrix} 26/26 & 0 & 0 & 0 & 0 \\ 5/26 & 18/26 & 3/26 & 0 & 0 \\ 2/26 & 13/26 & 6/26 & 5/26 & 0 \end{pmatrix}$$

$$= \begin{pmatrix} 0.1755 & 0.5177 & 0.1820 & 0.1248 & 0 \end{pmatrix}$$

（2）对信息源指标 $U_{21}$ 的评判。

$U_{21} = (U_{211}, U_{212}, U_{213}, U_{214}, U_{215}) = $（机构信息源，人物信息源，实物信息源，科技信息源，文献信息源）

对 $U_{21}$ 下的 5 个指标专家打分构成的模糊关系矩阵为 $R_{21}$：

$$R_{21} = \begin{pmatrix} 3/26 & 11/26 & 8/26 & 4/26 & 0 \\ 8/26 & 8/26 & 8/26 & 2/26 & 0 \\ 0 & 3/26 & 13/26 & 5/26 & 5/26 \\ 0 & 7/26 & 8/26 & 11/26 & 0 \\ 3/26 & 10/26 & 9/26 & 4/26 & 0 \end{pmatrix}$$

三级指标 $U_{211}$，$U_{212}$，$U_{213}$，$U_{214}$，$U_{215}$ 相对信息源指标 $U_{21}$ 的单层次排序权重向量：

$$W_{21} = (0.0835 \quad 0.0334 \quad 0.0689 \quad 0.5416 \quad 0.2726)$$

采用常规矩阵相乘的规则，得到 $U_{21}$ 的单级指标评价值矩阵为 $B_{21}$：

$$B_{21} = WR = \begin{pmatrix} 0.0835 & 0.0334 & 0.0689 & 0.5416 & 0.2726 \end{pmatrix}$$

$$\begin{pmatrix} 3/26 & 11/26 & 8/26 & 4/26 & 0 \\ 8/26 & 8/26 & 8/26 & 2/26 & 0 \\ 0 & 3/26 & 13/26 & 5/26 & 5/26 \\ 0 & 7/26 & 8/26 & 11/26 & 0 \\ 3/26 & 10/26 & 9/26 & 4/26 & 0 \end{pmatrix}$$

$$= (0.0514 \quad 0.3042 \quad 0.3314 \quad 0.2997 \quad 0.0133)$$

（3）对信息采集指标 $U_{22}$ 的评判。

$U_{22} = (U_{221}, U_{222}, U_{223}, U_{224}) = $（采集指标，采集点，采集设备先进性，采集周期）

对信息采集的 4 个指标专家打分构成的模糊矩阵为为 $R_{22}$：

$$R_{22} = \begin{pmatrix} 18/26 & 8/26 & 0 & 0 & 0 \\ 16/26 & 6/26 & 4/26 & 0 & 0 \\ 1/26 & 3/26 & 20/26 & 2/26 & 0 \\ 0 & 5/26 & 19/26 & 2/26 & 0 \end{pmatrix}$$

信息采集的单层次排序权重向量：

$$W_{22} = (0.5650 \quad 0.2622 \quad 0.1175 \quad 0.0553)$$

采用常规矩阵相乘的规则，得到 $U_{22}$ 的单级指标评价值矩阵为 $B_{22}$：

$$B_{22} = WR = (0.5650 \quad 0.2622 \quad 0.1175 \quad 0.0553)$$
$$\begin{pmatrix} 18/26 & 8/26 & 0 & 0 & 0 \\ 16/26 & 6/26 & 4/26 & 0 & 0 \\ 1/26 & 3/26 & 20/26 & 2/26 & 0 \\ 0 & 5/26 & 19/26 & 2/26 & 0 \end{pmatrix}$$
$$= (0.5570 \quad 0.2585 \quad 0.1733 \quad 0.0112 \quad 0)$$

（4）对信息加工指标 $U_{23}$ 的评判。

$U_{23} = (U_{231}, U_{232}, U_{233}) = $（加工技术先进性，加工标准化率，加工深度与质量）

专家对 $U_{23}$ 包括的三项指标打分构成的模糊评价矩阵为 $R_{23}$：

$$R_{23} = \begin{pmatrix} 3/26 & 8/26 & 14/26 & 1/26 & 0 \\ 2/26 & 5/26 & 15/26 & 4/26 & 0 \\ 0 & 13/26 & 7/26 & 6/26 & 0 \end{pmatrix}$$

信息加工指标 $U_{23}$ 的单层次排序权重向量：

$$W_{23} = (0.1884, \ 0.081, \ 0.7306)$$

$U_{23}$ 的单级指标评价值矩阵为 $B_{23}$：

$$B_{23} = WR = (0.1884 \quad 0.081 \quad 0.7306) \begin{pmatrix} 3/26 & 8/26 & 14/26 & 1/26 & 0 \\ 2/26 & 5/26 & 15/26 & 4/26 & 0 \\ 0 & 13/26 & 7/26 & 6/26 & 0 \end{pmatrix}$$
$$= (0.0280 \quad 0.4388 \quad 0.3449 \quad 0.1883 \quad 0)$$

（5）对信息存量与利用指标 $U_{24}$ 的评判。

$U_{24} = (U_{241}, U_{242}, U_{243}, U_{244}) = $（每万农村人口平均农业数据库量，每万农村人口平均共享区域外数据库量，每万农村人口平均区域内农业网站，区域内数据库访问量）

## 第8章 农业信息服务系统综合评价

对 $U_{23}$ 下 4 个指标专家打分构成的模糊矩阵为 $R_{24}$：

$$R_{24} = \begin{pmatrix} 2/26 & 8/26 & 16/26 & 0 & 0 \\ 2/26 & 10/26 & 14/26 & 0 & 0 \\ 3/26 & 16/26 & 7/26 & 0 & 0 \\ 0 & 8/26 & 16/26 & 2/26 & 0 \end{pmatrix}$$

信息存量与利用指标的单层次排序权重向量：

$$W_{24} = (0.6504 \quad 0.2176 \quad 0.0448 \quad 0.0872)$$

信息存量与利用指标 $U_{24}$ 的单级指标评价值矩阵为 $B_{24}$：

$$B_{24} = WR = (0.6504 \quad 0.2176 \quad 0.0448 \quad 0.0872)$$
$$\begin{pmatrix} 2/26 & 8/26 & 16/26 & 0 & 0 \\ 2/26 & 10/26 & 14/26 & 0 & 0 \\ 3/26 & 16/26 & 7/26 & 0 & 0 \\ 0 & 8/26 & 16/26 & 2/26 & 0 \end{pmatrix}$$
$$= (0.0719 \quad 0.3382 \quad 0.5813 \quad 0.0067 \quad 0)$$

(6) 对传播组织体系指标 $U_{31}$ 的评判。

$U_{31} = (U_{311}, U_{312}, U_{313}) = $（每万农村人口平均县级以上信息服务人数，每万农村人口平均乡和村基层信息员人数，基层服务站点比率）

专家对 $U_{31}$ 包括的三项指标打分构成的模糊关系矩阵为 $R_{31}$：

$$R_{31} = \begin{pmatrix} 6/26 & 10/26 & 10/26 & 0 & 0 \\ 0 & 15/26 & 9/26 & 2/26 & 0 \\ 2/26 & 19/26 & 5/26 & 0 & 0 \end{pmatrix}$$

从层次分析法中得到三级权重"传播组织指标"的单排序权重向量：

$$W_{31} = (0.0719 \quad 0.2790 \quad 0.6491)$$

$U_{31}$ 的单级指标评价值矩阵为 $B_{31}$：

$$B_{31} = WR = (0.0719 \quad 0.2790 \quad 0.6491) \begin{pmatrix} 6/26 & 10/26 & 0 & 0 & 0 \\ 0 & 15/26 & 9/26 & 2/26 & 0 \\ 2/26 & 19/26 & 5/26 & 0 & 0 \end{pmatrix}$$
$$= (0.0665 \quad 0.6630 \quad 0.2491 \quad 0.0215 \quad 0)$$

(7) 对传播资源整合指标 $U_{32}$ 的评判。

$U_{32}$ 子集的指标因素为：$U_{32} = (U_{321}, U_{322}, U_{323}, U_{324}, U_{325}, U_{326}, U_{327}) = $（电视农业节目比重，广播农业节目比重，电话语音服务，科技示范园规模与个

数,科技服务大厅,村图书室比率,其他传播服务设备)

对 $U_{32}$ 子集中各指标专家评价构成的模糊隶属度矩阵为 $R_{32}$:

$$R_{32} = \begin{pmatrix} 0 & 5/26 & 18/26 & 3/26 & 0 \\ 26/26 & 0 & 0 & 0 & 0 \\ 2/26 & 13/26 & 10/26 & 1/26 & 0 \\ 0 & 8/26 & 7/26 & 6/26 & 5/26 \\ 6/26 & 7/26 & 12/26 & 1/26 & 0 \\ 0 & 5/26 & 7/26 & 11/26 & 3/26 \\ 10/26 & 13/26 & 3/26 & 0 & 0 \end{pmatrix}$$

$U_{32}$ 对应的三级指标权重向量:

$W_{32} = (0.4144\quad 0.2516\quad 0.1421\quad 0.0978\quad 0.0438\quad 0.0310\quad 0.0194)$

$U_{31}$ 的单级指标评价值矩阵为 $B_{32}$:

$$B_{32} = WR = \begin{pmatrix} 0.4144 \\ 0.2516 \\ 0.1421 \\ 0.0978 \\ 0.0438 \\ 0.0310 \\ 0.0194 \end{pmatrix}^T \begin{pmatrix} 0 & 5/26 & 18/26 & 3/26 & 0 \\ 26/26 & 0 & 0 & 0 & 0 \\ 2/26 & 13/26 & 10/26 & 1/26 & 0 \\ 0 & 8/26 & 7/26 & 6/26 & 5/26 \\ 6/26 & 7/26 & 12/26 & 1/26 & 0 \\ 0 & 5/26 & 7/26 & 11/26 & 3/26 \\ 10/26 & 13/26 & 3/26 & 0 & 0 \end{pmatrix}$$

$= (0.2801\quad 0.2083\quad 0.3987\quad 0.0906\quad 0.0224)$

(8) 对传播方式创新 $U_{33}$ 的初级评判。

$U_{33}$ 对应子集的指标因素: $U_{33} = (U_{331}, U_{332}, U_{333}) = $ (人际传播,组织传播,创新典型数)

对 $U_{33}$ 子集中各指标专家评价构成的模糊隶属度矩阵为 $R_{33}$:

$$R_{33} = \begin{pmatrix} 3/26 & 16/26 & 7/26 & 0 & 0 \\ 8/26 & 9/26 & 9/26 & 0 & 0 \\ 26/26 & 0 & 0 & 0 & 0 \end{pmatrix}$$

$U_{33}$ 对应的三级指标权重向量: $W_{33} = (0.1830\quad 0.7418\quad 0.0752)$

$U_{33}$ 的单级指标评价值矩阵为 $B_{33}$:

$$B_{33} = WR = (0.1830\quad 0.7418\quad 0.0752)\begin{pmatrix} 3/26 & 16/26 & 7/26 & 0 & 0 \\ 8/26 & 9/26 & 9/26 & 0 & 0 \\ 26/26 & 0 & 0 & 0 & 0 \end{pmatrix}$$

$= (0.3246 \quad 0.3694 \quad 0.3060 \quad 0 \quad 0)$

(9) 对网络传播 $U_{34}$ 的初级评判。

$U_{34}$ 子集的指标因素：$U_{34} = (U_{341}, U_{342}, U_{343}, U_{344}) = ($县级以上服务机构计算机台数，乡、村专用农业公共服务计算机台数，网站内容更新，网络安全运行率$)$

对 $U_{34}$ 子集中各指标专家评价构成的模糊隶属度矩阵为 $R_{34}$：

$$R_{34} = \begin{pmatrix} 2/26 & 18/26 & 6/26 & 0 & 0 \\ 0 & 11/26 & 10/26 & 5/26 & 0 \\ 2/26 & 13/26 & 6/26 & 3/26 & 2/26 \\ 0 & 16/26 & 10/26 & 0 & 0 \end{pmatrix}$$

$U_{34}$ 对应的三级指标权重向量：$W_{34} = (0.0399 \quad 0.1393 \quad 0.5019 \quad 0.3190)$

$U_{34}$ 的单级指标评价值矩阵为 $B_{34}$：

$$B_{34} = WR = (0.0399 \quad 0.1393 \quad 0.5019 \quad 0.3190)$$
$$\begin{pmatrix} 2/26 & 18/26 & 6/26 & 0 & 0 \\ 0 & 11/26 & 10/26 & 5/26 & 0 \\ 2/26 & 13/26 & 6/26 & 3/26 & 2/26 \\ 0 & 16/26 & 10/26 & 0 & 0 \end{pmatrix}$$

$= (0.0417 \quad 0.5338 \quad 0.3013 \quad 0.0847 \quad 0.0386)$

(10) 对信息接收设施 $U_{41}$ 的初级评判。

$U_{41}$ 对应子集的指标因素：$U_{41} = (U_{411}, U_{412}, U_{413}, U_{414}) = ($每百户拥有电视，有线电视接入率，每百户拥有电话，每百户拥有入网计算机$)$

对 $U_{41}$ 子集中各指标专家评价构成的模糊隶属度矩阵为 $R_{41}$：

$$R_{41} = \begin{pmatrix} 12/26 & 11/26 & 3/26 & 0 & 0 \\ 8/26 & 10/26 & 5/26 & 3/26 & 0 \\ 7/26 & 6/26 & 13/26 & 0 & 0 \\ 0 & 7/26 & 13/26 & 5/26 & 1/26 \end{pmatrix}$$

$U_{41}$ 对应的三级指标权重向量：$W_{41} = (0.2203 \quad 0.0588 \quad 0.0958 \quad 0.6251)$

$U_{41}$ 的单级指标评价值矩阵为 $B_{41}$：

$$B_{41} = WR = (0.2203 \quad 0.0588 \quad 0.0958 \quad 0.6251)$$
$$\begin{pmatrix} 12/26 & 11/26 & 3/26 & 0 & 0 \\ 8/26 & 10/26 & 5/26 & 3/26 & 0 \\ 7/26 & 6/26 & 13/26 & 0 & 0 \\ 0 & 7/26 & 13/26 & 5/26 & 1/26 \end{pmatrix}$$

$$= (0.1456 \quad 0.3062 \quad 0.3972 \quad 0.1270 \quad 0.0240)$$

（11）对农民信息素质 $U_{42}$ 的初级评判。

$U_{42}$ 对应子集的指标因素：$U_{42} = (U_{421}, U_{422}, U_{423}) = $（农民参加培训，主动咨询，平均文化程度）

对 $U_{42}$ 子集中各指标专家模糊评价构成的模糊隶属度矩阵为 $R_{42}$：

$$R_{42} = \begin{pmatrix} 0 & 3/26 & 16/26 & 4/26 & 3/26 \\ 0 & 6/26 & 20/26 & 0 & 0 \\ 4/26 & 7/26 & 13/26 & 2/26 & 0 \end{pmatrix}$$

$U_{42}$ 对应的三级指标权重向量：$W_{42} = (0.7306 \quad 0.1884 \quad 0.0810)$

$U_{42}$ 的单级指标评价值矩阵为 $B_{42}$：

$$B_{42} = WR = (0.7306 \quad 0.1884 \quad 0.0810) \begin{pmatrix} 0 & 3/26 & 16/26 & 4/26 & 3/26 \\ 0 & 6/26 & 20/26 & 0 & 0 \\ 4/26 & 7/26 & 13/26 & 2/26 & 0 \end{pmatrix}$$

$$= (0.0125 \quad 0.1496 \quad 0.6350 \quad 0.1186 \quad 0.0843)$$

（12）对决策支持服务 $U_{43}$ 的初级评判。

$U_{43}$ 对应子集的指标因素：$U_{43} = (U_{431}, U_{432}, U_{433}) = $（辅助决策数，决策支持水平，农业电子商务）

对 $U_{32}$ 子集中各指标专家模糊评价构成的模糊隶属度矩阵为 $R_{43}$：

$$R_{43} = \begin{pmatrix} 7/26 & 12/26 & 7/26 & 0 & 0 \\ 3/26 & 14/26 & 4/26 & 5/26 & 0 \\ 3/26 & 6/26 & 10/26 & 7/26 & 0 \end{pmatrix}$$

$U_{43}$ 对应的三级指标权重向量：$W_{43} = (0.0719 \quad 0.6491 \quad 0.2790)$

$U_{31}$ 的单级指标评价值矩阵为 $B_{43}$：

$$B_{43} = WR = (0.0719 \quad 0.6491 \quad 0.2790) \begin{pmatrix} 7/26 & 12/26 & 7/26 & 0 & 0 \\ 3/26 & 14/26 & 4/26 & 5/26 & 0 \\ 3/26 & 6/26 & 10/26 & 7/26 & 0 \end{pmatrix}$$

$$= (0.1264 \quad 0.4471 \quad 0.2265 \quad 0.1999 \quad 0)$$

（13）对系统产出 $U_{44}$ 的初级评判。

$U_{44}$ 对应子集的指标因素：$U_{44} = (U_{441}, U_{442}, U_{443}) = $（经济效益，生态效益，社会效益）

对 $U_{44}$ 子集中各指标专家模糊评价构成的模糊隶属度矩阵为 $R_{44}$：

$$R_{44} = \begin{pmatrix} 5/26 & 14/26 & 4/26 & 3/26 & 0 \\ 13/26 & 7/26 & 6/26 & 0 & 0 \\ 17/26 & 9/26 & 0 & 0 & 0 \end{pmatrix}$$

$U_{44}$ 对应的三级指标权重向量：$W_{44} = (0.6370 \quad 0.1047 \quad 0.2583)$

$U_{44}$ 的单级指标评价值矩阵为 $B_{44}$：

$$B_{44} = WR = (0.1884 \quad 0.0810 \quad 0.7306) \begin{pmatrix} 8/26 & 8/26 & 10/26 & 0 & 0 \\ 1/26 & 15/26 & 7/26 & 3/26 & 0 \\ 0 & 13/26 & 13/26 & 0 & 0 \end{pmatrix}$$

$= (0.3437 \quad 0.4606 \quad 0.1222 \quad 0.0735 \quad 0)$

（14）对通信基础环境 $U_{51}$ 的初级评判。

$U_{51}$ 对应子集的指标因素：$U_{51} = (U_{511}, U_{512}, U_{513}) =$（通信基础设施，人均宽带，电波覆盖率）

对 $U_{51}$ 子集中各指标专家模糊评价构成的模糊隶属度矩阵为 $R_{51}$：

$$R_{51} = \begin{pmatrix} 8/26 & 8/26 & 10/26 & 0 & 0 \\ 1/26 & 15/26 & 7/26 & 3/26 & 0 \\ 0 & 13/26 & 13/26 & 0 & 0 \end{pmatrix}$$

$U_{51}$ 对应的三级指标权重向量：$W_{51} = (0.1884 \quad 0.0810 \quad 0.7306)$

$U_{51}$ 的单级指标评价值矩阵为 $B_{51}$：

$$B_{51} = WR = (0.1884 \quad 0.0810 \quad 0.7306) \begin{pmatrix} 8/26 & 8/26 & 10/26 & 0 & 0 \\ 1/26 & 15/26 & 7/26 & 3/26 & 0 \\ 0 & 13/26 & 13/26 & 0 & 0 \end{pmatrix}$$

$= (0.0611 \quad 0.4700 \quad 0.4596 \quad 0.0093 \quad 0)$

（15）对政策环境 $U_{52}$ 的初级评判。

$U_{52}$ 对应子集的指标因素：$U_{52} = (U_{521}, U_{522}) =$（财政补贴，金融贷款）

对 $U_{52}$ 子集中各指标专家模糊评价构成的模糊隶属度矩阵为 $R_{52}$：

$$R_{52} = \begin{pmatrix} 0 & 17/26 & 9/26 & 0 & 0 \\ 0 & 0 & 5/26 & 19/26 & 2/26 \end{pmatrix}$$

$U_{52}$ 对应的三级指标权重向量：$W_{52} = (0.8333 \quad 0.1667)$

$U_{52}$ 的单级指标评价值矩阵为 $B_{52}$：

$$B_{52} = WR = (0.8333 \quad 0.1667) \begin{pmatrix} 0 & 17/26 & 9/26 & 0 & 0 \\ 0 & 0 & 5/26 & 19/26 & 2/26 \end{pmatrix}$$

$$= (0 \quad 0.5449 \quad 0.3205 \quad 0.1218 \quad 0.0128)$$

(16) 对法律环境 $U_{53}$ 的初级评判。

$U_{53}$ 对应子集的指标因素：$U_{53} = (U_{531}, U_{532}) = $ (技术规范，网络安全法规)

对 $U_{53}$ 子集中各指标专家模糊评价构成的模糊隶属度矩阵为 $R_{53}$：

$$R_{53} = \begin{pmatrix} 13/26 & 7/26 & 6/26 & 0 & 0 \\ 6/26 & 14/26 & 4/26 & 2/26 & 0 \end{pmatrix}$$

$U_{53}$ 对应的三级指标权重向量：$W_{53} = (0.1667 \quad 0.8333)$

$U_{53}$ 的单级指标评价值矩阵为 $B_{53}$：

$$B_{53} = WR = (0.1667 \quad 0.8333) \begin{pmatrix} 13/26 & 7/26 & 6/26 & 0 & 0 \\ 6/26 & 14/26 & 4/26 & 2/26 & 0 \end{pmatrix}$$

$$= (0.2757 \quad 0.4936 \quad 0.1667 \quad 0.0641 \quad 0)$$

(17) 对传播方式创新 $U_{33}$ 的初级评判。

$U_{54}$ 对应子集的指标因素：$U_{54} = (U_{541}, U_{542}, U_{533}) = $ (规模化经营，合作社数，产业化经营)

对 $U_{54}$ 子集中各指标专家模糊评价构成的模糊隶属度矩阵为 $R_{54}$：

$$R_{54} = \begin{pmatrix} 0 & 4/26 & 16/26 & 4/26 & 2/26 \\ 0 & 7/26 & 6/26 & 8/26 & 5/26 \\ 5/26 & 16/26 & 5/26 & 0 & 0 \end{pmatrix}$$

$U_{54}$ 对应的三级指标权重向量：$W_{54} = (0.0719 \quad 0.6491 \quad 0.2790)$

$U_{54}$ 的单级指标评价值矩阵为 $B_{54}$：

$$B_{54} = WR = (0.0719 \quad 0.6491 \quad 0.2790)$$
$$\begin{pmatrix} 0 & 4/26 & 16/26 & 4/26 & 2/26 \\ 0 & 7/26 & 6/26 & 8/26 & 5/26 \\ 5/26 & 16/26 & 5/26 & 0 & 0 \end{pmatrix}$$

$$= (0.0537 \quad 0.3575 \quad 0.2477 \quad 0.2108 \quad 0.1304)$$

### 8.4.4 对子目标层各子集进行二级模糊评价

(1) 根据对规则层指标初级模糊评判的结果，可以形成对子目标层指标的二级模糊评判隶属关系矩阵 $R_1$，$R_2$，$R_3$，$R_4$，$R_5$。

$$R_1 = (0.1755 \quad 0.5177 \quad 0.1820 \quad 0.1248 \quad 0)$$

$$R_2 = \begin{pmatrix} 0.0514 & 0.3042 & 0.3314 & 0.2997 & 0.0133 \\ 0.5570 & 0.2585 & 0.1733 & 0.0112 & 0 \\ 0.0280 & 0.4388 & 0.3449 & 0.1883 & 0 \\ 0.0719 & 0.3382 & 0.5831 & 0.0067 & 0 \end{pmatrix}$$

$$R_3 = \begin{pmatrix} 0.0665 & 0.6630 & 0.2491 & 0.0215 & 0 \\ 0.2801 & 0.2083 & 0.3987 & 0.0906 & 0.0224 \\ 0.3246 & 0.3694 & 0.3060 & 0 & 0 \\ 0.0417 & 0.5338 & 0.3013 & 0.0847 & 0.0386 \end{pmatrix}$$

$$R_4 = \begin{pmatrix} 0.1456 & 0.3062 & 0.3972 & 0.1270 & 0.0240 \\ 0.0125 & 0.1496 & 0.6350 & 0.1186 & 0.0843 \\ 0.1264 & 0.4471 & 0.2265 & 0.1999 & 0 \\ 0.3437 & 0.4606 & 0.1222 & 0.0735 & 0 \end{pmatrix}$$

$$R_5 = \begin{pmatrix} 0.0611 & 0.4700 & 0.4596 & 0.0093 & 0 \\ 0 & 0.5449 & 0.3205 & 0.1218 & 0.0128 \\ 0.2757 & 0.4936 & 0.1667 & 0.0641 & 0 \\ 0.0537 & 0.3575 & 0.2477 & 0.2108 & 0.1304 \end{pmatrix}$$

(2) 子目标层指标 $U_1$，$U_2$，$U_3$，$U_4$，$U_5$ 分别对应的二级指标权重向量。

$$W_1 = 1$$
$$W_2 = (0.0426 \quad 0.1158 \quad 0.5628 \quad 0.2788)$$
$$W_3 = (0.0874 \quad 0.6392 \quad 0.0518 \quad 0.2216)$$
$$W_4 = (0.6730 \quad 0.1111 \quad 0.1703 \quad 0.0455)$$
$$W_5 = (0.5462 \quad 0.2323 \quad 0.1377 \quad 0.0838)$$

(3) 子目标指标 $U_j$ 的二级模糊综合评价值矩阵。

$$B_1 = W_1 R_1 = 1(0.1755 \quad 0.5177 \quad 0.1820 \quad 0.1248 \quad 0)$$
$$= (0.1755 \quad 0.5177 \quad 0.1820 \quad 0.1248 \quad 0)$$
$$B_2 = W_2 R_2 = (0.0426 \quad 0.1158 \quad 0.5628 \quad 0.2788)$$
$$\begin{pmatrix} 0.0514 & 0.3042 & 0.3314 & 0.2997 & 0.0133 \\ 0.5570 & 0.2585 & 0.1733 & 0.0112 & 0 \\ 0.0280 & 0.4388 & 0.3449 & 0.1883 & 0 \\ 0.0719 & 0.3382 & 0.5831 & 0.0067 & 0 \end{pmatrix}$$
$$= (0.1025 \quad 0.3842 \quad 0.3909 \quad 0.1219 \quad 0.0006)$$

$$B_3 = W_3 R_3 = (0.0874 \quad 0.6392 \quad 0.0518 \quad 0.2216)$$

$$\begin{pmatrix} 0.0665 & 0.6630 & 0.2491 & 0.0215 & 0 \\ 0.2801 & 0.2083 & 0.3987 & 0.0906 & 0.0224 \\ 0.3246 & 0.3694 & 0.3060 & 0 & 0 \\ 0.0417 & 0.5338 & 0.3013 & 0.0847 & 0.0386 \end{pmatrix}$$

$$= (0.2109 \quad 0.3285 \quad 0.3592 \quad 0.0786 \quad 0.0229)$$

$$B_4 = W_4 R_4 = (0.6730 \quad 0.1111 \quad 0.1703 \quad 0.0455)$$

$$\begin{pmatrix} 0.1456 & 0.3062 & 0.3972 & 0.1270 & 0.0240 \\ 0.0125 & 0.1496 & 0.6350 & 0.1186 & 0.0843 \\ 0.1264 & 0.4476 & 0.2265 & 0.1999 & 0 \\ 0.3437 & 0.4606 & 0.1222 & 0.0735 & 0 \end{pmatrix}$$

$$= (0.1365 \quad 0.3198 \quad 0.3820 \quad 0.1360 \quad 0.0255)$$

$$B_5 = W_5 R_5 = (0.5462 \quad 0.2323 \quad 0.1377 \quad 0.0838)$$

$$\begin{pmatrix} 0.0611 & 0.4700 & 0.4596 & 0.0093 & 0 \\ 0 & 0.5449 & 0.3205 & 0.1218 & 0.0128 \\ 0.2757 & 0.4936 & 0.1667 & 0.0641 & 0 \\ 0.0537 & 0.3575 & 0.2477 & 0.2108 & 0.1304 \end{pmatrix}$$

$$= (0.0758 \quad 0.4812 \quad 0.3692 \quad 0.0599 \quad 0.0139)$$

### 8.4.5 计算总目标的综合评价隶属度向量

(1) 根据对子目标层二级模糊评判的结果，可以形成对目标层指标的三级模糊评判隶属关系矩阵 $R$。

$$R = \begin{pmatrix} 0.1755 & 0.5177 & 0.1820 & 0.1248 & 0 \\ 0.1025 & 0.3842 & 0.3909 & 0.1219 & 0.0006 \\ 0.2109 & 0.3285 & 0.3592 & 0.0786 & 0.0229 \\ 0.1365 & 0.3198 & 0.3820 & 0.1360 & 0.0255 \\ 0.0758 & 0.4812 & 0.3692 & 0.0599 & 0.0139 \end{pmatrix}$$

(2) 总目标对应的子目标 $U_1$，$U_2$，$U_3$，$U_4$，$U_5$ 的权重向量 $W$。

$$W = (0.0562 \quad 0.2394 \quad 0.5521 \quad 0.1121 \quad 0.0402)$$

(3) 总目标—农业信息服务系统的隶属度向量为 $B$。

$$B = WR = (0.0562 \quad 0.2394 \quad 0.5521 \quad 0.1121 \quad 0.0402)$$

$$\begin{pmatrix} 0.1755 & 0.5177 & 0.1820 & 0.1248 & 0 \\ 0.1025 & 0.3842 & 0.3909 & 0.1219 & 0.0006 \\ 0.2109 & 0.3285 & 0.3592 & 0.0786 & 0.0229 \\ 0.1365 & 0.3198 & 0.3820 & 0.1360 & 0.0255 \\ 0.0758 & 0.4812 & 0.3692 & 0.0599 & 0.0139 \end{pmatrix}$$

$$= (0.1692 \quad 0.3576 \quad 0.3598 \quad 0.0972 \quad 0.0162)$$

这就是对河北省农业信息服务系统的多级模糊评价结果。

### 8.4.6 综合评价值的计算

河北省农业信息服务系统的综合评价值为：

$$T = (0.1692 \quad 0.3576 \quad 0.3598 \quad 0.0972 \quad 0.0162) \begin{pmatrix} 100 \\ 90 \\ 70 \\ 50 \\ 30 \end{pmatrix}$$

$$= 79.6386 \approx 80$$

### 8.4.7 综合评价结果分析

经过计算的模糊评价结果是一个模糊向量，比较其他评价方法，最终得到一个综合评价值更加客观，也包含了更多的评价信息。但是，如果对不同评价对象进行对比和排序，就显得不那么容易。把不同评价对象的不同隶属度向量进行对比，往往难以得出明确的对比性结论。为了解决这个问题，以便于把对河北省农业信息评价的结果与对其他省份的评价结果直接对比，按照加权平均的方法，把模糊评价结果向量作为权数，把评语集对应的分值作为因子，取各等级评语对应分数的最大值，就可以计算出一个综合评价值。结合这个评价值和模糊评价结果向量，能较好地解决对不同对象模糊综合评价结果的对比问题。

从多级模糊评价结果来看，在对农业信息服务系统水平分为［高、较高、一般、较低、低］的5级评价中，根据调查专家的意见河北省农业信息服务系统属于高水平的程度为0.1692，认为属于较高水平的程度为0.3576，认为属于一般水平的程度为0.3598，认为属于较低水平的程度为0.0972，认为属于低水平的程度为0.0162。如果单从不同级别专家意见的隶属度来看，认为一般水平的强度稍稍大于较高水平，应该判断为一般水平。但是，由于评价为高水平和较高水平的专家人数远远超过认为属于低和较低水平的专家人数,因此,采用加权平均型算子把专家意见进一步综合,得到综合评价值 $T$ 约为 80 分,那么,就可以肯定地做出结论:河北省农业信息服务系统属于较高水平。

## 8.5 本章小结

(1) 按照系统性、目的性、普适性、独立性和可操作性原则,在比较广泛地征询专家意见的基础上,设计出了一套农业信息服务系统综合评价指标体系,并对该体系各级指标的含义和指标之间的关系进行了简单解释。

(2) 运用层次分析法(AHP)和多级模糊综合评价方法(FCE)的基本原理,构建了农业信息服务系统综合评价基本模型。

(3) 通过层次分析法计算出了各级指标的层次单排序权重和各指标的组合权重,输出评价指标体系层次单排序权重表和评价指标体系组合权重值及排序表各一份。系统的单层次排序权重向量是计算多级模糊综合评价的基础数据。

(4) 组合权重是指标相对总目标的重要程度,根据组合权重排序表可以从不同层次分析指标体系,发现哪些是主要因素,哪些是次要因素,为实施科学地系统管理、抓住决定问题性质的主要矛盾、有重点地观察和解决问题提供了理论依据。

(5) 运用专家评分资料对农业信息服务系统的多级模糊综合评价模型进行了实证分析,验证了模型的有效性。

(6) 多级模糊综合评价模型的计算结果是一个对评价等级的隶属度向量,与单值计算结果相比包含了更多的评价信息。但是,利用评价结果隶属度向量对不同评价对象难以比较和排序,为了解决这一问题,又把多级模糊综合评价结果向量与等级评分值向量合成,计算出了系统综合评价值。

# 第9章

# 研究结论与政策建议

在对农业信息服务系统的结构、系统的动力机制与运行模式进行了全面分析之后,又对系统的性能及产出效果进行了综合评价。回顾全书的主要论点和论证过程,总结出以下几点结论和建议。

## 9.1 研究结论

### 9.1.1 农业信息服务系统管理必须以系统科学理论为指导

依照信息系统运行的"S-C-U"规范,追踪农业信息生产、传播、施效的全过程,通过对系统结构与功能的全面分析发现,农业信息服务系统是一个具有多要素、多层次结构的复杂系统。因此,对农业信息服务的建设和管理必须以系统科学理论为指导。

### 9.1.2 领导重视是系统建设的重要前提条件

农业信息服务系统管理是一个跨部门对多种资源重新整合的过程,需要强有力的项目领导、体制创新和法律保障。农业信息服务系统首先需要建设庞大的组织体系,自上而下呈树枝状一直延伸至村庄和农户,保证组织体系完整、分工严密和责任明确;系统建设还需要多部门合作提供大量的人力、物力和财力资源。因此,必须有当地领导的坚定支持,才有可能完成。

### 9.1.3 建设农业信息服务系统是国家对农业的造血性支持

发达国家的经验证明,任何一个国家都要经过工业优先发展而后又反哺农业的过程，我国也是一样，在国家工业化的任务基本完成之后，消灭贫富差距，支持农业发展就成为当前农业政策调整的主流。农村贫困落后的根本原因是农业这一传统产业与代表着先进生产力的现代科学技术发展相分离，农业发展缺乏现代化的驱动力。对农业免税减负、增加现金补贴等方法虽然让农民得到了实惠，但是并不能彻底改变农业的落后面貌，不能使农民彻底摆脱贫困。农业信息是农业经济增长中新的生产要素，它是农民改变生产方式、提高市场竞争力的工具和手段，农业信息服务系统把先进的农业科研领域与农业生产经营过程建立起直接联系，使农业得到农业科学技术直接驱动，这是一个造血性支持，是对农民"授之以渔"，彻底消灭农村贫困的根本性措施。

### 9.1.4 农业信息资源规划在信息产品生产中具有非常重要的作用

农业信息资源规划是对信息产品生产过程的全面规划，是对农业信息生产中所需要的各种资源和要素的统筹安排，它包括规划项目的指导思想、原则、目标、建设范围、组织保障、项目任务及成果、进度安排、技术支持、咨询合作方式等，是农业信息生产中综合运用系统要素的行动方案。农业信息产品的生产中涉及农业产业内部各环节的分工与协作，包括涉农部门、科研教育部门以及行政管理部门及时提供必需的数据资料和劳动成果，为农业信息产品的采集与加工建立多部门信息交换平台。因此，这个规划制定的好坏以及执行情况直接关系到信息产品生产任务能否完成。

### 9.1.5 重点加强县级农业信息服务建设力量，提高辅助决策支持水平

县级农业信息服务机构任务最为繁重，应该成为系统建设的重点。目前，县城是我国的城乡结合部，是农民从事各种买卖活动、就学、就医的重要活动地点，尤其是村村通公路之后，农民来往于城乡的频率增大，向县城信息服务专家咨询更加便利。但是，目前县级农业信息服务机构的人数太少，服务力量明显不足。县级农业信息服务机构不仅要根据当地需要做好网络信息的搜寻工作，还要完成信息的下传任务，信息服务大厅也需要专家轮流值班，更要帮助农民参与项目的辅助决策支持，任务极其繁重。国家应该加大县级农业信息服务机构的人才、资金、物质力量的支持，帮助其提高服务水平，使信息服务成为促进农业产业化、专业化、现代化的重要支撑。

## 9.1.6 解决"最后一公里"问题需要制度创新

网络传播是农业信息传播中技术最先进、形式最新颖、综合优势最强的传播方式，也是农业信息服务系统的建设重点。但是，由于农户缺乏计算机设备，无法实现农业信息向应用领域的延伸，网络信息传播的"最后一公里"问题直接影响到信息的应用效果。在解决"最后一公里"问题的过程中，各地出现了一些成功典型，通过对这些案例的总结分析发现，需要在政府组织下，广泛动员社会多种力量共同参与，通过体制创新，把政府、信息企业和用户包容在一个共同的组织目标之下，形成由中央政府、地方政府、工商业企业、种植养殖大户、通讯运营商、农村各种合作化组织、协会和农户共同组成的传播组织，形成政府资助、市场化运作、社会公益力量广泛参与、农民自助相结合的联合推动力量，共同完成好农业信息快速进入生产经营领域的重要任务。

## 9.1.7 网络信息"使用不经济"是"最后一公里"问题存在的经济学原因

利用价值工程的现代管理理论分析了"最后一公里"存在的经济学原因。农民作为理性的经济人，如果农民投资网络的钱不能使他们的投资配置得到优化，或者说对获取网络信息的花费，不能为他们带来更多的收益时，农民有理由拒绝这种"奢侈的浪费"，这就是"最后一公里"问题存在的经济学解释。价值工程管理理论还为我们提供了从提高农业信息网络的功能和降低网络成本两个方面下手解决这一问题的方法。从"信息施效系统的因素分析与作用机制图"可以看到，在网络的功能区至少存在9个末端因素构成的作用点，对任何一个因素的有效控制都能使在提高网络性能方面有所改进；在网络的成本区存在8个末端因素构成的作用点，对任何一个因素的有效控制都能降低网络信息的成本。在功能提高和成本降低的共同作用下，就可以超越农业信息使用的"不经济均衡点"，通过科学管理使网络农业信息的应用从"不经济"转变为"经济"，直到"经济效益十分明显"，"最后一公里"问题也就不复存在了。

## 9.1.8 扩大信息应用规模是信息成本管理的重点

在农业信息的成本管理中区别农业信息的获得成本与使用成本具有特别重要的意义。获得成本由支付购买计算机的费用、上网费用、付费信息要支付的使用费等构成；使用成本指信息应用中所需要支付的后续费用，这两部分共同构成农户使用农业信息的总成本。根据信息共享的特性，扩大信息的应用范围所增加的使用成本并不明显，但农业信息的平均成本却能大大降低。因此，通过发展区域专业化、增强流通和加工领域的组织化、成立农村合作社等各种农民联合组织形式，有效扩大信息的应用范围，在信息的获得成本一定时，可以有效降低信息的平均成本。而且，扩大信息的使用规模比通过各种方式降低信息的获得成本更有潜力，因此，对应用成本管理应该成为信息成本管理的重点。

### 9.1.9 政府应严格遵守干预边界

农业信息服务系统建设应该采用"政府主导、联合推进"的模式，但是，在系统建设中政府应该严格遵守干预界限，严格区分系统建设和运行时期、不同地区经济社会条件的巨大差异，灵活选用不同的经营管理形式。政府管理中有无可比拟的优势，也具有明显缺陷，如官僚主义、腐败、效率低下、成本高、效益差等问题。农业信息服务系统作为重要的公共品投资项目，应该注意政府管理与市场经济机制的有机结合，尤其是政府应该严格遵守干预的有效边界，注重提高项目的管理效率。

## 9.2 政策建议

### 9.2.1 加大政府投资力度，分类分批建设

农业信息的公共产品性质决定了国家建设服务系统的主导地位。目前系统处于基础建设时期，只有投入没有产出，只有加大国家投资力度才能保证系统建设所必需的资金来源。尤其是中西部地区，工业基础薄弱，农业产业化程度低，能够动员的社会资金有限，因此，国家的资金支持力度直接关系到系统建设的成败。考虑到我国政府财力有限、农村数量众多，人口分布十分广泛，各地方实际情况差异很大，国家应该分类、分批建设，按照不同地区的类型搞好试点，探索出成熟的经验后再加以推广，同时，先期建设的项目也能起到示范作用。

### 9.2.2 理顺行政隶属关系，解决跨部门资源协调问题

农业信息服务系统建设和运行期都长期需要大量的跨部门资源协调工作，在信息生产中需要多个涉农部门的数据交换，在传播中又需要与文教、广电、通信部门协调工作，对农村形成信息传播的交叉覆盖。而按照现行的行政管理体制，

农业信息中心作为农业管理部门的下属单位，缺乏与其他部门直接协调资源的能力，其业务所要求的职能范围与行政隶属关系相矛盾。因此，应该把当前隶属于农业管理部门的信息服务中心升格为直接隶属于同级政府，由当地政府主管领导担任项目负责人，提高政府的重视程度；另外，还应该与"金农工程"的名称相一致，把现在的"农业信息服务中心"命名为"农业综合管理与信息服务中心"，给"金农工程"应有的地位，把农业信息服务系统建设作为国家对农业提供综合支持的一部分。

### 9.2.3 搞好项目发展规划，保证落实

从大量实际调查资料来看，当前各地方农业信息服务组织机构人员稀缺、服务设施不足，尤其是比较偏远的地市和县，其农业信息服务还流于形式，信息服务工作的目标、任务、职能等不明确，缺乏具体的项目规划，也没有形成一套对信息服务部门监督、考核制度，因此，服务效果不理想。在全国和省级已经把农业信息服务纳入经济与社会发展规划的同时，建议各地市和县也要编制农业信息服务项目的五年规划和年度计划，纳入当地的经济与社会发展规划，从制度上保证项目落实所需要的人才、资金、技术等，并形成规范的社会监督和行业内监督、考核、考评机制，促进农业信息服务工作不断完善。

### 9.2.4 重视农业信息加工，提高农业信息产品质量

农业信息产品是直接参与农业经济价值创造的生产要素，是信息用户评价信息服务系统工作最终成果的依据，信息产品质量直接关系到农业信息为农民带来的市场价值，农业信息加工和产品质量也是农业生产子系统中最重要的因素。提高农业信息质量应该从以下三个方面着手：第一，深入了解农民需求，把握好信息的适用性；第二，从宏观上瞄准农业发展方向，把握好农业信息的引导性；第三，提高信息的成熟度，降低信息风险。

农民的信息需要决定了信息的有用程度，农业信息服务应该急农民之所急，满足农民最急需的信息需求；然后是通过引导，启发农民的信息需求，增加农民收入。根据信息需求的特性，需求经常处于潜在状态，需要外界刺激和激发。而农民受到地理活动空间的限制，相对封闭、滞后，他们虽然具有迫切的致富愿望，但是不知道"劲"往何处用。例如，像农产品加工信息、进出口商品国际市场信息、新品种、新技术等能很好地拓展农业的创值空间，但是，也许农民难以表达出明确的信息需求，这就需要信息管理服务者的信息教育和引导，通过举例、示范把信息通俗化，提供有关其他环节更多的信息，做好后续服务工作。还

应该尽可能降低信息的应用风险，使信息来源可靠，后续服务周到，通过去伪存真、去粗取精的加工过程，保证信息的先进性、及时性、连续性和配套性，提高信息服务质量。

### 9.2.5 普及县、乡农业信息服务大厅

农业信息服务大厅的服务方式是农业信息服务人员与农民面对面的交流，可以当场解答农民的各种问题，服务效果好。而且，大厅是农业信息服务专用的一个固定场所，从地点上可以在农民的信息需求与信息服务之间建立直接的联系。而且大厅还具有综合服务功能，像作为国家试点县的河北省藁城县农业信息信息服务大厅，提供新品种展示、农资真假辨别、光碟放像、触摸屏自动查询、上网查询、明白纸资料、农业科技图书杂志等，尽管大厅不足一百平方米的地方，但是，功能比较齐全，能解决农民生产经营中遇到的现实问题，很受农民的欢迎。

### 9.2.6 网络延伸应该作为国家重大研究课题

尽管现代信息技术在信息处理和传播领域带来了革命性的变革，但是由于我国农民收入水平低，计算机作为网络信息接收终端还不能进入农民的千家万户，网络延伸的"最后一公里"问题在全国普遍存在。但是，近几年在全国各地已经出现了一些成功的案例，尽管"网络延伸"问题不能马上解决，但是"网络信息延伸"却能够取得令人满意的效果。对于各地涌现出的一些"网络信息延伸"成功典型，国家应该高度重视、积极鼓励，并作为国家重大课题深入调研，总结经验，形成一系列比较成熟、可供推广的模式，明确每种模式的适合条件和避免出现的问题，建立健全基层农业信息传播与交流通道，通过强大的组织体系和有效的服务模式，破解"最后一公里"难题。

### 9.2.7 加强宣传与培训，提高农民的信息素质

在农业信息施效的过程中，信息的"转化"、"结合"和"创造"都与用户的信息素质和信息能力有着重大关系。用户的信息意识决定了搜寻信息的积极性，这将通过信息接受效率这一指标得到反映；用户的理解力决定了对信息的价值评估，反映为信息的转化效率；用户的信息筛选能力决定了决策的正确性，表现为决策支持率；用户在信息要素与其他施效条件相匹配过程中的结合能力，以及对信息应用风险的控制能力，表现为农业信息的应用效率，其最终结果是信息对用户创造的经济效益。由此可见，在农业信息应用的阶段，农民的信息素质和

信息能力是核心。国家应该组织宣传部门、教育部门、文化传播部门，利用农业生产的季节性特点开展旨在提高农民信息素质的培训工作，增强农民对信息的识别、判断、应用能力，激发农民自觉应用信息要素的积极性，使农业信息为农民带来更好的经济效果，促进农民增收。

### 9.2.8 设计有效的激励机制，调动信息服务者的积极性

农业信息服务是一项创造性很强的工作，有很高的技术含量和创新性工作内容。尤其在我国各地区自然、经济、社会条件差异很大，国家对系统建设投资会长期不足，如何调动信息管理与服务人员的积极性，激发他们的工作热情，使他们在农业信息服务实践中勇于尝试、大胆创新，提高系统的运行效率十分必要。而农业信息服务属于智力型劳动，对于智力劳动者的努力程度和工作成果往往不易观察到，也难以确切计量。选择一套科学评价的指标体系和评价方法，设计一种能有效激发农业信息服务人员积极性、创造性的激励制度，就能更好地挖掘信息管理服务人员的无穷智慧。

尽管农业信息服务系统是一项高尚的事业，高尚的事业本身具有强大的社会感召力，但是，其本身并不能保证自动地达到最佳效果，选用科学的管理方法，依靠有效的制度创新机制，仍然具有至关重要的作用。但愿通过社会各界的共同努力，经过一段不太长的时间，使不同地区、不同经济收入水平、从事不同经营领域的农民都能享受到农业信息带来的阳光雨露。

## 9.3 不足之处及需要进一步研究的问题

农业信息服务系统建设在我国还处于探索阶段，相关数据还没有正式列入官方统计的范围，这使得本书所用的数据资料难于搜集，尤其是书中全国性的动态数据资料不足。这就给本书在数据处理方法的选择上带来很大局限；农业信息管理领域的多源性特征需要广泛的信息技术知识、管理学知识、农业经济学知识，由于笔者才疏学浅，尤其在信息技术领域知之不深，难免在某些术语的使用上出现不规范、不正确的现象，错误和遗漏在所难免。

农业信息服务是一个崭新的研究领域，笔者尽力而为，做了一些探索性工作，还有很多有意义课题值得继续研究。对农业信息服务系统组织内部的管理创新研究、对信息服务系统向基层延伸典型案例的总结、对不同农业信息服务形式经济机制的剖析等，还有大量的工作要做。

# 参考文献

[1] 西奥多·舒尔茨. 人力投资 [M]. 北京：华夏出版社，1990.

[2] 中共中央. 关于推进社会主义新农村建设的若干意见 [N]. 2005-12-31. http：//www.china.com.cn/chinese/PI-c/1130430.htm.

[3] 汪应洛. 系统工程理论、方法与应用 [M]. 北京：高等教育出版社，1998.

[4] 武春友，张米尔. 技术经济学 [M]. 大连：大连理工大学出版社，2004.

[5] 钟义信. 信息科学原理 [M]. 北京：北京邮电大学出版社，2002.

[6] 王慧军. 农业推广学 [M]. 北京：中国农业出版社，1982.

[7] 王人潮，史舟等. 农业信息科学与农业信息技术 [M]. 北京：中国农业出版社，2003.

[8] 王健. 信息经济与管理 [M]. 乌鲁木齐：新疆人民出版社，2002.

[9] 李曙华. 从系统论到混沌学 [M]. 桂林：广西师范大学出版社，2002：46-48.

[10] 魏宏森. 系统科学方法论导论 [M]. 北京：人民出版社，1983：24-28.

[11] 冯国瑞. 系统论、控制论与马克思主义认识论 [M]. 北京：北京大学出版社，1991.

[12] 沈坤荣. 新经济增长理论与中国经济增长 [M]. 南京：南京大学出版社，2003.

[13] 马费城. 信息资源开发与管理 [M]. 北京：电子工业出版社，2004.

[14] 因内思·马可-斯达德勒，J. 大卫·佩雷斯-卡斯特里勒. 信息管理引论：激励与合约 [M]. 上海：上海财经大学出版社，2004.

[15] 陈禹. 信息经济学教程 [M]. 北京：清华大学出版社，1998.

[16] 柯平，高洁. 信息管理概论 [M]. 北京：科学出版社，2002.

[17] 靖继鹏. 信息经济学 [M]. 北京：清华大学出版社，2004.

[18] 陈禹，杨波. 信息管理与信息系统概论 [M]. 北京：中国人民大学出版社，2005.

[19] 符福峘. 信息管理学 [M]. 北京：国防工业出版社，1995.

[20] 薛亮，方瑜. 农业信息化 [M]. 北京：京华出版社，1998.

[21] 约瑟夫·E. 斯. 蒂格利茨. 公共部门经济学 [M]. 北京：经济科学出版社, 2005.

[22] 章牧, 朱鹤健. 东南沿海地区农业评价与信息化技术 [M]. 北京：中国农业出版社, 2003.

[23] 赵苹. 走入21世纪的农业信息化－信息资源开发理论探讨 [M]. 北京：经济科学出版社, 2000.

[24] 靳光华, 孙文生. 中国农村经济增长研究 [M]. 北京：中国农业科学技术出版社, 2002.

[25] 高用深, 经学军, 权丽平. 我国农业信息化发展的思考商业经济与管理 [J]. 2001, 22 (12): 33 - 36.

[26] David Just, David Zilberman. Information System in Agriculture [EB/OL]. http://www.agecon.ucdavis.edu/outreach/update_articles/v6n1_2.pdf.

[27] Miao Xiaoyan, Niu Wenjuan. The Development and Prospect of China's Agriculture Information service [EB/OL]. http://unpan1.un.org/intradoc/groups/public/documents/APCITY/UNPAN022766.pdf.

[28] Yang Huiheng, Lu Bin. Tianfu Agriculture information Network [EB/OL] http://unpan1.un.org/intradoc/groups/public/documents/Other/UNPAN022057.pdf.

[29] Neil Mclean, Clifford Lynch. Interoperability between Library Information Services and Learning Environment-Bridging the Gaps [EB/OL]. http://www.ims-global.org/digitalrepositories/CNIandIMS_2004.pdf.

[30] S. Boros, B. Helthuis, A. Pras. Distributed MIB Object Information Service [EB/OL]. http://www.simpleweb.org/nm/research/results/publications/boros/DMI-BOIS.pdf.

[31] Linda Bicknell. Missoula County Information Systems Department [EB/OL]. http://www.co.missoula.mt.us/adainfo/MCTransitionPlan_Web.pdf.

[32] Johnathan Miller. Information Systems & Service [EB/OL]. http://www.saginawcounty.com/Iss/ISS%20Contractural%20Services.pdf.

[33] Zhong Liu, W. Teng, S. Kemple, E. Ocampo. Developing a Global Agriculture Information System [EB/OL]. http://ams.confex.com/ams/pdfpapers/103247.pdf.

[34] Agriculture Information System [EB/OL]. http://ec.europa.eu/enlargement/fiche_projet/document/pl01.04.10_agriculture_information_system.pdf.

[35] S. Appleyard and O. Schmoll. Agriculture: Information Needs [EB/OL] http://www.who.int/water_sanitation_health/resourcesquality/en/groundwater9.pdf.

[36] Li Tianshun. Digital Divide and Agricultural Informatiom Service in China [EB/OL]. http://unpan1.un.org/intradoc/groups/public/documents/APCITY/UNPAN

022810. pdf.

[37] John Staatz, Salifou Diarra and Abdramane Traoré. Developing Sustainable Agricultural Information Service: Lessons from Mali [EB/OL]. http://www.msu.edu/course/aec/932/OMA-IFPRI.pdf.

[38] Sue Evan-Wong. Marketing agricultural information services in the Eastern Caribbean [EB/OL]. http://www.emeraldinsight.com/Insight/viewContentItem.do?contentType = Article&hdAction = lnkpdf&contentId = 858804.

[39] S. Joffe, P. Nyende, R. Crul and D. Kisauzi. A Marketplace for Agricultural Information Service (MPAIS) In Uganda [EB/OL]. http://www.mpaisuganda.com/MPAIS%20Policy%20Brief.pdf.

[40] Sahdev Singh. Selected Success Stories on Agricultural Information System [EB/OL]. http://www.dgroups.org/groups/iNARS/docs/apaari-ss-ais.pdf.

[41] Robert L. Chartrand, A.. Barry Carr and Nancy R. Miller, Information Services for Agriculture: the Role of Technology [EB/OL]. http://digital.library.unt.edu/govdocs/crs//data//1982/upl-meta-crs – 8510/82 – 183s_ 1982nov16.pdf?PHPSESSID = ac59f217b3bea36b37b535ff229a9ab9.

[42] Oladimeji Idowu Oladele, Multilinguality of Farm Broadcast and Agricultural Information Access in Nigeria [EB/OL]. http://www.njas.helsinki.fi/pdf-files/vol15num2/oladele5.pdf.

[43] P. Krishna Reddy and R. Ankaiah, A Framework of Information Technology-based Agriculture Information Dissemination System to Improve Crop Productivity [EB/OL]. http://iiit.net/~pkreddy/pkreddypapers/CurrentScience2005.pdf.

[44] Mick Harkin. ICT Adoption as an Agricultural Information Dissemination Tool-an Historical Perspective [EB/OL]. http://departments.agri.huji.ac.il/economics/gelb-harkin – 3.pdf.

[45] Bopane V. Lesaoana-tshabalala, Agricultural Information Needs and Resources Available to griculturists and Farmers in a Developing Country with Special Reference to Lesotho [EB/OL]. http://etd.rau.ac.za/theses/available/etd – 03242004 – 125946/restricted/M.pdf.

[46] Joyce Adupa and Jane Frances Asaba, Electronic Delivery of Agricultural Information to Rural Communities in Uganda [EB/OL]. http://idrinfo.idrc.ca/archive/corpdocs/123704/77464.pdf.

[47] A. P. N. Thapisa. A Quest for an agricultural Information Programme for Southern Africa [EB/OL]. http://www.emeraldinsight.com/Insight/viewContentItem.do? contentType = Article&hdAction = lnkpdf&contentId = 858849.

[48] Asoke K. Talukder. Information Services and Access Mechanism of Mobile Web for the Under-privileged [EB/OL]. http：//www.w3.org/2006/07/MWI-EC/PC/MobileWeb_ daimlerchrysler.pdf.

[49] 尚强民. 美国的农业信息服务 [J]. 中国粮食经济, 1996, 9: 15-19.

[50] 刘继芬. 德国农业信息化的现状 [J]. 世界农业, 2003, 10: 36-38.

[51] 林东. 发达国家农业信息化的发展及其经验 [J]. 现代商贸工业, 2003, 4: 32-34.

[52] 童有好. 论农业信息化 [J]. 社会科学集刊, 2002, 4: 89-93.

[53] 梁红玉. 农业信息化与农民增收 [J]. 甘肃农业, 2002, 12: 8-10.

[54] 严俊. 广东农业信息化发展的战略思考 [J]. 农村经济, 2002, 6: 19-21.

[55] 唐启国. 农业信息化建设过程中的矛盾及其解决办法 [J]. 南京林业大学学报 (人文社科版), 2002, 9: 33-39.

[56] 孙素芬, 罗长寿, 张俊峰, 等. 建立政府主导型信息服务体系——为"三农"提供信息支撑 [J]. 农业图书情报学刊, 2004, 15 (3): 30-33.

[57] 于涌鲲, 缪小燕, 高飞. 中外农业信息服务管理现状研究 [J]. 农业图书情报学刊, 2004, 9: 1149-1151.

[58] 高亮之, 施德堂, 李秉柏. 积极发展中国式的农业规模经营与农业企业化 [J]. 中国农学通报, 1992, 8 (6): 1-4.

[59] 钟甫宁. 科技政策将日益成为农业生产的主要推动力 [J]. 农业技术经济, 1997, 2: 14-17.

[60] 赵继海, 张松柏, 沈瑛. 农业信息化理论与实践 [M]. 北京: 中国农业科学技术出版社, 2002.

[61] 靖继鹏. 应用信息经济学 [M]. 北京: 科学出版社, 2002.

[62] 李应博. 我国农业信息服务体系研究 [D]. 中国农业大学, 2005.

[63] 乌家培. 信息与经济 [M]. 北京: 清华大学出版社, 1993.

[64] 马费城, 胡翠华, 陈亮. 信息管理学基础. 武汉: 武汉大学出版社, 2002.

[65] 胡昌平. 信息管理科学导论 [M]. 北京: 科学技术文献出版社, 1995.

[66] 速水佑次郎, 神门善久. 农业经济论 [M]. 北京: 中国农业出版社, 2003.

[67] 西奥多·舒尔茨. 经济增长与农业 [M]. 北京: 北京经济学院出版社, 1991.

[68] 西奥多·舒尔茨. 改造传统农业 [M]. 北京: 商务印书馆, 1991.

[69] 段晓斌, 崔晓雁. 公共产品的政府供给及其效率浅析 [J]. 中共青岛市委党校青岛行政学院学报, 2005, 2: 5-8.

[70] 西奥多·舒尔茨. 论人力资本投资 [M]. 北京: 北京经济学院出版社, 1990.

[71] 库尔特·勒布、托马斯·盖尔·穆尔. 施蒂格勒论文精粹 [M]. 北京: 商务印书馆, 1999.

[72] 王慧军. 中国农业推广理论与实践发展研究 [D]. 哈尔滨: 东北农业大学, 2003.

[73] 谢康, 乌家培. 阿克洛夫、斯彭斯和斯蒂格利茨论文精选 [M]. 北京: 商务印书馆, 2002.

[74] 梅方权. 农业信息化带动农业现代化的战略分析 [J]. 中国农村经济, 2001, 12: 22-26.

[75] 西蒙·诺拉、阿兰·孟克. 社会的信息化 [M]. 北京: 商务印书馆, 1985.

[76] 梅方权. 中国农业科技信息网络化和数字化的战略分析——选择"信息跨越"和"信息强国"的战略 [J]. 中国农村经济, 2001, 2: 12-17.

[77] 万宝瑞. 农业软科学研究新进展 [M]. 北京: 中国农业出版社, 2001.

[78] M. P. 托达罗. 第三世界的经济发展. [M] 北京: 中国人民大学出版社, 1988.

[79] 蒋永穆. 中国农业支持体系论 [M]. 成都: 四川大学出版社, 2000.

[80] Dr. Sahdev Singh. Selected Success Stories on Agricultural Information System Asia-Pacific Association of Agricultural Research Institutions FAO Regional Office for Asia and the Pacific APAARI UBLICATION: 2006 / 1. http: //www. fao. org/agris/aos/ConferencesW/FifthAOS_ China04/AOS_ Proceedings/docs/3-4. pdf.

[81] United States Department of Agricultural Research Service. Strategic Plan for LY 2006-2011, Februrary 2007. http: //www. ars. usda. gov/SP2UserFiles/Place/00000000/ARSStrategicPlan2006-2011. pdf.

[82] Kathryn Duncan. The Development of JADIN: The Jamaica Agricultural Documentation and Information Network. http: //orton. catie. ac. cr/sidalc/jam/jamaica. pdf.

[83] The financial support of the ACP EU Technical Centre for Agriculture and Rural Cooperation (CTA) is acknowledged for the preparation of this publication "An electronic newsletter of the Caribbean Agricultural Information Service (CAIS) to improve access to agricultural information in the Caribbean Region", Vol. 2, No. 5, October, 2002. http: //www. caisnet. org/caisnews/CAISNews_ V02N05. pdf.

[84] Li Tianshun. Digital divide and agricultural Information Services in China. http：// unpan1. un. org/intradoc/groups/public/documents/APCITY/UNPAN022810. pdf.

[85] 陈立平，赵春江，梅方权. 印度农村信息化建设的分析与借鉴［C］. 中国数字农业与农村信息化学术研讨会论文集，2005：133-136.

[86] 梅方权. 我国农业现代化的发展阶段和战略选择［J］. 天津农林科技，2000，1：23.

[87] Vayyavuru, Sreenivasulu, H. B. Nandwana. Networking of Agricultural Information Systems and Services in India. http：//www. ifla. org/VII/d2/inspel/01-4srva. pdf.

[88] 张广胜. 影响农业推广信息传播的制约因素及其对策研究［D］. 北京：中国农业大学，2004.

[89] Adelman, L., Morris, C. T., Economic Growth and Social Equality in Developing Countries［M］. Stanford University Press, 1973.

[90] Young C. E., Westcott P. C.. How Decoupled is U. S. Agricultural Support for Major Crops?［J］ American Journal of Agriclutual Economics, 2000, vol. 82 no. 3.

[91] Alessandro Olper. Political Economy Determination of Agricultural Protection levels in EU Member States：An Empirical Investigation［J］. European Review of Agricultural Economics, 1998, 5, 463-487.

[92] 胡昌平，乔欢. 信息服务与用户［M］. 武汉：武汉大学出版社，2001.

[93] ［日］佐佐木宏，李东. 图解管理信息系统［M］. 北京：中国人民大学出版社，1999.

[94] 张文焕. 控制论、信息论、系统论与现代管理［M］. 北京：北京出版社，1990.

[95] 河北省农业信息化"十一五"发展规划. 2006.

[96] ［美］Cliff Figallo, Nancy Rhine. 构建知识管理网络［M］. 北京：电子工业出版社，2005.

[97] 郑海燕. 欧洲联盟信息政策研究［M］. 北京：北京图书馆出版社，2004.

[98] 王艳霞. 农产品质量管理的信息经济学分析［J］. 经济问题，2004，8.

[99] 河北省人民政府文件. 河北省人民政府关于加快农业和农村信息化建设的指导意见. 冀2006，9.

[100] 阿兰·兰德尔. 资源经济学［M］. 北京：商务印书馆，1989.

[101] 樊亢，戎殿新. 美国农业社会化服务体系－兼论农业合作社［M］.

北京：经济日报出版社，1994.

［102］倪晓健. 信息加工研究［M］. 北京：书目文献出版社，1998.

［103］李小朋. 网络环境下信息资源需求变化及其应对策略［J］. 山东青年管理干部学院学报，2006，5：160-161.

［104］张学军. 论信息的隐性需求［J］. 现代情报，2004，12：58-59.

［105］直松灵. 用户需求与信息服务的变革与发展［J］. 农业图书情报学刊，2004，7：54-57.

［106］王贤甫，黄贤达，马益康. 农业信息情报理论与实践［M］. 北京：中国农业科技出版社，1993.

［107］河北省电子政务"112工程"农业信息发布及服务系统资料汇编［R］. 农业信息发布及服务系统项目组，2005.

［108］田永峰. 农业市场化道路上的"蛛网陷阱"与经济信息系统的构建［J］. 中国农村观察，2000，1：58-63.

［109］刘世宏. 数字农业与农业企业经营管理信息化技术研究［J］. 计算机与农业，2003，3-5.

［110］熊启泉. 对我国农业信息系统建设的思考［J］. 华中农业大学学报，2003，（3）：8-11.

［111］李思经. 中国农业信息管理的系统分析［J］. 农业图书情报学刊，2000，6：53-55.

［112］李馨. 我国农村初级群体对农业科技传播的影响研究［D］. 武汉：华中农业大学，2001.

［113］王德海. 农业知识和信息系统与中国农业推广的发展［J］. 农业科技管理，1994，12：16-18.

［114］杨志雷，孙文军. 论农业科技推广组织创新［J］. 农业科技管理，1998，5：10-13.

［115］黄剑. 技术知识传播机制研究［D］. 长沙：湖南大学，2003.

［116］秦红霞. 大众传播在中国当代社会分层中的作用［D］. 南京：河海大学，2005.

［117］沈俊涛. 最后一公里经济欠发达地区建设农业信息服务网络实用指南［M］. 兰州：甘肃人民出版社，2004.

［118］王慧军. 韩国农业与农业科技发展经验借鉴［J］. 科技成果纵横，1997，5：23-24，27.

［119］秦文利，王慧军. 农民素质对农业技术扩散的影响［J］. 河北农业科学，2004，1：54-57.

［120］洪建军，黄樑，郑业鲁. 广东省农业信息需求、服务与资源共建现状

与对策建议 [J]. 农业图书情报学刊, 2006, 18 (2): 21-23.

[121] 王琳. 网络环境下科学信息交流模式的栈理论研究 [J]. 图书情报知识, 2004, 1: 19-21.

[122] 郝金星. 网络环境下的信息交流模式初探 [J]. 情报科学, 2003, 21 (1): 57-59.

[123] 方卿. 基于载体的科学信息发布模型初探 [J]. 图书情报知识, 2003, 4: 2-6.

[124] 赵元凤. 中国农产品市场信息系统研究 [D]. 北京: 中国农业科学院科技文献研究信息中心, 2003.

[125] 王艳霞, 商奎. 农业信息化的含义与"最后一公里"问题探析 [J]. 农业图书情报学刊 2005, 2.

[126] 王艳霞: 农业信息化建设中的"最后一公里"问题 [J]. 中国信息导报, 2004, 6.

[127] 王艳霞: 农产品质量信息不对称及其解决思路 [J].《东北大学学报》(社会科学版), 2004, 6.

[128] 李景峰. 信息与传播 [M]. 北京: 科学出版社, 2004.

[129] 郑红维. 我国农村信息服务体系综合评价研究 [D]. 北京: 清华大学公共管理学院, 2003.

[130] The United States, 1999, Green Box Policies and the Environment, OECD Workshop on Emerging Trade Issues in Agriculture [C], Paris, October 1998.

[131] 杨信礼. 社会发展的动力机制 [J]. 广东社会科学, 2002, 6: 87-94.

[132] [美] 约瑟夫·E. 斯蒂格利茨. 公共部门经济学 [M]. 北京: 中国人民大学出版社, 2005.

[133] 王艳霞, 郑红维, 王健. 农业信息施效的影响因素与作用机制 [J].《中国农村经济》. 2006, 3.

[134] 王艳霞. "最后一公里"的原因与解决对策研究 [J]. 东北大学学报 (社会科学版), 2005, 2.

[135] 许萧迪, 王子龙. 技术创新的动力机制研究 [J]. 科技与管理, 2003, 21 (5): 131-133.

[136] 谭明方. 农业和农村经济结构调整的动力机制 [J]. 中南财经政法大学学报, 2003, 138 (3): 44-49.

[137] 张维然, 冯士伟. 公共产品的生产效率: 组织方式与影响因素分析 [J]. 理论导刊, 2004, 11: 28-30.

[138] 张文春, 郝晓霞. 公共经济学的最新研究进展 [J]. 经济理论与经济管理, 2003, 7: 58-61.

[139] 陈文煌. 浅析公共产品的供给效率 [J]. 北京工业职业技术学院学报, 2004, 3 (4): 114-117.

[140] 黄志冲. 农村公共产品供给机制创新的经济学研究 [J]. 中国农村观察, 2000, 6: 35-39.

[141] 王奎泉. 现阶段我国农村公共品供给中的政府行为选择 [J]. 农业经济问题, 2005, 4: 30-33.

[142] 东营市科技局. 东营市"科技下乡"服务体系建设项目评审材料 [R]. 2005年1月.

[143] 王艳霞. 农村经济信息体系功能评价研究 [J]. 人-机-环境系统工程, 第六卷, 2003 (8).

[144] 叶义成, 柯丽华, 黄德育. 系统综合评价技术及其应用 [M]. 北京: 冶金工业出版社, 2006.

[145] 孙东川, 林福永. 系统工程引论 [M]. 北京: 清华大学出版社, 2004.

[146] 宋玲, 姜奇平. 信息化水平测度的理论与方法 [M]. 北京: 经济科学出版社, 2001.

[147] 张盈. 湖南省农业信息服务体系建设的研究 [D]. 湖南农业大学, 2010.

[148] 崔岩. 农业信息化组织体系研究 [D]. 西北农林科技大学, 2007.

[149] 范昕昕. 我国农业信息化测评及发展战略研究 [D]. 中国海洋大学, 2010.

[150] 党红敏. 陕西农业信息服务模式研究 [D]. 西北农林科技大学, 2009.

[151] 任光欣. 我国农业信息服务体系的发展问题研究 [D]. 河北大学, 2010.

[152] 代会娟. 现代农业信息服务社会化体系研究 [D]. 中国农业科学院, 2011.

[153] 郭永田. 中国农村信息化发展成效与展望 [J]. 电子政务, 201002-03.

[154] 贾丹华, 王润润. "两化融合"推进中国现代农业快速发展 [J]. 南京邮电大学学报 (社会科学版), 2012, 3.

[155] 苏海龙. 甘肃农村信息服务模式现状与对策 [J]. 甘肃科技, 2010, 8.

[156] 郝长虹. 黑龙江农业信息化建设信息落地问题的研究与实践 [J]. 农业问题研究, 2012, 8.

[157] 房桂芝. 构建农业信息服务供给与需求的新方式 [J]. 中国农学通报, 2012, 28.